Cindy Jenkins

# Glasperlen

# GLASPERLEN

VOM EINFACHEN BIS ZUM ANSPRUCHSVOLLEN PROJEKT

CINDY JENKINS

**Verlag Paul Haupt**
**Bern / Stuttgart / Wien**

Zur Autorin:
Trotz eines Universitätsabschlusses in Biologie und beruflicher Erfahrung u.a. als Fleischpackerin und Mitarbeiterin in der Nuklearmedizin entdeckte **Cindy Jenkins** ihre wahre Leidenschaft, als sie auf das Material Glas stiess. Sie befasste sich mit vielen unterschiedlichen Glasarbeiten und leitete neun Jahre lang einen Laden für Buntglas. Die Herstellung von Glasperlen und die Leitung von Kursen stehen heute im Mittelpunkt ihres Lebens. Sie teilt ihre Zeit unter Unterricht, Reisen und der Leitung von Hot Head Glass auf, einem Postversand für Materialien zur Herstellung von Glasperlen mit Sitz in Skokie, Illinois.

Die amerikanische Originalausgabe erschien 1997 unter dem Titel *Making Glass Beads* bei Lark Books, Asheville, North Carolina


Aus dem Amerikanischen übersetzt von Beate Gormann, Ormiston, Australien
Satzbetreuung der deutschen Ausgabe: Thomas Heider, D-Bergisch Gladbach

Die deutsche Bibliothek – CIP-Einheitsaufnahme

**Jenkins, Cindy:**
Glasperlen : vom einfachen zum anspruchsvollen Objekt / Cindy Jenkins. [Aus dem Amerik. übers. von Beate Gormann].
– Bern ; Stuttgart ; Wien : Haupt, 1999
Einheitssacht.: Making glass beads <dt.>
ISBN 3-258-05863-6



*Printed in Hong Kong*

# I N H A L T

Oben: Al Janelle, Rotes Kaugummi, 3,2 x 2,2 cm; topasfarbene Glühbirne, 3,8 x 2,1 cm
Photo: Al Janelle

Unten: Angela Green (links), Rote Rosenperle in schwerer Umhüllung, 2,8 x 2,5 cm; Char Eagleton, zwei schwer umhüllte Narzissenperlen, 3,1 x 2 cm (grössere Perle)
Photo: Evan Bracken

Gegenüber, oben: Lorraine Yamaguchi, Gemusterte dichroitische Perle; 2,5 x 1,6 cm
Photo: Evan Bracken

Gegenüber, Mitte: Al Janelle, Sammlung von gezwirnten Glasstangen
Photo: Al Janelle

Gegenüber, unten: Bernadette Fuentes, Trio von Calla-Perlen mit eingedrückten und umhüllten Tupfen, 2 x 3 cm
Photo: Tommy Elder

## Herstellung einer Grundperle



## Einfache Variationen

## Der nächste Schritt

## Techniken für Fortgeschrittene

Oben links: Tom Holland, Dreireihige Kette aus Perlen, die mit Goldblatt verziert wurden, 3,8 x 8 cm (grösste Perle)

Photo: Tom Holland

Oben rechts: Patricia Frantz (links), Doppelkegel mit leichter Umhüllung an den Enden und schwerer Umhüllung in der Mitte, 3,8 x 1,7 cm; Alice Foster-Zimmerman (rechts), Zylinder mit abgeflachter Umhüllung in der Mitte, 4,2 x 2,3 cm

Photo: Evan Bracken

Mitte: René Roberts, *Moos-Serie*, Goldblatt, 3,2 x 1,6 cm

Photo: George Post

Unten: Kristina Logan, »Elfenbein«-Perlen mit Tupfen, 1,3 x 5,1 cm (Scheibe)

Photo: Dean Powel

# EINFÜHRUNG

VIELE JAHRE HATTEN Perlen keine besondere Bedeutung für mich – ich kannte sie nur als Schmuckstücke meiner Grossmutter und Tanten. Dann lud mich eine Freundin zu einer Schmuckausstellung ein. Ich schleppte auch meinen zögernden Mann mit und als meine Freundin geduldig die Feinheiten verschiedener Perlen erläuterte, sah ich mir die Ausstellungsstücke einmal genauer an. Am Ende dieses Tages war ich von Perlen völlig fasziniert und um einiges ärmer. Meinen Mann hatte es genauso erwischt und er sorgte dafür, dass ich auch diejenigen Perlen sah, die ich seiner Meinung nach übersehen hatte, und ergänzte unseren wachsenden Berg Perlen durch seine eigene Auswahl.

Bald zog ich Perlen auf Draht auf und lötete sie auf meine Arbeiten aus Buntglas auf, liess sie von Lampen herabhängen, setzte sie für Rollos ein, befestigte sie als Handgriffe an Kästen und schmückte sogar meine Schnürsenkel mit ihnen. Nichts war vor mir sicher!

Ich sammelte weiterhin Perlen und befasste mich mit ihrer Herstellung. Da ich viel über verschiedene Glasarbeiten wusste, fragte ich mich, ob ich wohl selbst Glasperlen herstellen könnte. Ich begann, mit Materialien zu experimentieren, die ich zur Hand hatte, nahm an allen möglichen Kursen teil und sprach mit allen, die meiner Meinung nach mit Perlen und deren Herstellung vertraut waren. Als ich für mich selbst Perlen herstellte, merkte ich, dass andere ebenso fasziniert waren wie ich und lernen wollten, wie man das macht. Schliesslich arbeitete ich selbst als Kursleiterin, schrieb ein Anleitungsbuch und entwickelte eigene Werkzeuge zur Perlenherstellung.

Jahrtausendelang war die Glasherstellung von Geheimnissen umgeben, bis Antonio Neri, ein italienischer Glashersteller, 1612 das erste Buch über die Glasherstellung veröffentlichte. Dieses Buch wird Ihnen vielfältige Techniken, Werkzeuge und Ideen zur Herstellung von Perlen und ihrer Gestaltung vorstellen. Wie bei den meisten anderen Kunsthandwerken gelten keine unumstösslichen Regeln und es gibt keine richtigen oder falschen Methoden bei der Herstellung von Glasperlen. Sie sollten keine Angst vor Experimenten haben. Probieren Sie alle für Sie interessanten Verfahren aus. Durch Kopieren, Kombinieren und Ergänzen der in diesem Buch vorgeschlagenen Techniken werden Sie einen eigenen Stil entwickeln, den Sie verfeinern und erweitern können. Selbst wenn etwas nicht wie erwartet funktioniert, können Sie normalerweise etwas dabei lernen. Vielleicht entdecken Sie sogar ein neues und aufregendes Verfahren bei der Glasperlenherstellung.

Seit meinem Besuch jener Schmuckausstellung sind viele Jahre vergangen, aber ich liebe Perlen nach wie vor und denke immer über neue Einsatz- und Herstellungsmöglichkeiten nach. Viele meiner Schülerinnen und Schüler verfügen über viel bessere Fertigkeiten als ich und ich bin stolz auf sie und auf mich selbst. Dieses Buch lässt Sie an meinem Wissen und den unzähligen Ideen und Techniken, die ich von vielen Lehrern und Glasherstellern im Laufe der Jahre erlernt habe, teilhaben. Setzen Sie es als Leitfaden ein, um Perlen herzustellen und zu dekorieren, wie Sie es sich in Ihren wildesten Träumen nicht erhofft hätten. Verschönern Sie sie auf alle erdenkliche Art – man hat Perlen gefunden, die Tausende von Jahren alt sind. Ich hoffe Sie haben Ihren Spass dabei, wenn Sie die vielen Techniken erlernen und Ihr Wissen an andere weitergeben.

Jana Burnham, *Asymmetrische Leiter-Kette*, Spirallinien und Tupfen, 8,8 x 1,3 cm (grösste Perle)

Photo: Ralph Gabriner

# Geschichte des Glases & Glas-perlenherstellung

Oben: Messer, evtl. 1400–1800 v. Chr., möglicherweise Mittelamerika, rötlich-brauner Obsidian mit durchscheinenden grau-schwarzen Einschlüssen und durch Druck hervorgerufenen Abblätterungen an der gesamten Oberfläche, 22,8 x 4 cm

Schenkung von J. J. Klejman, © The Corning Museum of Glass

Unten: Flasche, um einen Kern herum geformt, Ägypten, Neues Königreich, späte 18.–19. Dynastie, 1360–1240 v. Chr., 11,5 cm hoch

© The Corning Museum of Glass

## Was ist Glas?

Das erste Glas bildete sich vor über 40 Millionen Jahren durch die ungeheure Hitze und den Druck von Vulkanausbrüchen. Diese in der Natur vorkommende Substanz aus schnell abgekühlter Lava wird als Obsidian bezeichnet. Obsidian ist meist schwarz, aber es kommen auch Grün- und Rottöne vor. Dünne Obsidianteile wirken durchscheinend oder sogar transparent.

Bei dem vom Menschen hergestellten Glas weiss eigentlich niemand so recht, wie, wann oder wo es zum ersten Mal hergestellt wurde, aber im allgemeinen geht man davon aus, dass es wahrscheinlich durch Zufall entdeckt wurde. Die Rohzutaten von Glas (Sand, Pottasche und Kalk) sind Materialien, die man fast überall antrifft. Heute glaubt man, dass das erste vom Menschen hergestellte Glas etwa 3500 v. Chr. in Anatolien und Mesopotamien produziert wurde.

Glas ist ein einzigartiges Material, das oft imitiert wurde, aber ohnegleichen ist. Jahrelang wusste niemand so recht, wie es klassifiziert werden sollte. Da es keine bessere Definition gab, wurde es oft zur Gruppe der Metalle gezählt. In mancher Hinsicht verhält sich Glas wie ein Metall, obwohl es keinen bestimmten Schmelz- oder Gefrierpunkt hat. Wenn man Glas erhitzt, wird es flüssiger, und wenn es abkühlt, erstarrt es immer mehr. Glas kann wie Mineralien oder Edelsteine bearbeitet werden, aber es verfügt nicht über eine Kristallstruktur. Heute bezeichnet man es wegen seiner zufälligen Atomstruktur als unterkühlte Flüssigkeit. Bei Zimmertemperatur ist Glas so träge, dass es sich wie ein festes Material verhält. Glas bildet eine eigene Klasse und das ist auch richtig so.

Die Lichtdurchlässigkeit des Glases reicht von perfekter Transparenz hin zur völligen Opazität und es lässt sich in jeder Farbe des Regenbogens einfärben, wenn der ursprünglichen Schmelze verschiedene Metalloxide hinzufügt werden. Kobalt ergibt einen blauen Farbton, Eisen und Kupfer erzeugen Grün und Türkis und viele schöne Farbtöne, die von Pfirsich bis Preiselbeerrot reichen, entstehen, wenn man Gold zu der Mischung gibt. Diese rosigen Töne werden oft als »goldenes Pink« oder »goldenes Rubinrot« bezeichnet, obwohl sich das Wort »golden« eher auf die chemische Zusammensetzung als auf die Farbe des Glases bezieht.

Glas ist ein ungeheuer vielseitiges Material. Es kann nicht nur gegossen, modelliert, gedehnt und bei verschiedenen Temperaturen geformt, sondern auch geschnitten, poliert, geätzt und wie Stein bearbeitet werden.

## Die Entwicklung der Glasperlen

Perlen spielen in allen Kulturen in allen Regionen der Welt eine Rolle. Sie dienten als Schmuck des menschlichen Körpers und im Grunde aller Dinge, einschliesslich Kronen, Kopfschmuck, Kleidung, Möbel, Gebäude, Taschen, Kästen und Gräber. Perlen verleihen dem Träger nicht nur Status, Schönheit und Macht, sondern sie gelten auch als frühester Beweis für die Fähigkeit des Menschen, abstrakt zu denken. Zudem sind sie wertvolle Hilfsmittel für Archäologen. Da die Ausgereiftheit der Verfahren bei der Perlenherstellung das kulturelle Niveau und die Herstellungsfertigkeiten des jeweiligen Gebiets repräsentieren, in dem die Perlen gefunden wurden, können sie zur Datierung anderer Artefakte dienen, auf die man an derselben Fundstelle gestossen ist.

Die ältesten, bisher gefundenen Perlen sind etwa 40.000 Jahre alt, doch wahrscheinlich existierten Perlen auch schon früher. Vermutlich bestanden sie aus Materialien, die nicht überlebt haben. Objekte wie Samen oder Beeren, die sich leicht durchstechen lassen, wurden von den Völkern der Frühgeschichte sicherlich als Schmuck verwendet und langsam durch dauerhaftere Fundobjekte wie Muscheln, Knochen und Steine mit natürlichen Löchern ersetzt. Schliesslich setzte man Werkzeuge ein, um viele verschiedene Objekte mit Rillen und Löchern zu versehen.

Zum Aufziehen mehrerer Perlen im Gegensatz zum Tragen einer einzelnen Perle kam es sehr früh (mindestens 28.000 v. Chr.) – ein Hinweis auf den tiefen, elementaren Glauben, dass »mehr besser ist«.

(Lois Sherr Dubin, *The History of Beads*, Abrams, 1987)

Es vergingen viele tausend Jahre, bevor die Geheimnisse der Glasherstellung entdeckt wurden, und die frühesten bekannten und vom Menschen hergestellten Objekte aus Glas sind Perlen.

Die alten Ägypter stellten grosse Mengen und verschiedene Arten von Perlen her, mit denen sie fast alle Kleidungsstücke schmückten und die sie als Totengaben in die Gräber legten. Viele dieser Perlen bestanden aus Faience, einem keramischen Vorläufer des Glases, der oft zur Nachahmung von Edelsteinen diente. Die frühesten Glasobjekte waren exotische Raritäten, die ausschliesslich Königen vorbehalten waren, aber Glasperlen

Kopf oder Anhänger, 5.–3. Jahrhundert v. Chr., punische, karthagische oder syrisch-palästinensische Küste, um einen Kern geformt, mit Verzierungen versehen, mit Werkzeugen bearbeitet, 3,4 x 2,6 cm



Kette, Augeneinlagen auf gewickelten Glasperlen, Iran, angeblich aus Amlash, 1. Hälfte des 1. Jahrtausends v. Chr., 2 cm hoch (grosse Perle)

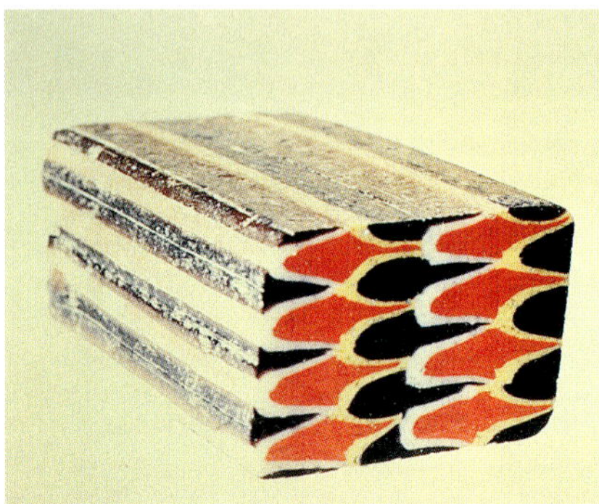

waren bald für alle, die es sich leisten konnten, kommerziell erhältlich. Neben Perlen produzierten ägyptische Künstler kleine Gefässe, indem sie erhitzte Glasstäbe um vorgeformte Kerne aus Sand oder anderen Materialien wickelten. Wenn sich das Glas noch im geschmolzenen Zustand befand, wurde ein spitzes Werkzeug darüber gezogen, so dass zarte Federmuster entstanden.

In der hellenistischen und römischen Ära wurden Mosaik-Glasperlen immer beliebter. Obwohl diese komplexen Entwürfe als »millefiori« oder »tausend Blumen« bezeichnet wurden, entstanden sie durch die Zusammenstellung von mehreren bunten Glasstäben zu Bündeln, so dass im Querschnitt die gewünschten Muster entstanden. Nach dem Erhitzen und Verschmelzen der Glasstäbe wurde die entstandene Stange lang gezogen und auf diese Weise das Muster verkleinert. Die Scheiben, die von einer einzelnen Stange abgeschnitten wurden, konnten zur Dekoration unzähliger Perlen verwendet werden. Dann gelangte man in der Glastechnologie zu solcher Meisterschaft, dass komplizierte Porträts und Mosaiken in die Oberfläche selbst winziger Perlen integriert werden konnten.

Im Europa des Mittelalters wurde die Glasherstellung stark kontrolliert. Wenn man nicht aus einer Glasmacherfamilie stammte, war es schwierig, irgend etwas über dieses Handwerk zu erfahren. Die Geheimnisse der Glasherstellung wurden (und werden) in Venedig, das in der Renaissance zum Zentrum der Glas- und Perlenherstellung für die ganze Welt wurde, eifersüchtig gehütet. Ende des 13. Jahrhunderts verlegten die Venezianer die gesamte Glasherstellung auf die Insel Murano, so dass die Kunsthandwerker dort praktisch völlig isoliert lebten und die Beherrschung dieser Technologie durch die Venezianer sichergestellt war.

Das Geheimnis, von dem die Kunst der Glasherstellung in jener Zeit umgeben war, spiegelte sich in der Tatsache wider, dass erst zu Beginn des 17. Jahrhunderts Bücher zu diesem Thema veröffentlicht wurden. Antonio Neri, ein Glasmacher aus Florenz, schrieb *L'Arte Vetraria (Die Kunst des Glases)*, das über 200 Jahre lang die Quelle für die Herstellung von feinem Glas war. Es wurde 1612 geschrieben, doch es dauerte weitere 50 Jahre, bevor dieses Buch in der englischen Übersetzung vorlag.

Obwohl Venedig seine überlegene Stellung jahrhundertelang aufrecht erhalten konnte, wurden in Deutschland, Holland und anderen europäischen Ländern ebenfalls Glasperlen hergestellt, die in grossen Mengen von Handelsschiffen in jeden Kontinent gebracht wurden. Die in der Herstellung preiswerten Perlen dienten während der Reise als Ballast und am Zielort als wertvolle Währung.

Dem Übergang zur Massenproduktion von Perlen in der modernen Zeit wirkten zu Beginn des 20. Jahrhunderts die Einflüsse des Arts and Craft Movement und des Jugendstils entgegen. Eine Rückkehr zum Kunsthandwerk und der Einbezug einfacher, eleganter Entwürfe in Objekte des Alltags waren Richtschnur für das Arts and Craft Movement. Der Jugendstil war pompöser, betonte jedoch gleichzeitig die Bedeutung des Designs gegenüber der Kostbarkeit der verwendeten Materialien stärker. Die gleichzeitige Betonung individueller Kreativität und die Verfügbarkeit guten Designs für alle übt auch heute noch Einfluss auf die Perlenhersteller aus.

Oben: Perlen in Doppelkegelform, 3. Jahrhundert v. Chr. bis 1. Jahrhundert n. Chr., hellenistisch oder früh-römisch, östlicher Mittelmeerraum, durchscheinendes und opakes Glas, das um Stangen gewickelt wurde, versehen mit vorgeformten Bändern aus Glasstangen, die herumgewickelt und gemarbelt wurden, 2,5 cm lang (grössere Perle)

© The Corning Museum of Glass

Unten: Barren mit Feder- oder Schuppenmuster, Mosaik-Glastechnik, wahrscheinlich Rom, spätes 1. Jahrhundert v. Chr. bis 1. Jahrhundert n. Chr., 2,9 cm hoch

© The Corning Museum of Glass

# Der Anfang

Cindy Jenkins, Armband und Perlensortiment, verschiedene Formen und dekorative Techniken

Photo mit freundlicher Genehmigung von Glass Patterns Quarterly

Oben: Inara Knight, *Frühling*, tafelförmige Perle, mit Glasfäden und Fritte dekoriert, 4,4 x 3,3 cm

Photo: Evan Bracken

Mitte: Barbara Thomas-Yerace, Doppelkegel, 2,8 cm lang (grösste Perle)

Photo: Evan Bracken

Unten: Michael Barley, eingedrückte und umhüllte Blütenperle, 2,5 x 2 cm

Photo: Evan Bracken

## Grundwerkzeug & Ausrüstung

Da Glasperlen immer beliebter werden, sind Material und Ausrüstung zu ihrer Herstellung heute praktisch überall erhältlich. Viele Läden für Hobbybedarf und spezielle Perlenfachgeschäfte führen die entsprechenden Artikel oder können sie bestellen. Vielleicht können Sie bestimmte Artikel auch auf örtlichen Perlenausstellungen kaufen und mehrere Lieferanten bieten Werkzeuge und andere Dinge im Internet an.

### Glas

Glas zur Herstellung von Perlen wird normalerweise in Stangen von 6 mm Durchmesser verkauft, obwohl es auch andere Grössen gibt. Glas in Stangenform lässt sich leicht in der Hand rollen und zu Perlen formen. Glasstangen sind in allen Farben des Regenbogens als transparentes oder opakes Glas erhältlich; bei Filigrana-Stangen ist ein opaker Glaskern von durchsichtigem Glas umgeben. Dichroitisches Glas, das es in Stangenform und als Scheibenglas in schmalen Streifen gibt, hat eine dünne, metallisch aussehende Beschichtung.

Manche Spezialglasstangen haben im kalten Zustand einen Farbton, der sich bei der akkuraten Wärmezufuhr in die echte Farbe verwandelt. Glas hat meist eine andere Farbe, wenn es heiss ist (Rot, Gelb und Orange beispielsweise sind im erhitzten Zustand alle schwarz), aber dieses spezielle Glas nimmt permanent eine neue Farbe an, wenn es ausreichend erhitzt wird.

Wenn Sie Glas zur Perlenherstellung wählen, müssen Sie darauf achten, dass die verschiedenen Sorten kompatibel sind. Kompatibles Glas wird sich beim Erhitzen und Abkühlen immer gleich stark ausdehnen und zusammenziehen; wenn Perlen aus inkompatiblem Glas hergestellt werden, können sich nach dem Abkühlen Risse bilden. Die Kompatibilität lässt sich für jede Glassorte, die Sie verwenden wollen, anhand des

Verschiedene Glasstangen (von links nach rechts): Filigrana-, Opalino-, transparente, dichroitische, opake Stangen

**GUTER TIPP**

Diejenigen unter Ihnen, die mit dem Verschmelzen von Glas ver traut sind, können 6 bis 10 mm breite Streifen von Scheibenglas, dessen Kompatibilität getestet wurde, verwenden. Die Firmen Bullseye und Uroboros stellen beide verschmelzbares Glas her, das es heute in einer grossen, zeitgenössischen Palette gibt, und ihr Glas bietet eine Alternative zu Effetre-Glasstangen.

Wenn die Kompatibilität getestet wurde, gilt sie nur für diese eine Produktlinie und nicht für mehrere Hersteller, es sei denn, dies wird ausdrücklich bestätigt. Auf Kompatibilität getestetes Glas von Bullseye und Uroboros kann zusammen verwendet werden, aber diese Produkte sind nicht mit Effetre-Produkten kompatibel. Zur Zeit ist nur Effetre-Scheibenglas mit Effetre-Produkten kompatibel.

Scheibenglas ist im Allgemeinen etwas starrer und bei der Arbeit mit dem Brenner schwerer zu handhaben; das Rollen eines flachen Streifens in der Hand ist etwas schwieriger als das Rollen einer runden Stange. Flache Glasstreifen neigen zudem zu ungleichmässigerem Erhitzen, so dass sie aufgrund des Wärmestosses eher brechen können.

Ausdehnungskoeffizienten feststellen. Dieses Mass gibt die Ausdehnungsrate von Glas beim Erhitzen an und damit zwei oder mehr Glassorten für die Perlenherstellung kompatibel sind, dürfen die Ausdehnungskoeffizienten nicht mehr als zwei bis drei Punkte auseinander liegen. Im Allgemeinen ist das Glas um so weicher und leichter zu bearbeiten, je höher der Ausdehnungskoeffizient ist. (Siehe Seite 108.)

Verschiedene Glassorten brauchen unterschiedlich lange und unterschiedliche Temperaturen, um weich zu werden, sich zu biegen und zu schmelzen. Hartglas wie Pyrex braucht mehr Zeit und/ oder Hitze, um dieselbe Wirkung wie weiches Glas beispielsweise von Effetre, Bullseye oder Uroboros zu zeigen.

Künstler, die in Lampenarbeit grosse Skulpturen herstellen, arbeiten meist mit Hartglas. Da sich Hartglas beim Erhitzen viel weniger als weiches Glas ausdehnt, ist es auch bei nicht gleichmässiger Hitze versöhnlicher, so dass viele Teile zusammengefügt werden können. Hartglas ist viel stärker als weiches Glas, so dass es für Trinkbecher, Armbänder und Skulpturen besser geeignet ist. Wenn Sie die Technik der Perlenherstellung erlernen, beginnen Sie mit weichem Glas, das bei relativ niedriger Temperatur schmilzt.

Oben: Heather Trimlett, Sortiment von Tupfenperlen, 1,3 x 1,3 cm (im Durchschnitt)

Photo: Patty Hulet

Unten: James Smircich, zweifarbige Perle mit Tupfen auf Tupfen, 2,8 cm hoch

Photo: Evan Bracken

Sue Richers Elgar (links), Anhängerperle mit mehreren Tupfen übereinander, 1,3 x 3,2 cm; Kate Fowle (rechts), Doppeltupfen auf Tupfen, 1,1 x 2,1 cm

Photo: Evan Bracken

Jana Burnham, geharkte Schnörkellinie (links), 1,3 x 2,4 cm; geharkte Streifen (rechts), 1,9 x 1,7 cm

Photo: Evan Bracken

## Brenner

Das wichtigste Werkzeug bei der Perlenherstellung ist eine Wärmequelle zum Erweichen des Glases. Es gibt viele Brenner, angefangen bei kleinen, preiswerten Brennern für ein Brenngas bis hin zu technisch ausgereiften Sauerstoff-Propangas-Systemen. Bei diesen Systemen werden Sauerstoff und Propangas vermischt.

Für Anfänger ist ein Brenner mit einem einzelnen Brenngas eine gute Wahl, da die Flamme nicht so heiss wird wie bei einem Sauerstoff-Propangas-Brenner, so dass sich die Arbeitszeit beim Herstellen der Perlen verlängert. Achten Sie darauf, dass Sie einen Brenner für Brenngas zum Löten kaufen, das heisser verbrennt als normales Propangas. Unter den verschiedenen Brennern für ein einzelnes Brenngas gibt es ein Modell (Hot Head), das speziell für die Glasperlenherstellung entwickelt wurde.

Ein Sauerstoff-Propangas-Brenner erzeugt eine Flamme, die etwa 930 bis 1040° C heisser ist als die Flamme eines Brenners, der mit Brenngas zum Löten arbeitet. Diese heissere Flamme ermöglicht viel schnelleres Arbeiten. Obwohl die zusätzliche Geschwindigkeit bisweilen ein Nachteil für Anfängerinnen und Anfänger ist, die gerade lernen, mit geschmolzenem Glas zu arbeiten, können Sie diese zusätzliche Hitze als Vorteil nutzen, um schneller zu arbeiten und grössere Arbeiten herzustellen.

Sauerstoff-Propangas-Brenner gibt es als Brenner mit und ohne Vormischung. Bei einem Brenner mit Vormischung werden Sauerstoff und Gas im Brenner gemischt, bevor sie am Brennermund austreten. Brenner mit Vormischung sind lauter und schlagen mit lautem Knall zurück, wenn die Strömungsgeschwindigkeit des Brenngases zu gering ist. Bei Bedarf liefern diese Brenner eine sehr kleine, punktförmige Flamme, doch der Brenner ohne Vormischung ermöglicht eine viel bessere Kontrolle der Flammenqualität.

Bei der Kaufentscheidung müssen mehrere Faktoren bedacht werden:

**Grösse der Arbeiten:** Wenn Sie Skulpturen, Trinkbecher, schwere Murmeln und sehr grosse Perlen herstellen wollen, sollten Sie sich Sauerstoff-Propangas-Brenner, die eine entsprechend breite Flamme liefern, genauer ansehen. Wenn Sie sich auf die Perlenherstellung konzentrieren wollen, sind beide Systeme gleich gut geeignet.

**Geschätzte Arbeitsmenge:** Handelt es sich um ein Hobby oder planen Sie die Herstellung grosser Mengen für den Verkauf? Sauerstoff-Propangas-Brenner ermöglichen ein schnelleres Arbeiten für grössere Produktionen.

**Verfügbarer Raum:** Ein Brenner mit einzelnem Brenngas kann bei sehr geringem Platz eingesetzt werden und ist tragbar, falls Sie ihn auf Reisen mitnehmen. Sauerstoff-Propangas-Brenner brauchen grosse Flaschen, die sicher an einem Ort stehen, wo sie zum Auffüllen oder Austausch leicht zugänglich sind.

**Glassorten:** Weichglas kann mit beiden Systemen bearbeitet werden. Wenn Sie mit Hartglas arbeiten wollen, brauchen Sie einen Sauerstoff-Propangas-Brenner. Hartglas ist sehr viel starrer und muss stärker erhitzt werden, bevor es manipuliert werden kann.

**Preis:** Ein Brenner für ein einzelnes Brenngas ist viel preiswerter. Viele Perlenhersteller beginnen mit einem kleineren System, bevor Sie einen Sauerstoff-Propangas-Brenner kaufen.

**Örtliche Vorschriften:** Aufgrund von örtlichen Vorschriften ist es evtl. verboten, in einem Atelier Sauerstofflaschen zu verwenden.

## Brenngas

Je nach Brenner brauchen Sie ein oder mehrere Brenngase, um eine richtige Flamme zu erzeugen.

**Brenngas zum Löten** ist ein modifiziertes Propangas oder Mischbrenngas, das heisser und sauberer verbrennt als normales Propangas, so dass Sie schneller arbeiten können und bei Ihren Glasarbeiten leuchtendere Farben erhalten. Brenngas zum Löten gibt es in 0,5 kg-Flaschen und in grossen, wiederauffüllbaren Flaschen. Propylen, Hi-Intensity Fuel, Apache, Chem-Tane und MAPP sind typische Beispiele für Brenngase zum Löten; bei Ihnen mag es andere Markennamen geben, aber auf dem Etikett sollte die Bezeichnung »Brenngas zum Löten« vermerkt sein.

**Propangas** ist ein komprimiertes Flaschengas, das mit Sauerstoff zur Erzeugung einer sehr heissen Flamme für die Perlenherstellung verwendet wird. (Propangas sollte nicht ohne Sauerstoff verwendet werden, da es kühler und nicht so vollständig verbrennt, was im Glas zu trüberen Farben führt.) Propangas ist überall in Flaschen unterschiedlicher Grösse erhältlich.

**Erdgas** kann anstelle von Propangas verwendet werden, wenn es in Ihrer Region angeboten wird. Lassen Sie die Leitung von einem Installateur verlegen, damit den örtlichen Vorschriften genüge getan wird.

**Sauerstoff** ist eigentlich kein Brenngas; es ist ein Beschleuniger, der die Verbrennung unterstützt. Zusammen mit Propan- oder Erdgas verwendet, erzeugt er eine viel heissere Flamme.

## Regelventile

Propangas und Sauerstoff sind bei einem Druck, der für die direkte Verwendung viel zu hoch ist, in Flaschen komprimiert. Zur Handhabung der Gasströmung ist an jeder Flasche ein Regelventil an der Schlauchverbindung befestigt. Das automatische Ventil des Reglers reduziert den hohen Druck der Flasche in einem Schritt, so dass ein geeigneter Druck

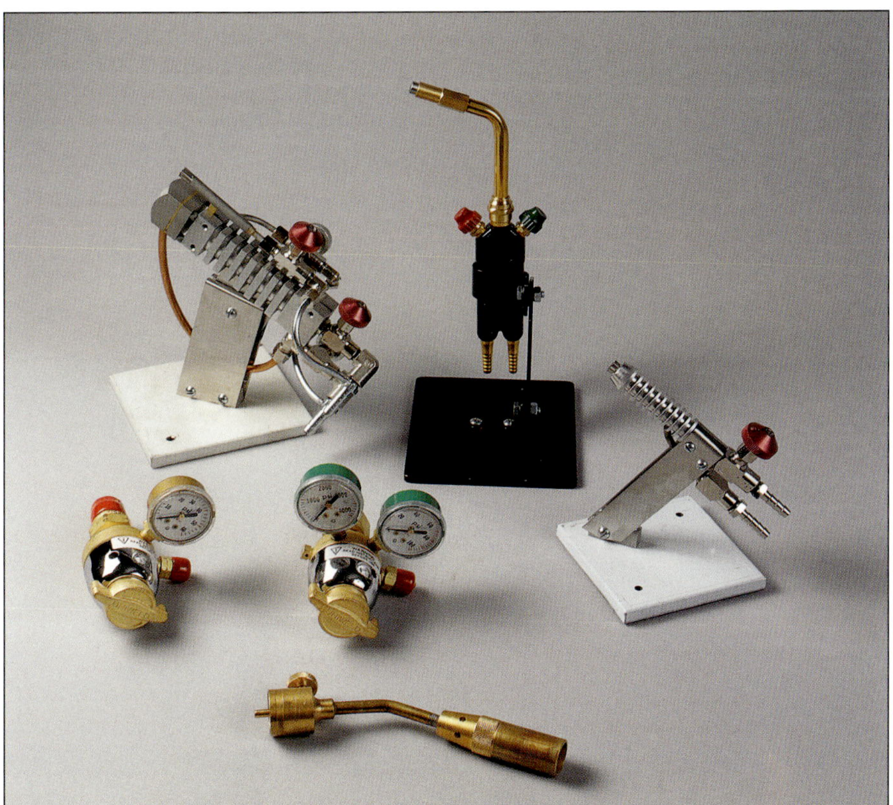

Drei Beispiele für Sauerstoff-Propangas-Brenner (oben), Propangasregler (Mitte links), Sauerstoffregler (Mitte rechts), Brenner für ein einzelnes Brenngas (unten)

Oben: Michael Barley, geschichtete Tupfen, 2,9 x 3 cm

Photo: Evan Bracken

Mitte: Char Eagleton, *Omas Granitware*, modellierte Perle, mit Fritte dekoriert, 3,3 cm hoch

Photo: Evan Bracken

Unten: Patricia Sage, *Tigeraugenperle*, Glasfadendekoration und geharkter Tupfen, 5,1 x 3,8 cm

Photo: Tom Holland

zum Arbeiten entsteht. Bei einem einstufigen Regelventil kann die Flamme unregelmässig werden, wenn die Flasche leerer wird und der Druck sinkt. Sie müssen den Druck evtl. hin und wieder neu einstellen, um den gleichmässigen Druck zu erhalten. Ein zweistufiges Regelventil sorgt für eine konstante Strömung, indem der Druck in zwei Schritten reduziert wird. Bei der ersten Stufe wird der Druck um eine feststehende Menge reduziert. Das Gas aus dieser Kammer durchläuft dann eine zweite Stufe, wo es auf den gewünschten Arbeitsdruck eingestellt werden kann. Da zweistufige Regelventile kompliziertere Mechanismen haben, sind sie teurer als die einstufigen Modelle.

Regelventile für Brenngas haben ein Linksgewinde, während Regelventile für Sauerstoff ein Rechtsgewinde haben, so dass sie nie irrtümlich an der falschen Flasche befestigt werden können. Regelventile für Sauerstoff sind viel schwerer als Regelventile für Brenngase, da Sauerstoff bei höherem Druck gelagert wird.

### Dorne

Dorne sind Stäbe aus rostfreiem Stahl, auf denen Perlen geformt werden. Es gibt sie in verschiedenen Stärken und der Durchmesser des Dorns legt die Grösse des Lochs in der Perle fest. Ich verwende normalerweise Dorne von 23 cm Länge und 2,4 mm Stärke. Bei Verwendung eines dünneren Stahlstabs entsteht ein kleineres Loch in der Perle, aber dünnere Dorne lassen sich leichter verbiegen und verziehen sich bei der Arbeit und beim Entfernen der Perlen. Ein verbogener Dorn sollte abgeschnitten oder weggeworfen werden. Dickere Stäbe sind für Anfänger leichter, da sie sich nicht so leicht verbiegen und etwas mehr Oberfläche haben.

Die geplante Verwendung Ihrer Perlen sollte bei der Wahl der Dorne in die Überlegungen miteinbezogen werden. Wenn Sie die Perlen z. B. auf ein Lederband aufziehen wollen, müssen sie mit dickeren Dornen hergestellt werden.

### Perlentrennmittel

Diese Mischung aus Tonerde (Aluminiumoxid) und hochfeuerfestem Ton erzeugt einen Puffer zwischen Glas und Stahlstab, so dass die Perle nach dem Abkühlen entfernt werden kann. Es gibt dieses Trennmittel in Pulverform und vorgemischten Lösungen. Manchmal werden statt dessen auch Trennhilfsmittel für Ofeneinsetzplatten verwendet.

### Faserdecke

Wenn man heisse Perlen aus der Flamme nimmt und sie an der Luft abkühlen lässt, können durch ungleichmässiges oder zu schnelles Abkühlen Sprünge entstehen. Legt man die Perlen zwischen zwei Schichten einer isolierenden Decke aus Keramikfaser, die kein Asbest enthält, kühlen sie langsamer ab und zerspringen nicht so leicht. Zwei Stücke von jeweils 15 x 30,5 x 2,5 cm tun gute Dienste.

Als Alternative können Sie Vermiculit verwenden, das in einem Elektro-Kochtopf zum langsamen Garen, einer Elektropfanne oder einem Topf erhitzt und auf einer Kochplatte warm gehalten wird. Das Vermiculit im Topf sollte genug Volumen haben, um als Isoliermaterial für alle Perlen zu dienen, die Sie in einer Sitzung herstellen wollen.

### Perlenkratze

Dieses Metallinstrument mit Haken, das an ein Zahnarztinstrument erinnert, dient zur Manipulation der heissen Glasoberfläche, um interessantere Muster zu schaffen.

### Marbelplatte

Dabei handelt es sich um eine glatte, hitzebeständige Oberfläche, auf der die heisse Perle zur Formgebung gerollt oder zurecht gedrückt wird. Sie besteht meist aus Graphit oder einem Metall wie Aluminium oder Stahl. Für mehr Designmöglichkeiten können Sie eine Marbelplatte mit zwei verschiedenen Oberflächen verwenden – die eine

Zu den Grundwerkzeugen zur Glasperlenherstellung zählen (erste Reihe) eine hitzebeständige Unterlage, Brenner, Dorne, Ablage für Glasstangen, (zweite Reihe) vorgemischtes Perlentrennmittel, Gripzange, grosse Pinzette, Kratzer für den Perlenkern, Schere, Perlenkratze, Zange mit Gleitgelenk, (dritte Reihe) Trennhilfsmittel für Ofeneinsetzplatten in Pulverform, Nadelzange, Marbelplatte mit Rillen, Graphitpaddel, Faserdecke.

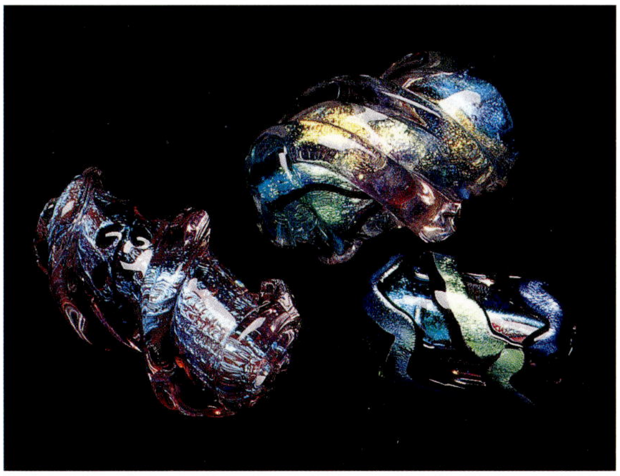

Seite ist glatt, während die andere Rillen aufweist.

Eine spezielle Marbelplatte für den Brenner ist ein Graphitblock auf einer Grundplatte aus rostfreiem Stahl, die sich leicht an der Brennspitze befestigen lässt, so dass eine ausgezeichnete Oberfläche zum Vorwärmen von kaltem Glas oder Formen von heissen Perlen entsteht. Da dieses Werkzeug zudem von der Brennspitze erhitzt wird, kühlt die Perle nicht so schnell ab wie auf einer separaten Marbelplatte.

### Graphitpaddel

Dieses nützliche Werkzeug besteht aus einem kleinen, flachen Stück Graphit mit glatten Seiten und Holzgriff. Wie eine Marbelplatte dient es zum Formen der Perlen, aber ein Graphitpaddel lässt sich wegen des Griffs leichter in die Hand nehmen und manövrieren. Graphit ist ein sehr glattes und rutschiges Material für heisses Glas.

### Abflachzange

Mit diesem Werkzeug, das an eine grosse Pinzette erinnert, dient zum Zusammendrücken von heissem Glas und zum Abflachen von Perlen. Abflachzangen sind in verschiedenen Grössen erhältlich.

### Auflage für Stangen

Diese gerillte Metallauflage verhindert, dass Ihre Glasstangen auf der Arbeitsfläche herumrollen, und sorgt dafür, dass die heissen Enden von Ihnen weg zeigen, während sie gleichzeitig etwas hoch gehalten werden, so dass sie gleichmässiger abkühlen. Die Verwendung einer solchen Auflage verhindert zudem, dass die heissen Enden Abfälle von Ihrer Arbeitsfläche aufnehmen.

### Hitzebeständige Unterlage

Wenn Ihr Arbeitsbereich keine metallene Oberfläche oder eine Oberfläche aus einem anderen nicht-entflammbaren Material hat, ist ein hitzebeständiges Brett sehr empfehlenswert. Es verhindert Beschädigungen der Arbeitsoberfläche durch kleine, heisse Glasstücke, die darauf fallen könnten.

### Verschiedene Handwerkzeuge

Um heisses Glas in die Form zu drücken oder zu ziehen, ist eine Pinzette aus rostfreiem Stahl oder Kohlenstoffstahl ideal. Sie sollte mindestens 10 cm lang sein; kaufen Sie je eine Pinzette mit stumpfen und eine mit spitzen Enden.

Eine normale Zange mit Gleitgelenk ist nützlich, aber eine Gripzange ist noch besser. Eine Nadelzange ist zum Zusammendrücken und Formen von heissem Glas nützlich.

Eine scharfe Schere mit dünnen Klingen und feiner Spitze dient zum Abschneiden von heissem Glas.

Um Glas und Abfälle von den Werkzeugen und der Arbeitsfläche zu entfernen, halten Sie einen kleinen Tischfeger griffbereit.

Oben links: Pati Walton, dichroitische Perlen, 5,1 cm lang (grösste Perle)

Photo: Mike Bush

Oben rechts: Kristen Frantzen Orr, fünf Perlen mit eingestochenen Blüten, 2,2 cm im Durchmesser (grösste Perle)

Photo: Jeff Scovil

Unten: Patricia Sage, *Heiliges Auge*, 15,2 x 5,1 cm

Photo: Darol Strieb

Ganz links: Michael Max, geharkte und geschichtete Tupfen, 3 x 4,6 cm

Photo: Evan Bracken

Links: Sue Richers Elgar, zwei Dinosaurier-Perlen mit gezwirnter Glasfadendekoration, 4 cm lang

Photo: Evan Bracken

## SPEZIALWERKZEUGE

Wenn Sie einige Erfahrungen in der Perlenherstellung gesammelt haben und Spezialeffekte leichter kreieren wollen, können Sie Ihr Sortiment durch einige dieser Werkzeuge ergänzen.

**Feilkloben:** Ein Werkzeug zum Festhalten und Einspannen kleiner Teile. Manche Perlenhersteller stecken kurze Dorne in Feilkloben, um sie besser festhalten zu können.

**Wolframhaken:** Ein spitzer Wolframstab, der in unterschiedlichen Durchmessern erhältlich ist. Dieses Werkzeug kann zum Kratzen oder Stechen verwendet werden. Heissglühend kann es durch heisses Glas gestossen werden.

**Kneifzange:** Mit diesem Werkzeug werden am Ende von Glasstäben kleine Glasscheiben abgebrochen. Es wird meist zum Abschneiden von Millefiori-Scheiben eingesetzt.

**Modellierpaddel aus Graphit:** Es gibt eine Reihe von maschinell hergestellten Formen für alle möglichen Anwendungen.

**Paddel zur Murmelherstellung:** Dieses Werkzeug weist maschinell hergestellte, halbrunde Profile auf, die zum Formen von Knöpfen, Murmeln und Perlen dienen.

**Optische Form:** Dabei handelt es sich um eine kleine Aluminiumform, in die ein einfacher Entwurf, etwa ein Herz oder ein Stern, senkrecht von oben nach unten eingeschnitten ist. Der Entwurf nimmt vom Durchmesser her ab.

**Fingergreifer:** Dieses Werkzeug mit drei bis acht Fingern kann auf unterschiedliche Durchmesser eingestellt werden, um heisse Glasobjekte, etwa Murmeln, von aussen festzuhalten, so dass sie feuerpoliert oder auf andere Weise fertig bearbeitet werden können.

**Ofen:** Dieser auch als Kammerkühlofen bezeichnete Ofen ist eine isolierte Hot-Box, in der Perlen langsam abgekühlt werden, um innere Spannungen, die zu Rissen führen können, zu entfernen. Öfen gibt es in verschiedenen Grössen

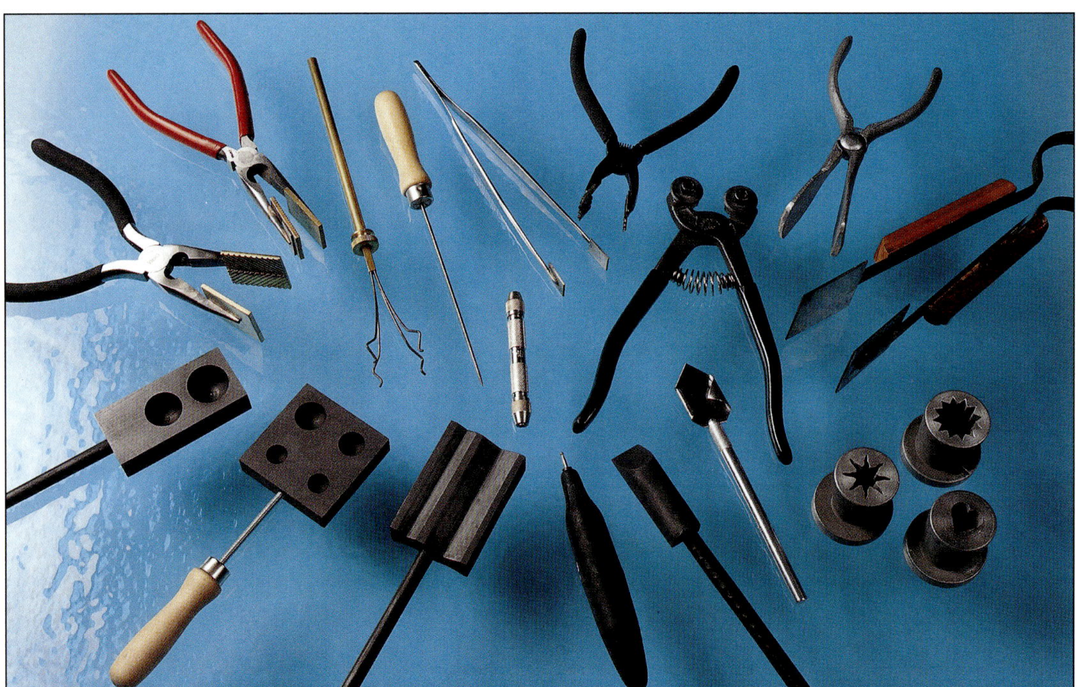

Zu den Spezialwerkzeugen zählen (im Uhrzeigersinn, ganz links beginnend) zwei Beispiele für Zangen, mit denen Muster eingedrückt werden, Fingergreifer, Wolframhaken, Feilkloben, kleine Abflachzangen, Zangen zum Eindrücken von Mustern, Kneifzange, mittelgrosse Abflachzangen, optische Formen, Modellierwerkzeug, Modellierpaddel aus Graphit, Gravurstift, Modellierpaddel aus Graphit, Paddel zum Formen von Murmeln in zwei Grössen.

Rechts: Tom Holland, *Interpretation entgegengesetzter Zustände*, Augenperlen, 1,8 x 1,5 cm

Photo: Tom Holland

Ganz rechts: James Smircich, Linienmuster, 5,2 cm lang

Photo: Evan Bracken

und Modellen. Wenn Transportfähigkeit wichtig ist, sollten Sie einen mit Glasfasern isolierten Ofen wählen, da er leichter und kompakter ist als die mit Schamottsteinen isolierten Öfen. Eine Faserisolierung ermöglicht schnelles Erhitzen, aber auch schnelles Abkühlen. Möglicherweise müssen Sie die Hitze während des Abkühlungszyklus reduzieren, indem Sie die Kontrollvorrichtung niedriger einstellen. Sie können aber auch eine elektronische Kontrollvorrichtung kaufen, um den Abkühlungsprozess zu verlangsamen. Ein mit Schamottsteinen isolierter Ofen braucht länger zum Erhitzen und Abkühlen, so dass eine Kontrollvorrichtung für kleine Objekte wie Perlen nicht notwendig ist.

**Kontrollvorrichtung für den Ofen:** Eine elektronische Vorrichtung, die den Ofen überwacht und auf einer spezifischen Temperatur hält. Es gibt einfache und sehr ausgereifte Vorrichtungen.

**Gravurstift:** Werkzeug mit Diamantspitze, die sich bei hoher Geschwindigkeit dreht, um Perlen zu verzieren.

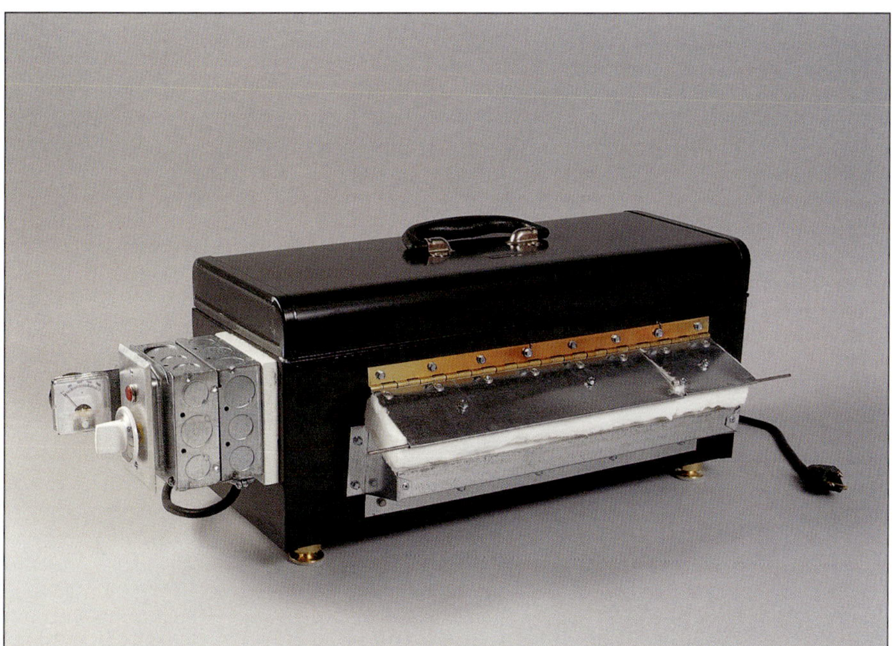

Tragbarer Ofen (Kühlofen) mit Faserisolierung und Temperaturregler

## Einen Arbeitsplatz einrichten

Wenn Sie überlegen, wo Sie Perlen herstellen wollen, sollten Sie folgende Richtlinien in Betracht ziehen.

- Der Brenner sollte an einem gut gelüfteten Platz verwendet werden, ohne dass dadurch die Flamme negativ beeinflusst wird. (Arbeiten Sie nicht direkt vor dem Fenster, das als Lüftung dienen soll.) Idealerweise weist der Raum Querlüftung auf.

- Überprüfen Sie den Raum auf Feuersicherheit und -gefahren hin (Teppichboden, Gardinen, alte Zeitungsstapel oder Farben). Anschliessend finden Sie für alle Gefahren eine Lösung (Entfernung, Abdeckung usw.).

- Überlegen Sie, was Sie bei Gefahr tun werden. Ist alles so angeordnet, dass der Feuerlöscher leicht erreichbar ist, wenn Sie ihn brauchen? Können Sie schnell ans Telefon oder einen Ausgang gelangen?

### Anordnung der Werkbank

Zuallererst müssen Sie für eine stabile Werkbank oder einen entsprechenden Tisch sorgen. Ich bevorzuge einen Arbeitsplatz, der so hoch ist, dass ich bequem daran sitzen oder stehen kann. Wenn Sie Perlen über einen längeren Zeitraum hinweg herstellen, ist es wichtig, dass die Werkbank Ihrer Körpergrösse entspricht, selbst wenn sie dazu

speziell angepasst werden muss. Damit meine Bank die richtige Höhe hatte, musste ich sie um 18 cm erhöhen, wobei gleichzeitig ein nützliches Regal unter der Arbeitsfläche entstand.

Planen Sie die Anordnung von Materialien und Ausrüstung auf der Arbeitsoberfläche so, dass Sie niemals unter dem Brenner her oder darüber hinweg nach Werkzeugen, Dornen oder Glas greifen müssen. Der Arbeitsplatz einer Rechtshänderin wird ganz anders aussehen als derjenige eines Linkshänders.

Egal, mit welcher Hand Sie arbeiten, sollte sich der Brenner direkt vor Ihnen in der Mitte der nächstliegenden Tischkante befinden. Der Brenner muss sicher an der Werkbank befestigt werden, so dass er nicht umgestossen oder heruntergezogen werden kann, wenn zufällig an einem Schlauch gezogen wird. Alle Werkzeuge, die Sie mit der linken Hand benutzen, sollten sich auf der linken Hälfte der Werkbank befinden, die für die rechte Hand auf der rechten Hälfte.

### Montage eines Brenners für ein einzelnes Brenngas

Dazu schrauben Sie die Brennspitze fest auf die austauschbare Flasche mit Brenngas zum Löten. Als nächstes befestigen Sie einen Stahlwinkel mit einer Schlauchklemme in der Nähe des oberen Flaschenbereichs, damit Winkel und Brennspitze in dieselbe Richtung zeigen. Alternativ kann der Winkel direkt mit Schrauben an der Werkbank befestigt werden. In diesem Fall können Sie Brenner und Flasche auf eine bequeme Höhe einstellen und sorgen gleichzeitig dafür, dass nichts umfallen kann. Es ist sehr wichtig, dass der Brenner bei Gebrauch sehr fest gesichert ist.

Ein typischer Arbeitsplatz für einen Brenner mit einem einzelnen Brenngas und wiederauffüllbarer Flasche. Die Werkzeuge und Materialien sind für Rechtshänder angeordnet.

Gegenüber links: Char Eagleton, *Kette mit Katzenteekanne*, Tupfenperlen und modellierte Perlen, 1 x 1,2 cm (grösste runde Perle), 3,8 cm hoch (Katzenanhänger)

Photo: Evan Bracken

Gegenüber rechts: Inara Knight, *Erdsteinkette*, dichroitisches Glas mit Fritten- und Glasfadendekoration, 3,1 cm lang (durchschnittliche grössere Perle)

Photo: Evan Bracken

Versuchen Sie, den Brenner so in Position zu bringen, dass Ihre Arme bei der Arbeit eine bequeme, entspannte Haltung einnehmen – vielleicht werden Sie Stunden mit der Herstellung von Perlen verbringen! Um die bequemste Gesamtposition zu finden, experimentieren Sie, indem Sie sich bei der Arbeit hinstellen und hinsetzen. Gepolsterte Armstützen verhindern Ermüdung.

**GUTER TIPP**

Wenn Sie länger als 30 bis 45 Minuten arbeiten wollen, sollten Sie eine zweite Gasflasche bereit halten. Obwohl eine volle Einwegflasche mit 0,5 kg Inhalt 4 bis 5 Stunden reichen sollte, kühlt die Kondensation der Gasdämpfe die Flasche ab und senkt den Druck, wenn sie kontinuierlich 30 bis 45 Minuten lang verwendet wird. Eine Möglichkeit, dieses Problem zu vermeiden, besteht darin, vorübergehend die Flaschen zu wechseln. Eine weitere Möglichkeit besteht darin, den kalten unteren Bereich der Flasche in einem Behälter mit heissem Wasser zu erwärmen.

Sie könnten sich auch Ellbogenpolster kaufen, wie sie in Sportfachgeschäften erhältlich sind.

Nachdem das hitzebeständige Brett vor dem Brenner in Position gebracht wurde, prüfen Sie, ob sich irgendwelche entflammbaren Gegenstände in der Nähe befinden, und entfernen diese. Legen Sie die isolierende Decke an einen gut erreichbaren Platz auf Ihrer Werkbank.

Wenn Sie feststellen, dass Sie die Gasflaschen ständig austauschen müssen, ist es langfristig viel preiswerter, in eine grössere, nachfüllbare Flasche zu investieren. Nach der ursprünglichen Investition, die grösser sein könnte als für eine vergleichbare Anzahl Einwegflaschen, können Sie das Brenngas viel preiswerter kaufen, da Sie nicht wie bei 0,5 kg Gasflaschen jedesmal eine neue Flasche kaufen müssen. Obwohl die Kosten je nach Region variieren, ist der Kauf von Brenngas für grössere, wiederauffüllbare Flaschen immer sehr preiswert.

Wenn Sie sich für eine wiederauffüllbare Flasche entscheiden, brauchen Sie einen Schlauch mit Verlängerungsstükken, da sich die Brennspitze nicht direkt auf eine grössere Flasche schrauben lässt. Für ein Ende des Schlauchs ist zur Befestigung am Brenner ein Coleman-Anschlussstück und am anderen Ende ein Grosstank-Anschlussstück erforderlich. Die meisten Lieferanten für Propangas können einen solchen Schlauch preisgünstig für Sie zusammenstellen.

Oben: Brian Kerkvliet, Vase mit Unterteil und Tülle aus gezwirntem Glasfaden, 3,4 cm hoch; Barbara Thomas-Yerace, zwei Tigerperlen, 1,8 x 2 cm

Photo: Evan Bracken

Mitte: Gina Lambert, mehrfarbige Flaschenperlen, 2,3 x 1,5 cm (im Durchschnitt)

Photo: Evan Bracken

Unten: Kimberley Adams (oben), zwei Scheiben mit einfachen Tupfen, 2 x 2,8 cm (grössere Scheibe), Barbara Thomas-Yerace (unten), Scheibe mit Augenstielen, 2,4 x 3,1 cm

Photo: Evan Bracken

Heather Trimlett, mit Glasfäden dekoriertes Perlensortiment, 3,8 cm hoch (Teekanne)

Photo: Patty Hulet

Befestigen Sie die Brennspitze am Schlauch und den Schlauch an der Flasche. Nach dem Zusammenschrauben der Teile überprüfen Sie beide Verbindungen mit Spülmittel, das leicht mit Wasser verdünnt wurde, auf undichte Stellen hin. Dies geschieht durch Aufpinseln oder Aufsprühen einer Seifenwasserlösung auf die Verbindungen, Aufdrehen des Flaschenventils und Öffnen des Brennerventils. Wenn Blasen auftreten, entweicht Gas, und die Verbindungen müssen stärker zusammengeschraubt werden. Wenn ein Festziehen der Verbindungen das Problem nicht löst, umwickeln Sie das männliche Verbindungsstück mit Teflonband, wie Klempner es verwenden. Wenn der Schlauch selbst undicht ist, müssen Sie ihn zurückbringen und ersetzen lassen.

Ein Regelventil ist bei einer wiederauffüllbaren Flasche nicht unbedingt nötig, doch wenn Sie mit einer grossen Flasche (13,6 bis 27,2 kg) arbeiten, ermöglicht ein Regelventil die präzise Einstellung der Flamme und hält während der Arbeitszeit dieselbe Intensität. Wenn Sie ein Regelventil anbringen, müssen drei Teile zusammengeschraubt und drei Verbindungen auf undichte Stellen geprüft werden. Sie müssen ein wenig probieren, bevor Sie entscheiden, welcher Druck am besten geeignet ist. Lassen Sie sich beim Kauf eines Reglers beraten, falls Sie überhaupt einen brauchen.

## Sauerstoff-Propangas-Brenner

Dieses System besteht aus einer Sauerstoff- und einer Propangasflasche, die beide mit einem eigenen Regelventil ausgestattet sind. Beide Flaschen müssen über Regelventile mit Schläuchen und den richtigen Verbindungsstücken mit dem Brenner verbunden sein. Mit den Reglern wird der dem Brenner zur Verfügung stehende Brenngas- und Sauerstoffdruck reguliert.

Sie müssen mit verschiedenen Einstellungen experimentieren, um den Druck und die Brenngasmischung zu finden, die für Sie am angenehmsten ist. Die meisten Lampenarbeiter stellen den Sauerstoff auf 5 bis 15 psi und den Propangasdruck auf 1 bis 5 psi ein.

Der Zusammenbau eines Sauerstoff-Propangas-Systems sollte unbedingt mit der Hilfe und Beratung von Fachleuten geschehen, bis Sie selbst alle Bestandtei-

Ein Sauerstoff-Propangas-System. Beachten Sie das grüne Klebeband, mit dem der mit der Sauerstoffflasche verbundene Schlauch markiert wurde.

Oben: Lavana Shurtliff, geschichtete Tupfen, 1,5 x 1,9 cm

Photo: Evan Bracken

Rechts: Patricia Sage, *Universale Symbole*, Oberflächenmanipulation bei Perlen in verschiedenen Formen, 3,8 x 1,9 cm (Durchschnitt)

Photo: Tom Holland

le zusammenbauen und verwenden können. Gehen Sie mit Ihrem Lieferanten oder einer erfahrenen Beraterin das gesamte Verfahren wie Anschliessen der Flaschen, Schläuche und Regelventile durch, so dass Sie mit allem vertraut sind und diese Aufgabe selbst übernehmen können. Sie müssen wissen, wie Flaschen ausgetauscht, lecke Stellen gefunden und evtl. versiegelt werden.

Um Verwirrung zu vermeiden, verwenden Sie einen grünen Schlauch als Verbindung von Sauerstoff und Brenner und einen roten für das Propangas. Wenn Ihr Lieferant keine Schläuche in beiden Farben hat, markieren Sie beide Enden eines Schlauchs mit Klebeband, um ihn vom anderen unterscheiden zu können. Zusätzlich versehen Sie alle Verbindungsstücke und Griffe mit einem Pfeil, um das System schneller an- und ausstellen zu können.

Die Sauerstoff- und Propangasflasche sollte vorzugsweise ausserhalb des Ateliers mit Ketten gesichert werden, damit sie nicht umgestossen werden können.

Öl sollte nie in die Nähe der Flaschen gelangen; selbst Öl an Ihren Fingern, das an die Verbindungsstücke gelangt, kann spontane Verbrennungen verursachen. Verwenden Sie Teflonband zum Abdichten der Verbindungen.

Rückschlagventile oder Flammenrückschlagsicherungen an beiden Reglern sind eine gute Idee (meiner Meinung nach sind sie eine Notwendigkeit!), damit Gas nicht in die falsche Richtung strömen kann. Dies verhindert, dass Flammen zurück in Schläuche und Flaschen schlagen, was Schäden und evtl. Explosionen auslösen könnte. Flammenrückschlagsicherungen verfügen zudem über einen Flammenlöscher, um Beschädigungen der Schläuche zu verhindern.

Halten Sie auf jeden Fall einen betriebsfähigen Feuerlöscher bereit.

## Sicherheitstipps

### Augenschutz

Lassen Sie Vorsicht walten, wenn kaltes Glas in eine heisse Flamme gehalten wird. Wenn Sie einen Glasstab zu schnell in die Flamme einführen, können kleine Glasstücke abbrechen. Tragen Sie immer einen Augenschutz, um sich vor diesen potentiell gefährlichen Projektilen zu schützen. Im Idealfall verfügt die Brille an den Seiten über einen Schläfenschutz.

Schützen Sie Ihre Augen immer mit einer Schutzbrille, wenn Sie mit Glas arbeiten.

Neben den offensichtlichen Gefahren von zerbrochenem Glas sorgen sich viele Perlenherstellerinnen und andere Lampenarbeiter wegen der potentiellen Risiken, wenn ihre Augen dem intensiven Licht ausgesetzt sind, das beim Schmelzen von Glas in einer offenen Flamme entsteht. Einer Bewertung durch das amerikanische Nationale Institut für berufliche Sicherheit und Gesundheit (NIOSH) zufolge ist die Menge an infrarotem und ultraviolettem Licht, das von heissem Glas in einer Flamme abgegeben wird, unbedeutend und gilt nicht als gesundheitsgefährdend. Im Bereich sichtbaren Lichts gibt heisses Glas in einer Flamme ein helles orange-gelbes Licht ab, das als »Sodalichtblitz« bezeichnet wird. Das NIOSH stellte fest, dass

Ganz links: James Smircich, blaue Blasenperle, 4,1 x 3,1 cm

Photo: Evan Bracken

Links: Audrie Wiesenfelder, *Anhängerperlen in Blattform*, zurecht gedrückte Perlen, mit Silberdraht dekoriert, 5 x 2,4 cm (grösste Perle)

Photo: Tom Van Eynde

dieser Sodalichtblitz zwar stören und ablenken kann, aber harmlos ist.

Der Sodalichtblitz kann Ihr Sehvermögen bei der Arbeit stören, speziell dann, wenn Sie mit einem Sauerstoff-Propangas-Brenner arbeiten, da die Intensität dieses Lichtblitzes direkt von der Temperatur der Flamme abhängt. Die meisten, die mit einem Brenner mit nur einem Brenngas arbeiten, stellen dabei fest, dass der Sodalichtblitz so schwach ist, dass sie durch ihn nicht abgelenkt werden.

**GUTER TIPP**

Im Januar 1996 veröffentlichte NIOSH die Ergebnisse einer wichtigen Studie über die potentiellen Gesundheitsrisiken in einem Glasatelier. Eine Kopie dieses Berichts, Health Hazard Evaluation Report No. 95-0119-2554, können Sie bestellen bei NIOSH, 4676 Columbia Parkway, Cincinnati, Ohio, 45226.

Zur Zeit gibt es zwei Materialien für Brillengläser, die den Sodalichtblitz ausfiltern – Didym und AUR-92. Didymgläser wurden in den fünfziger Jahren speziell zu diesem Zweck entwickelt. Sie filtern den Sodalichtblitz wirklich sehr effektiv. Weder Didym noch AUR-92 ist bei einem System mit nur einem Brenngas notwendig und beide reichen für ein Sauerstoff-Propangas-System aus.

### Lüftung

Bei der Arbeit mit offener Flamme ist ein gut gelüfteter Arbeitsbereich wichtig. Die meisten Flammen verbrennen unvollständig und geben Kohlenmonoxid ab. Kohlenmonoxid ist geruchlos, unsichtbar und potentiell tödlich. Der charakteristische Geruch von Brennern, die in Betrieb sind, ist nicht auf Kohlenmonoxid zurückzuführen, sondern auf unvollständig verbrannte Zusatzstoffe zum Brenngas. Warnzeichen für eine Kohlenmonoxidvergiftung sind Kopfschmerzen, Kurzatmigkeit, Brustschmerzen, Schwindel, Müdigkeit, Übelkeit und verschwommenes Sehen.

Wenn Sie eins oder mehrere dieser Symptome bei sich feststellen, gehen Sie sofort an die frische Luft. Wenn sich Ihr Zustand nicht bessert, suchen Sie schnell einen Arzt auf!

Ein Abluftventilator im Fenster sorgt dafür, dass frische Luft zugeführt und Kohlenmonoxid abgeführt wird. Querlüftung, die Ihre Flamme nicht stört,

**GUTER TIPP**

Je mehr Brenner in einem einzelnen Raum entzündet sind und je länger diese Brenner brennen, desto wichtiger wird die Lüftung. Preiswerte Kohlenmonoxid-Melder sind heute überall erhältlich und gehören zur Ausstattung eines Glasateliers dazu.

ist ideal, wenn Sie in Ihrem Atelier oder in seiner Nähe über zwei Fenster an der richtigen Stelle verfügen. Diese Lösung ist offensichtlich wetterabhängig.

### Gefahren für die Atmung

Neben Kohlenmonoxid gibt es eine weitere Gefahr für die Atmung: Es sind die Staubpartikel, die sich in Ihrem Atelier befinden können, beispielsweise Trennmittel in Pulverform und lose Partikel von feuerfesten Materialien wie Vermiculit oder Fasern der keramischen Decke.

Achten Sie darauf, dass Sie diese reizenden und potentiell schädlichen Staubpartikel nicht einatmen. Falls nötig, tragen Sie einen Atemschutz. Hüten Sie sich besonders vor gefährlichem Staub, der bei der Reinigung des Ateliers aufgewirbelt werden könnte. Um die Gefahr der Einatmung von Partikeln zu reduzieren, feuchten Sie die Bereiche am besten mit einer Sprühflasche an, bevor Sie sie mit einem feuchten Tuch abwischen.

## Verhinderung von Bränden

Erhitzte Gegenstände bleiben lange Zeit heiss. Sie sollten alles in Ihrem Perlenatelier so behandeln, als sei es noch heiss, und Dinge vorsichtig handhaben. Es ist angebracht, in der Nähe eine Kaltwasserquelle zu haben und eine Aloepflanze oder Aloegel für leichte Brandwunden bereitzuhalten.

Tragen Sie bei der Arbeit unbedingt entsprechende Kleidung: Jeans, ein langärmliges Baumwollhemd und normale Schuhe schützen Sie vor kleinen, aber ärgerlichen Verbrennungen. Tragen Sie auf keinen Fall Polyesterkleidung, kurzärmlige Kleidung, Shorts und offene Schuhe.

## Allgemeine Sicherheitstipps

- Lassen Sie den Brenner nie unbeaufsichtigt brennen.
- Halten Sie kleine Kinder und Tiere unbedingt von der offenen Brennerflamme fern.
- Denken Sie daran, dass die Brennspitze nach Verlöschen der Flamme etwa 15 Minuten lang heiss bleibt.
- Halten Sie einen guten Allzweck-Feuerlöscher in Ihrem Atelier griffbereit. Sorgen Sie dafür, dass er regelmässig geprüft wird, damit er betriebsbereit ist.

Kimberley Adams, *Meeresgrüne Kette*, Spirallinien und Tupfen, 3,8 x 3,2 cm (grösste Perle)
Photo: Jerry Anthony

# Herstellung einer Grundperle

Donna Sauers, Grundperlen, 1,7 cm (grösste Perle)

Photo: Evan Bracken

## DORNE VORBEREITEN

Der erste Schritt bei der Glasperlenherstellung ist die Vorbereitung eines oder mehrerer Dorne. Damit das heisse Glas nicht permanent an dem Metall haften bleibt, muss jeder Dorn mit einer Mischung versehen werden, die als »Perlentrennmittel« bezeichnet wird. Es gibt mehrere fertige Mischungen sowohl in vorgemischter als auch in Pulverform. Eine der am häufigsten verwendeten Mischungen ist in Geschäften erhältlich, in denen Materialien für Buntglas verkauft werden. Es handelt sich um ein Trennhilfsmittel für Ofeneinsetzplatten und wird beim Verschmelzen von Glas eingesetzt. Ich konnte keinen grossen Unterschied zwischen »normalen« Trennhilfsmitteln und jenen für »hohe Temperaturen« feststellen, daher empfehle ich, die Mischung zu kaufen, die am leichtesten erhältlich ist.

Wenn Sie Trennhilfsmittel für Ofeneinsetzplatten in Pulverform als Trennmittel verwenden, mischen Sie etwa 2 Teile Pulver mit 1 Teil Wasser. Geben Sie das Trennmittel ins Wasser und lassen Sie es ein paar Minuten stehen und zerfallen, bis das ganze Pulver im Wasser versinkt. So werden Klumpen verhindert. Jetzt rühren Sie die Mischung um, bis sie die cremige Konsistenz von Joghurt hat. (Zu diesem Zweck ist ein Schneebesen hilfreich.) Überschüssiges Perlentrennmittel kann in einem Glas mit Drehverschluss oder einem anderen fest verschlossenen Behälter aufbewahrt werden, obwohl Sie vor der nächsten Verwendung wahrscheinlich ein wenig Wasser dazugeben müssen.

Es gibt viele verschiedene Mischungen für Perlentrennmittel. Manche müssen an der Luft trocknen, andere können schnell in der Flamme getrocknet werden. Manche Trennmittel verhindern ein Abrutschen der Perle vom Dorn besser, während Sie arbeiten, aber dieselben haftenden Eigenschaften erschweren es, die Perle vom Dorn zu entfernen, wenn Sie fertig sind. Obwohl einige Marken im Innern der Perle weniger Rückstände hinterlassen, könnte die Perle bei der Bearbeitung des heissen Glases eher abrutschen. Kein Trennmittel ist perfekt.

Um die Dorne so vorzubereiten, dass sie das Perlentrennmittel besser annehmen, rauhen Sie ein Ende aller Stangen mit einem strapazierfähigen Scheuertuch oder mit Stahlwolle an. Dann wischen Sie die Enden sauber. Tauchen Sie das vorbereitete Ende etwa 5 cm in das Trennmittel, so dass es einen glatten, gleichmässigen Überzug ohne freie Stellen erhält. Wenn die Mischung zu stark oder klumpig aufgetragen wird, könnte sie sich während der Herstellung der Perlen lösen. Zu dick aufgetragenes Trennmittel könnte in der Flamme auch leichter splittern.

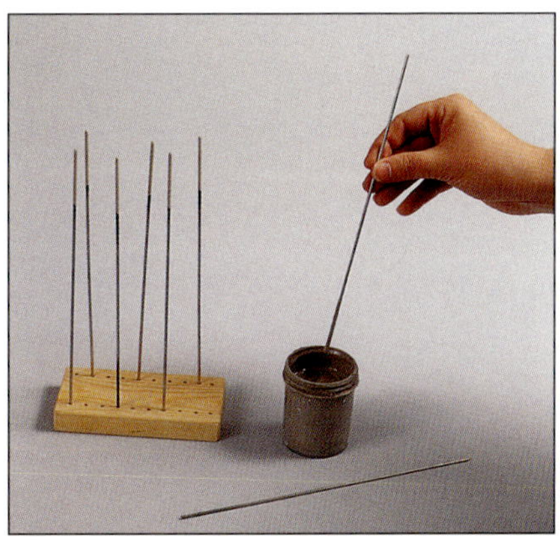

Nach Eintauchen des Dorns in das Trennmittel, stellen Sie die Stange aufrecht in einen Ständer. Ich verwende dazu einen Holzblock, in den mehrere Löcher passend für meine Dorne gebohrt wurden, aber man könnte auch einen Block aus Polystyrolschaum, eine Dose mit Sand oder einen Klumpen Ton verwenden.

Lassen Sie die mit Trennmittel überzogenen Dorne gründlich (etwa 20 Minuten lang) trocknen. Sie trocknen von unten nach oben, so dass die oberen Enden dunkel bleiben, bis sie ganz trokken sind. Zur schnelleren Trocknung können Sie die Dorne unter eine Glüh-

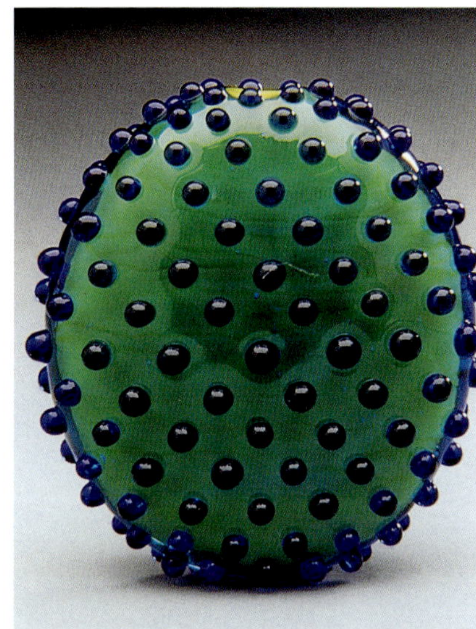

Oben: Kimberley Adams, mit Säure geätzte Tafelperle, 3 x 3 cm

Photo: Evan Bracken

Mitte: Kristina Logan, erhabene Tupfen, 5,1 x 4,1 cm

Photo: Dean Powel

Unten: Audrie Wiesenfelder, zurecht gedrückte Perle mit erhabenen Tupfen, 3,5 x 4,2 cm

Photo: Evan Bracken

Heather Trimlett, mit Säure geätzte Perlen
Photo: Patty Hulet

lampe stellen oder einen Haarfön verwenden. Versuchen Sie nicht, die Dorne in der Flamme Ihres Brenners zu trocknen, es sei denn, das Trennmittel ist speziell für die Flammentrocknung geeignet.

Bereiten Sie etwa zwei Dutzend Dorne vor, damit Sie die Arbeit nicht ständig unterbrechen müssen.

Wenn Sie ein Trennmittel verwenden, das in der Flamme getrocknet werden kann, müssen Sie nicht vorausplanen oder die Dorne zuvor vorbereiten. Die Verwendung eines solchen Trennmittels ist äusserst bequem: Sie tauchen einfach den Dorn ein und lassen ihn sofort in der Flamme trocknen!

## Den Brenner anzünden

Bei einem System mit nur einem Brenngas zünden Sie den Brenner an, indem Sie die Schraube am Brenner-

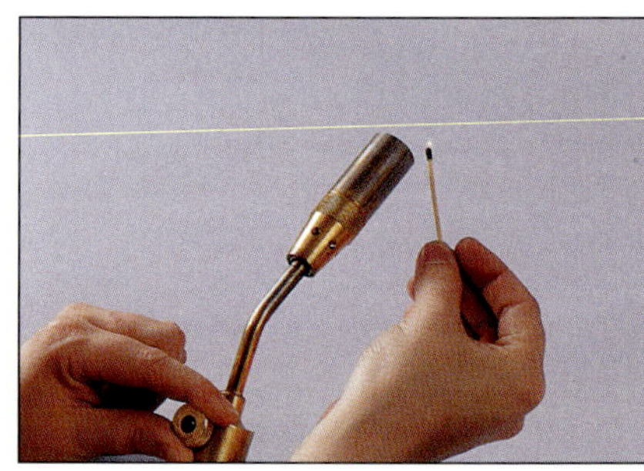

ventil nach links drehen, bis Sie ein leichtes Zischen hören. Halten Sie ein Streichholz knapp unterhalb des Randes an die Brennspitze, damit das Gas das Streichholz nicht löscht.

Wenn das Streichholz erlöscht, verringern Sie die Gaszufuhr und achten darauf, dass sich der Streichholzkopf knapp unterhalb des Randes der Brennspitze befindet. Als Alternative können Sie zum Anzünden der Brennspitze einen traditionellen Anzünder verwenden. Wenn die Flamme unregelmässig brennt und spuckt, stellen Sie das Gas höher. Nach dem Anzünden passen Sie die Flamme mit der Schraube am Ventil an

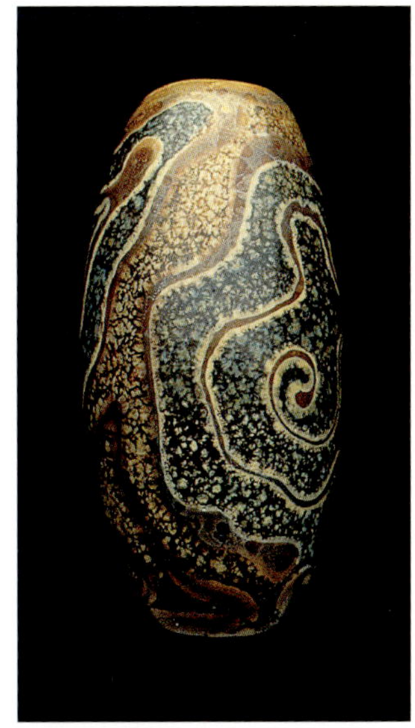

(um die Flamme zu vergrössern, drehen Sie die Schraube nach links, zum Verkleinern drehen Sie sie nach rechts), bis Sie einen schönen blauen, klar umrissenen Kegel vor sich haben. Eine buschig brennende oder türkisfarbene Flamme bedeutet, dass das Gas zu hoch aufgedreht ist. Zum Anstellen eines Sauerstoff-Propangas-Systems wird zuerst das Ventil der Sauerstoffflasche vollständig

geöffnet. (Dadurch wird das Ventil fest versiegelt, damit nichts leckt.) Stellen Sie den Sauerstoffdruck mit Hilfe des Reglerventils ein. Nun öffnen Sie das

Ventil der Propangasflasche. Stellen Sie den Gasdruck wieder mit Hilfe des Reglerventils ein. Zum Anzünden des Brenners drehen Sie zuerst das Propangas auf und zünden es an. Drehen Sie das Gas auf, bis Sie eine 15 bis 20,5 cm hohe Flamme haben. Jetzt drehen Sie langsam den Sauerstoff auf und erhöhen die Menge langsam.

**GUTER TIPP**

Eine Alternative zu Streichhölzern ist ein Kamin- oder Grillanzünder. Kaufen Sie am besten einen Qualitätsanzünder, da die preisweten schnell aufgebraucht sind und sich nicht wieder auffüllen lassen. Seien Sie mit diesen Anzündern vorsichtig! Da sie aus leichtem Kunststoff bestehen, könnte heisses Glas ein Loch hineinschmelzen, so dass eine durchlässige Stelle für Brennstoff entsteht, was wirklich sehr gefährlich ist.

Oben links: Liz Ormes, *Bunte Kette*, modellierte Perlen, 1,6 x 7 cm (grösste Perle)

Photo: Thomas Ritter

Oben rechts: René Roberts, Serie *»Steinarbeiten«*, mit Metallfärbemitteln, 5,1 x 1,6 cm

Photo: George Post

Unten: Kristen Frantzen Orr (links), *Wassergarten*, schwer umhüllte Blütenperle, 2 x 2,4 cm; Linda Burnettè (oben), umhüllte Perle mit Blüten auf der Umhüllung, 1,3 x 2,3 cm; Angela Green (rechts), Rosafarbene Rose, schwer umhüllte modellierte Blüte, 3,1 x 1,9 cm

Photo: Evan Bracken

Oben links: Sue Richers Elgar, *Engel-Göttin*, mit Säure geätzte und modellierte Perle, 6 cm hoch

Photo: Evan Bracken

Oben rechts: Ellie Burke, *Frisch aus dem Meer*, Brosche und Ohrringe, zurecht gedrückte Perlen, 5,1 x 3,8 cm (Brosche)

Photo: William F. Lemke

Mitte: Karen Ovington, Hohlperle, 3 x 4 cm

Photo: Tom Van Eynde

Unten: Inara Knight, Tafelperlen aus dichroitischem Glas, 3,3 x 3,5 cm (blaue Perle oben)

Photo: Evan Bracken

Abhängig von der Art des Glases werden Sie wahrscheinlich unterschiedliche Flammen verwenden wollen. Eine sauerstoffreiche (oxidierende) Flamme hat eine dichte, klar umrissene Kegelform. Eine brenngasreiche Flamme wird als »Reduktionsflamme« bezeichnet und ist grösser als eine oxidierende Flamme. Oxidierende Flammen werden bei Erhöhung der Sauerstoffzufuhr heisser, bis ein gewisser Punkt erreicht ist. Zu viel Sauerstoff erzeugt eine kühlere, spuckende Flamme, wodurch die Flamme ganz gelöscht werden könnte.

Wenn Sie Ihr Glas in der Flamme bearbeiten, halten Sie es in den Bereich zwischen der Spitze des blauen Kegels und 2,5 cm oberhalb dieses Punktes. Wenn Sie sich weiter von der Brennspitze entfernen, verbrennt die Flamme vollständiger. Der blaue Teil der Flamme verbraucht den gesamten Sauerstoff, von dem ein Teil gebraucht wird, damit sich die Farben des Glases nicht verändern.

**GUTER TIPP**

WENN DIE FARBEN SCHMUTZIG WIRKEN, ARBEITEN SIE ENTWEDER ZU NIEDRIG IN DER FLAMME ODER SIE HABEN DAS GAS ZU HOCH EINGESTELLT. DIE FLAMME IST KÜHLER, WENN SIE ZU NIEDRIG ARBEITEN.

## Eine Perle formen

Erhitzen Sie die Spitze Ihrer Glasstange langsam, indem Sie sie in die Flamme halten und wieder herausnehmen. Arbeiten Sie noch langsamer, wenn Sie Filigrana-Stangen verwenden. Da Filigrana-Stangen eine Kombination aus zwei Glassorten sind, unterliegen sie eher dem Wärmestoss. Dies trifft vor allem dann zu, wenn Sie mit einer Aventurin-Filigrana-Stange arbeiten; die Metallspane im Kern absorbieren die Hitze schnell und dehnen sich im Vergleich zu der noch kühlen äusseren Schicht aus, so dass diese bricht. Dann versuchen Sie, in einem höheren Bereich der Flamme zu arbeiten oder das Gas herunterzudrehen. Damit die Glasstange nicht bricht, können Sie die Enden auch vorwärmen, indem Sie sie zwischen Brennspitze und Brennermarbelplatte anlehnen oder eine Heizplatte verwenden.

**GUTER TIPP**

AVENTURIN STAMMT VON DEM FRANZÖSISCHEN WORT »AVENTURE« AB, WAS »ABENTEUER« BEDEUTET. DIESES GLAS WURDE ZUM ERSTEN MAL IM 15. JAHRHUNDERT IN VENEDIG HERGESTELLT.

Kristen Frantzen Orr, *vier Blumengarten-Perlen*, eingestochene Blüten, 2,5 cm im Durchmesser (grösste Perle)

Photo: Jeff Scovil

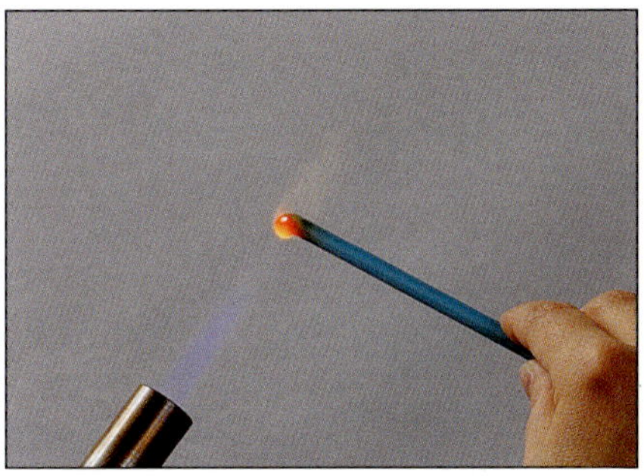

Jetzt halten Sie das Glas nach und nach immer länger in die Flamme. Die Stangenspitze beginnt orangefarben zu glühen. Nun können Sie etwa 6 bis 10 mm der Stange in der Flamme lassen. Wenn das Ende der Glasstange glüh, fangen Sie an, die Glasstange zu drehen.

Halten Sie Ihre Hand etwas unterhalb der Flamme, so dass sich das heisse Ende der Stange nicht dehnt. So wird das ge-

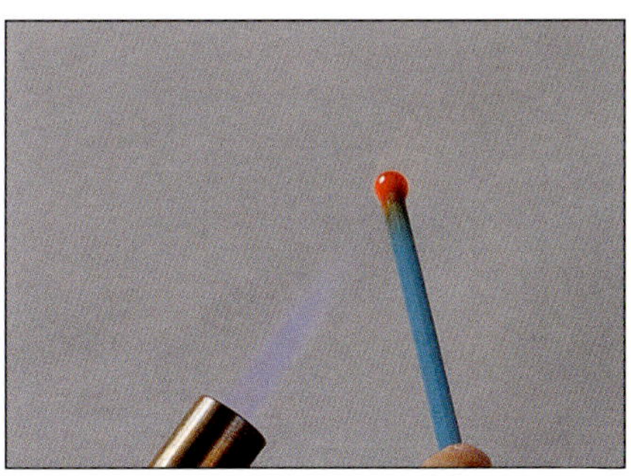

schmolzene Glas dicker und bildet am Ende eine leichte Kugelform, statt immer dünner zu werden.

Wenn die Glaskugel am Ende der Stange durch und durch orangefarben glüht, beginnen Sie, den beschichteten Teil des Dorns zu erhitzen. Da Dorne nicht langsam erwärmt werden müssen, können Sie sie direkt in die Flamme halten.

Halten Sie den Dorn oberhalb der glühenden Glaskugel etwa 20 Sekunden in die Flamme. Jetzt sollten Sie ein leichtes

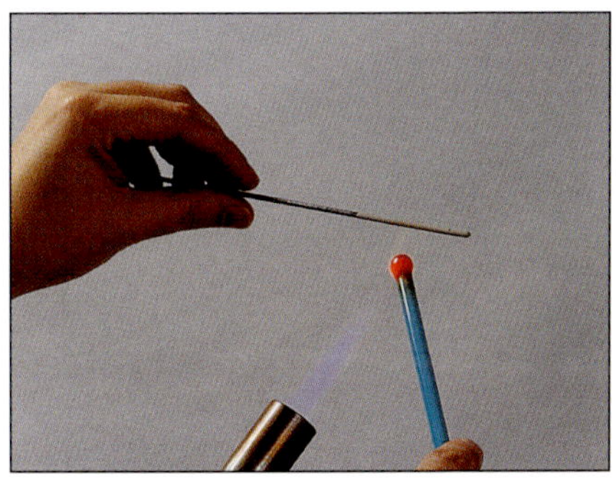

Weissglühen sehen. Achten Sie darauf, dass Sie den Dorn nicht überhitzen, da er nicht hell glühen muss. Während Sie den Dorn erhitzen, müssen Sie weiterhin die Glasspitze heiss halten; dazu bedarf es einiger Übung.

Als Nächstes drücken Sie das vordere Ende der Glaskugel etwa in der Mitte

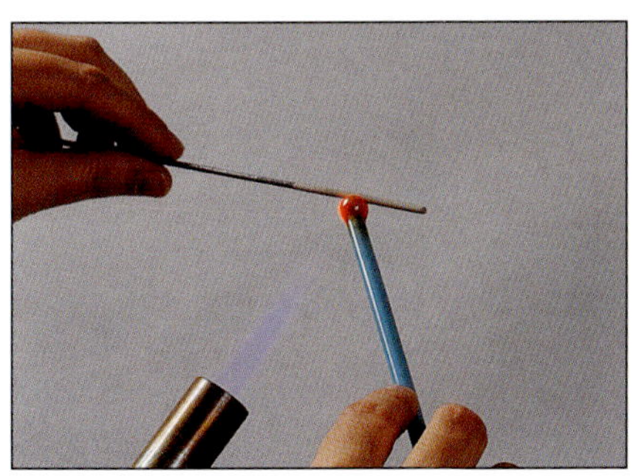

des beschichteten Teils auf den Dorn. Gleichzeitig beginnen Sie, den Dorn

**GUTER TIPP**

Wenn Sie mehrere Perlen hergestellt haben, sind wahrscheinlich einige Reste von kurzen Glasstäben oder -streifen übriggeblieben. Wenn Sie keine Perlen herstellen wollen, indem Sie diese kurzen Stücke mit der Zange in die Flamme halten, können Sie zwei oder mehrere Stücke miteinander verschmelzen, indem Sie die Enden in der Flamme schmelzen lassen. Nachdem die heissen Enden fest zusammengedrückt wurden, ziehen Sie die Stücke auseinander, bis die Verbindung etwas dünner als der Stangendurchmesser ist. Seien Sie vorsichtig – die Verbindungsstelle bleibt länger heiss, als Sie erwarten! Miteinander verschmolzene Stangen können an der Luft trocknen, aber da sie nicht richtig vergütet wurden, müssen Sie beim Erwärmen in der Flamme vorsichtig sein, damit sie nicht brechen.

Oben: Inara Knight (links), 2,3 cm lang; Kim Adams (Mitte), 2,3 cm lang; Inara Knight (rechts), 2,4 cm lang; alle Perlen mit Säure geätzt

Photo: Evan Bracken

Mitte: James Smircich, Göttin, modellierte Perle, 6,5 cm hoch

Photo: Evan Bracken

Unten: Inara Knight, *Wasserfall-Anhänger*, Tafelperlen mit umhüllten Tupfen, 4,3 x 2,8 c (grössere Perle)

Photo: Evan Bracken

von sich weg zu drehen. Achten Sie darauf, dass Sie während des gesamten Verfahrens in der Flamme bleiben. Drehen Sie den Dorn, bis Sie so viel heisses Glas abgewickelt haben, wie an

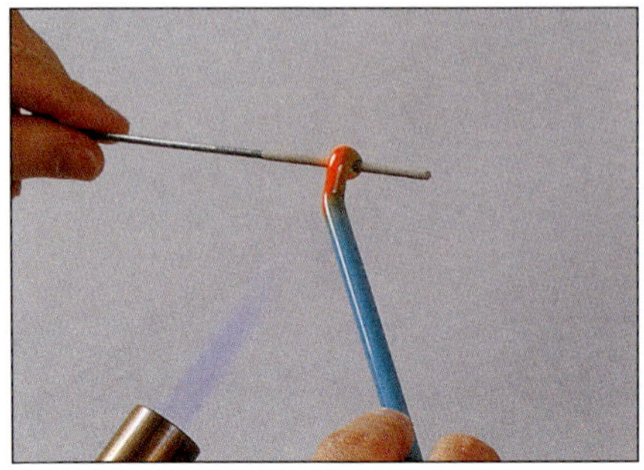

der Ende des Glasstabes zur Verfügung steht. Wenn Sie den gesamten geschmolzenen Teil des Glasstabs abgewickelt haben, dürfen Sie nicht versuchen, den kalten Teil der Stange abzuwickeln. Dabei würden Sie zu stark ziehen, so dass sich die Perle vom Dorn lösen könnte. Wenn kein heisses Glas mehr da ist, versuchen Sie nicht, mit Gewalt weiter zu wickeln. Halten Sie das Glas weiterhin in die Flamme, so dass es weich wird und Sie so viel Glas abwickeln können, wie Sie möchten. Die Flamme sollte auf den kalten Bereich der Stange knapp unterhalb der Perle zielen. Achten Sie darauf, dass Sie den Dorn beim Abwickeln des Glases von sich

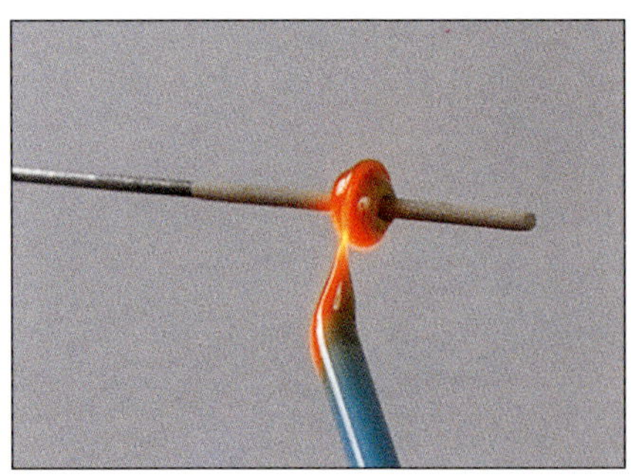

weg drehen, damit kein langer Glasfaden entsteht, wenn Sie den Glasstab wegziehen.

Wenn sich die Perle am Dorn zufällig lockert, halten Sie den Dorn waagerecht und legen ihn weg, damit die heisse Perle nicht nach unten auf Ihre Hand rutscht.

Nachdem Sie das geschmolzene Glas abgewickelt haben, legen Sie den heissen Glasstab auf die hitzebeständige Arbeitsplatte oder die Ablage für Glasstangen.

Dann nehmen Sie den Dorn in die rechte Hand und verleihen der Perle eine runde Form, indem Sie sie weiterhin in die Flamme halten und den Dorn dre-

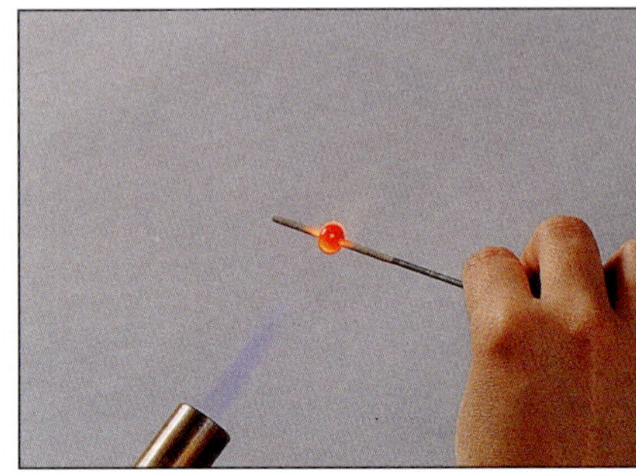

hen, bis die Perle weich wird und eine schöne runde Form annimmt. Achten Sie darauf, dass Sie den Dorn dabei gerade halten, da sich das Glas in die Richtung bewegt, in die Sie den Dorn halten.

Nehmen Sie die Perle jetzt aus der Flamme, damit das Glühen nachlässt. Drehen Sie den Dorn immer weiter. Sobald die Perle nicht mehr glüht, führen Sie die Perle mehrmals durch die Flamme, damit sich die Hitze in der Perle gleichmässig verteilt. Wenn die Perle langsam glüht, nehmen Sie sie aus der Flamme und warten ein paar Sekunden, bis das Glühen wieder nachlässt. Schliesslich legen Sie die Perle, die sich immer noch auf dem Dorn befindet,

zwischen zwei Stücke Keramikfaserdecke (2,5 cm Stärke) oder in einen Behälter mit Vermiculit. Die Perle braucht etwa 20 bis 30 Minuten, um in der isolierenden Decke abzukühlen. Wenn Sie

Vermiculit verwenden, hängt die Geschwindigkeit beim Abkühlen davon ab, ob Sie es heiss oder kalt verwenden. (Heisses Vermiculit lässt die Perle langsamer abkühlen.) Langsames Abkühlen verhindert, dass das Äussere der Perle schneller abkühlt als die Mitte, was Spannungen in der Perle verursachen und zu Rissen führen kann. Dieser Schritt erfordert einige Übung.

Herzlichen Glückwunsch! Sie haben gerade Ihre erste Perle hergestellt!

**GUTER TIPP**

WENN SIE EINE PERLE WEGLEGEN, DIE NOCH ZU HEISS IST, NIMMT SIE MARKIERUNGEN VON DER DECKE ODER DEM VERMICULIT AUF. WENN SIE MIT DEM WEGLEGEN ZU LANGE WARTEN, KANN SIE ZU SCHNELL ERKALTEN, SO DASS RISSE ENTSTEHEN.

Zu diesem Zeitpunkt sollten Farbe, Grösse und Form noch keine Rolle spielen. Zuerst sollte es Ihnen nur um das Verfahren gehen. Konzentrieren Sie sich auf fünf zur Herstellung einer Perle notwendigen Schritte:

1. erfolgreiches Erhitzen der Glasstange (kein Abplatzen des Trennmittels);
2. Ankleben des heissen Glases an den Dorn (sowohl Glas als auch Dorn müssen ausreichend heiss sein);
3. Wickeln des heissen Glases um den Dorn;
4. Erfolgreiches Abwickeln (versuchen Sie nicht, mehr heisses Glas abzuwickeln, als Sie haben) und
5. Ablegen der fertigen Perle in der Decke oder in Vermiculit bei der richtigen Temperatur.

Wenn Ihnen diese Schritte leicht von der Hand gehen, können Sie die zusätzlichen Schritte in Betracht ziehen, mit denen sich grössere, kompliziertere Perlen herstellen lassen.

Oben links: Karen Ovington, mit Säure geätzte Perlen, 3,5 cm (durchschnittlich grosse Perle)

Photo: Tom Van Eynde

Oben rechts: Char Eagleton, *Sumpf-Ophelia*, modellierte Perlen zur Akzentuierung, 3 x 3,8 cm (Froschanhänger)

Photo: Evan Bracken

Unten: Char Eagleton, Torso einer Meerjungfrau, mit Säure geätzt, 3,1 cm hoch

Photo: Evan Bracken

Jana Burnham, ein- bis fünfreihige Kette, Grundperlen und einfache Variationen

Photo: Wayne Torborg

## DEN BRENNER AUSSTELLEN

Wenn Sie die Arbeit mit einem Brenner für ein Brenngas beendet haben, stellen Sie ihn aus, indem Sie die Schraube am Ventil fest nach rechts drehen. Wenn Sie an diesem Tag nicht weiterarbeiten wollen, entfernen Sie die Brennspitze von der Flasche, so dass noch in der Flasche verbliebenes Gas nicht austreten kann. Die Brennspitze selbst ist noch sehr heiss und Sie müssen vorsichtig sein, wenn Sie sie abnehmen. Verwenden Sie hitzebeständige Handschuhe oder warten Sie, bis sie abgekühlt ist.

Löschen Sie einen Sauerstoff-Propangas-Brenner, indem Sie zuerst den Sauerstoff abstellen und dann das Propangas.

| Anstellen | | Abstellen | |
|---|---|---|---|
| **P** | **O** | **O** | **P** |
| Propangas | Sauerstoff | Sauerstoff | Propangas |

Wenn Sie mit der Arbeit fertig sind, kehren Sie die Verfahren, die Sie zu Beginn des Tages durchgeführt haben, um. Drehen Sie die Brennerventile, dann die Reglerventile und schliesslich die Flaschenventile zu. Nun öffnen Sie die Brennerventile wieder und lassen restliches Gas ausströmen. Dann schliessen Sie die Brennerventile wieder.

## DIE PERLE VOM DORN ABNEHMEN

Wenn die Perle kalt ist, entfernen Sie sie vom Dorn, indem Sie sie zuerst etwa eine Minute lang in eine Tasse Wasser eintauchen, um das Trennmittel aufzuweichen und die Perle zu lockern.

Wenn Sie die Perle jetzt noch nicht leicht abdrehen können, verwenden Sie eine Zange (ich nehme dazu eine Gripzange), um den Dorn unterhalb der Perle festzuhalten. Dann drehen Sie die Perle mit der anderen Hand ab. Die

Donna Sauers, Anstecknadel mit Grundperlen, 2 cm lang (grösste Perle); Armbandperlen mit Säure geätzt, 9 mm lang (im Durchschnitt)

Photo: Evan Bracken

Rechts: Jana Burnham, *Trapezkette*, Tupfen und Augen, 6,4 x 1,3 cm (lange Perle)

Photo: Ralph Gabriner

Zange dient als Handgriff und Kraftverstärker, so dass die Perle leichter entfernt werden kann. Sie können die Perle zusätzlich mit einem Deckelöffner aus Gummi umfassen, während Sie den Dorn mit einer Zange in der anderen Hand halten. Wenn das Trennmittel noch intakt ist, so dass die Perle nicht freigegeben wird, versuchen Sie, es zu beiden Seiten der Perle zu zerstören, damit sich das Trennmittel im Innern der Perle leichter löst. Wenn die Perle jetzt immer noch festklebt, tauchen Sie sie länger in Wasser ein; manchmal hilft das Eintauchen über Nacht, um eine hartnäckige Perle zu lösen.

**GUTER TIPP**

Wenn eine Perle wirklich am Dorn festklebt, können Sie sie als letzten Ausweg in die Kühltruhe oder den Dorn etwa 15 Minuten lang in Eiswasser legen. Manchmal zieht sich der Stahl dadurch gerade so stark zusammen, dass die Perle abgezogen werden kann.

Anmerkung: Wenn das Trennmittel bei der Herstellung der Perle zerstört wurde und das heisse Glas mit der Stahlstange in Kontakt gekommen ist, werden Sie ein ominöses Klicken hören, wenn Sie versuchen, die Perle abzudrehen. Bei einer durchsichtigen Perle kann man bisweilen sehen, wo das Trennmittel an einem Teil des Dorns im Innern der Perle fehlt. Wenn sich die Perle nicht vom Dorn lösen lässt, sollten Sie das Ganze als Erfahrung betrachten und den Stab als Dekoration für einen Blumentopf verwenden.

Dieses Problem tritt eher ein, wenn Sie das Glas in zu kaltem Zustand bearbeiten oder den Dorn überhitzen. Das zu dicke oder zu dünne Auftragen des Trennmittels kann ebenfalls zu diesem Problem beitragen. Um den Dorn auch in Zukunft verwenden zu können, schneiden Sie ihn knapp unterhalb der Perle ab und verwenden den kürzeren Stab zur Herstellung weiterer Perlen.

Ellie Burke, *Sodbrennen-Kette*, modellierte Perlen, 3,2 x 1 cm (Pfefferschoten)

Photo: William F. Lemke

## Der letzte Schliff

Ein Pfeifenputzer und Wasser sollten genügen, um Reste des Trennmittels aus den Löchern der meisten Perlen zu entfernen. Echte Pfeifenputzer zum Reinigen von Tabakspfeifen sind besser

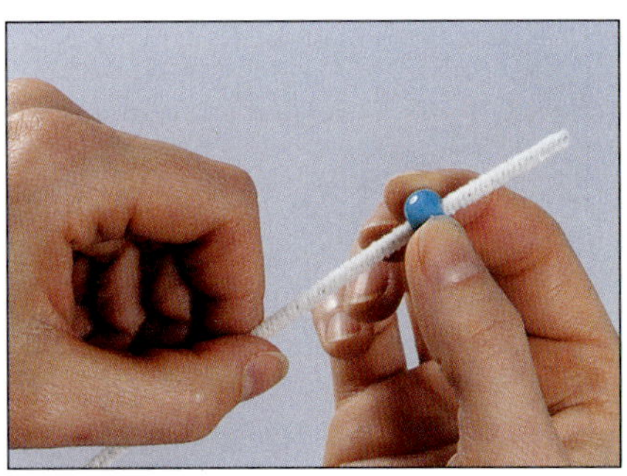

als Pfeifenputzer, die zu Bastelarbeiten verwendet werden; die echten bestehen aus einer Mischung aus Metall und Fasern, so dass sie eine stärkere Schleifwirkung haben. Wenn Sie feststellen, dass Pfeifenputzer nicht funktionieren, gibt es auch spezielle Metallkratzer für Perlen. Sie lassen sich viel schneller und leichter verwenden und sind stabiler als Pfeifenputzer. Meiner Meinung nach sind sie zur Reinigung der Löcher in Perlen am besten geeignet. Wenn Ihre Perle durchsichtig ist und verbliebenes Trennmittel störend wirkt, versuchen Sie, die Perle eine halbe Stunde lang oder in schweren Fällen auch über Nacht in etwas unverdünnten flüssigen WC-Reiniger oder einen Reiniger für Kalkablagerungen zu geben. Doch Vorsicht – diese Mittel sind gefährlich!

Bedenken Sie, dass das Trennmittel um so fester im Loch der Perle haftet, je länger und stärker Sie die Perle während des Formungsprozesses bearbeiten. Dies soll Sie aber nicht entmutigen. Wenn Sie genau hinsehen, werden Sie feststellen, dass die meisten gewickelten Perlen, die man kaufen kann, etwas Perlentrennmittel in den Löchern enthalten.

Zur Entfernung von Graten glätten Sie grobe oder scharfe Stellen um das Perlenloch mit einer feinen Diamantfeile. Das beste Werkzeug dazu ist jedoch ein Gravurstift oder ein elektrisch betriebenes Miniwerkzeug, das mit einem kleinen Diamantschleifer versehen ist. Das Entfernen von Graten ist wichtig; eine scharfe Kante kann das Tragen einer Perle unangenehm machen oder sogar die Schnur durchschneiden, auf die eine Kette oder ein Armband gezogen wurde.

Viele Oberflächenfehler wie Reste von Perlentrennmittel oder Faserdecke, Vermiculitspuren und gräuliche Verfärbungen können mit einer Säure-Ätzlösung für Glas entfernt werden. Diese Lösung entfernt die Oberflächenschicht des Glases. Sie können Teile Ihrer Perle wegätzen, indem Sie die übrigen Bereiche mit Kleber oder Nagellack versehen, so dass nur die frei liegenden Teile geätzt werden. Das Ätzen mit Säure verleiht der Perle eine matte Satinoberfläche.

Diamantschleifwerkzeuge, beispielsweise ein elektrisch betriebenes Miniwerkzeug oder ein Gravurstift, sind eine weitere Möglichkeit, die Oberfläche der Perle zu ändern und sie mit neuen Reizen zu versehen.

Sie sollten auf keinen Fall verzweifeln. Selbst wenn Ihre beste Perle noch Trennmittel oder einen Schmutzfleck auf der Oberfläche aufweist, kann Ihnen dies als Inspiration für neue Oberflächendesigns dienen!

# Einfache Variationen

Kelly Niemann, Tupfen, Spiral- und Schnörkellinien, 1,6 cm lang (längste Perle)
Photo: Evan Bracken

Oben: Audrie Wiesenfelder, *Amethyst/Blaue Quastenkette*, gerillte Perlen, 1,9 cm lang (grösste Perle)

Photo: Tom Van Eynde

Unten: Heather Trimlett, Kegel, 1,9 x 2,5 cm

Photo: Evan Bracken

## Perlen formen

### Die Schwerkraft nutzen

Wenn Sie problemlos eine einfache gewickelte Perle herstellen können, haben Sie den schwierigsten Teil gemeistert. Jetzt können Sie sich an die Arbeiten begeben, die Spass machen.

Sie haben gelernt, wie wichtig es ist, den Dorn ständig zu drehen, wenn das Glas heiss ist. Heisses Glas erinnert sehr an dicken Honig und es fliesst nach unten, wenn man ihm die Möglichkeit gibt.

Nutzen Sie diese Eigenschaft beim Formen Ihrer Perlen zu Ihrem Vorteil. Um eine tränenförmige Perle herzustellen, experimentieren Sie, indem Sie den Dorn entweder nach oben oder unten halten. Sie können dies jederzeit während des Schmelzprozesses tun. Wenn Sie das Glas weiter heruntertropfen lassen, als Sie eigentlich möchten, erhitzen Sie es einfach wieder und halten den Dorn in die andere Richtung.

### Eine Marbelplatte verwenden

Um eine Perle weiter zu formen und zu strukturieren, brauchen Sie eine Platte zum Marbeln. Eine Marbelplatte ist eine glatte, hitzebeständige Oberfläche, die normalerweise aus Graphit oder Metall (beispielsweise Aluminium oder Stahl) besteht. Jede saubere, glatte Metall- oder Steinoberfläche, die nicht schmilzt, wenn sie mit heissem Glas in Berührung kommt, ist geeignet.

Sie können sie verwenden, um Ihre Perle zu rollen und zu drücken, so dass Sie verschiedene Formen erhalten

**GUTER TIPP**

Eine Marbelplatte kann aus einem Stück Marmor, einem glatten Stück Aluminium, der flachen Unterseite einer rostfreien Schüssel usw. bestehen. Das Wort »marbeln« geht auf das französische Wort marbre (Marmor) zurück. (Marmor ist kristallisierter Kalkstein mit glatter, ebener Oberfläche.) Das Rollen heissen Glases auf dieser Oberfläche wird als »Marbeln« bezeichnet.

und die Perlen vielfältig gestaltet werden. Sie sollten unbedingt bedenken, dass Sie nur einen kleinen Bereich auf der Perlenoberfläche abkühlen, wenn Sie mit heissem Glas ein kaltes Werk-

zeug, etwa eine Marbelplatte, berühren. Dies führt zu Spannungen in der Perle; das Glas, das mit der Marbelplatte in Berührung kommt, gefriert, wird starr und produziert auf der Perlenoberfläche eine Windung. Der Rest der Perle ist noch flüssig und dieser Spannungsunterschied kann dazu führen, dass sie zerbricht. Deshalb ist es wichtig, die Perle nach Verwendung eines Formungswerkzeugs schnell gleich wieder in die Flamme zu halten. Am besten gleicht man die Hitze in der gesamten Perle nach der Formung aus. Natürlich sollten Sie dies nicht übertreiben, so dass interessante Details verlorengehen. Sie müssen die Perle nur gerade so viel erhitzen, dass die Kühlmarkierungen entfernt werden. Es bedarf einiger Übung, um ein Gefühl dafür zu entwickeln, wie stark die Perle wiedererhitzt werden muss.

## Gepresste Perlen

Sie können Ihre Perle mit zwei Seiten gegen die Marbelplatte drücken, so dass eine Scheibe oder eine Tafelperle (eine abgeflachte Perle in irgendeiner Form) entsteht. Für eine dreieckige Perle

drücken Sie drei Seiten, für einen Würfel vier Seiten usw. gegen die Platte. Eine scheibenförmige Perle lässt sich schnell mit Hilfe einer Abflachzange herstellen – halten Sie einfach die ge-

Oben: James Smircich, mit Hilfe der Schwerkraft geformte Linien (links), 4,8 cm lang; mit Hilfe der Schwerkraft geformtes Muster aus aufeinandergestapelten Tupfen (rechts), 3,3 cm lang

Photo: Evan Bracken

Unten: Inara Knight, tafelförmige gepresste Perle, 4 x 3,2 cm

Photo: Evan Bracken

Jana Burnham, verschiedene Formen, 5,1 x 5,1 cm (grösste Form)

Photo: Wayne Torborg

schmolzene Perle zwischen die Platten, die Sie zusammendrücken. Flachen Sie die Perle nicht zu sehr ab. Nach jedem Kontakt mit der Marbelplatte oder Abflachzange muss die Perle wiedererhitzt werden. Experimentieren Sie!

## Zylinderförmige Perlen

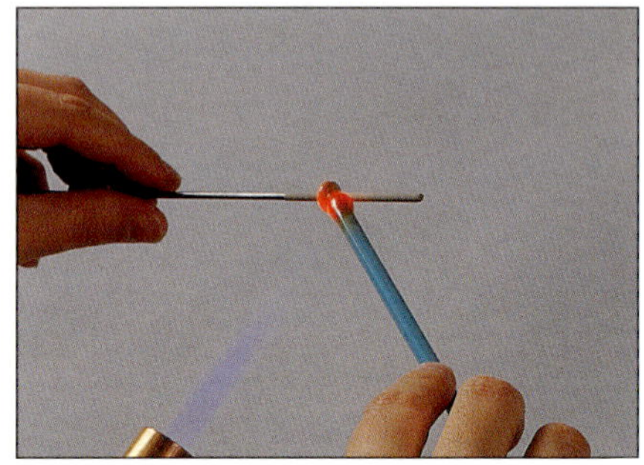

Um einen Zylinder zu arbeiten, stellen Sie eine normale Grundperle her; dann erhitzen Sie die Glasstange weiter. Wickeln Sie eine weitere Grundperle

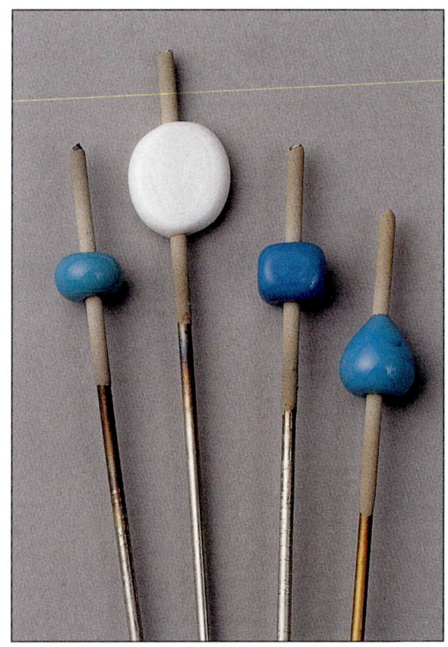

Cindy Jenkins, Grundperle, 0,7 x 1,1 cm; abgeflachte Scheibe, 2 x 1,8 cm; Würfel 1 x 1,2 cm; mit Hilfe der Schwerkraft geformte Perle, 1,5 x 1,3 cm

Photo: Evan Bracken

Rechts: Kim Adams, *Rote Doppelkette*, Detail, verschiedene Formen

Photo: Jerry Anthony

Ganz rechts: Jana Burnham, rautenförmige Scheibe, 2,4 x 3 cm; Inara Knight, Scheibenperle, 3,5 x 2,4 cm

Photo: Evan Bracken

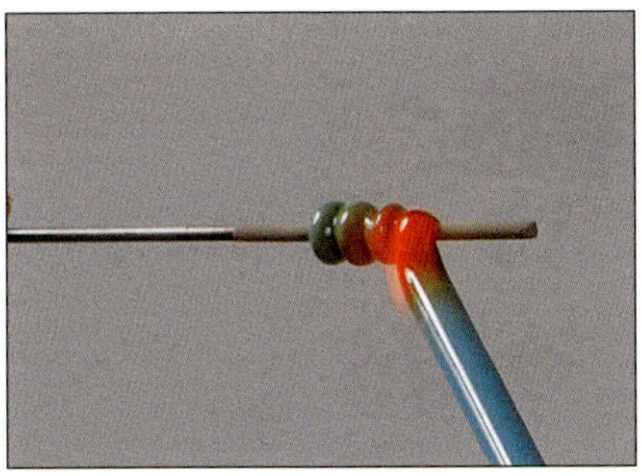

neben der anderen ab. Wiederholen Sie dies ein-, zweimal, bis die Länge des

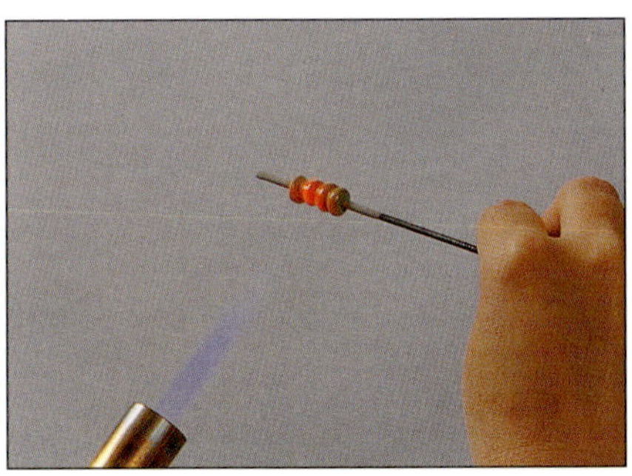

Zylinders Ihren Wünschen entspricht. Dann erhitzen Sie die gesamte Perle in

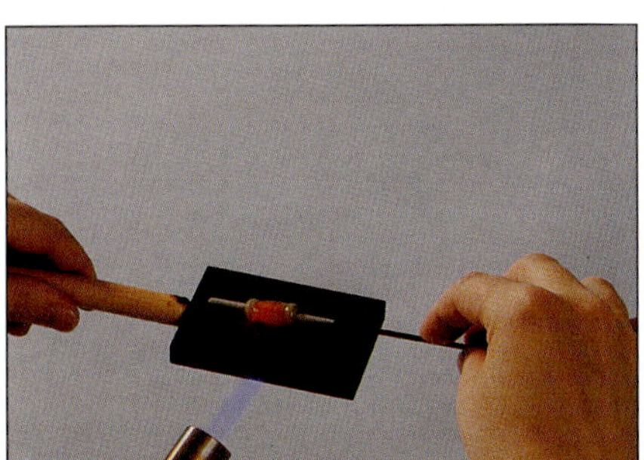

der Flamme, bis sie gleichmässig glüht. Um die bogenförmige Oberfläche des Zylinders auszugleichen, rollen Sie die Perle über eine glatte Oberfläche. Drücken Sie beim ersten Kontakt mit der Marbelplatte sehr leicht auf, damit Sie nicht unabsichtlich eine Seite der Perle abflachen, so dass sie sich nicht mehr rollen lässt. Am besten rollen Sie den Dorn in Ihrer Hand, bevor die Perle in direkten Kontakt mit der Marbelplatte kommt. Wenn Sie die Perle hin und her rollen, entstehen leicht abgeflachte Bereiche, wenn Sie beim Rollen die Richtung wechseln. Um das zu vermeiden, machen Sie am Ende der Rollbewegung keine Pause, solange sich die Perle noch auf der Platte befindet. Heben Sie die Perle zwischen den Rollbewegungen von der Marbelplatte ab. Eine an der Brennspitze befestigte Marbelplatte ist geeignet, da Sie die Perle auf der Platte abstützen können.

## Doppelkegel

Für eine zu einem Doppelkegel geformte Perle arbeiten Sie zuerst einen

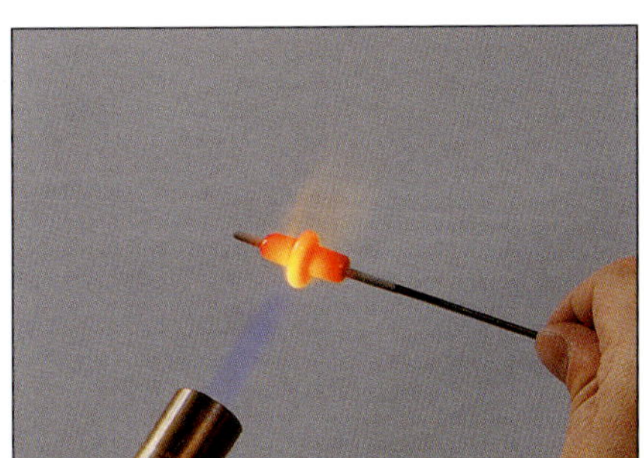

Zylinder. Fügen Sie einen Ring aus geschmolzenem Glas um die Mitte herum hinzu; dann erhitzen Sie die gesamte Perle, bis der Ring teilweise in sie hinein geschmolzen ist.

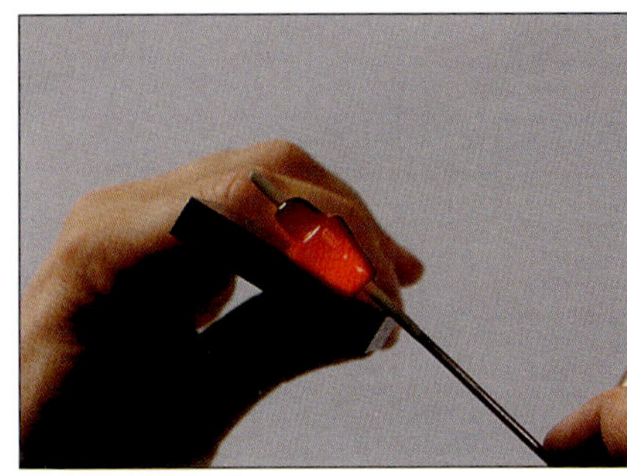

Halten Sie den Dorn schräg, so dass Sie die Marbelplatte nur mit dem unteren Drittel Ihrer Perle berühren, und rollen sie in dieser schrägen Position, bis das Ende der

Perle einen Kegel bildet. Jetzt erhitzen Sie das andere Ende der Perle und halten die Marbelplatte in die andere Richtung, um das obere Drittel zu formen.

Kate Fowle, Perlenkette mit schwarzer und goldener Fritte und durchsichtigen Überwicklungen der akzentuierenden Perlen, 2,3 cm lang (durchschnittliche grössere Perle)

Photo: Evan Bracken

## Gerillte Perlen

Durch Rollen Ihrer Perle auf einer gerillten Marbelplatte können Sie eine Furchenstruktur auf der Oberfläche erzeugen. So können Sie verbergen, dass die ursprünglich gewickelte Perle nicht perfekt gleichmässig und rund war. Sie können die Perle senkrecht,

waagrecht oder diagonal rollen. Für eine andere Wirkung rollen Sie Ihre Perle zweimal auf einer gerillten Marbelplatte, doch beim zweiten Mal in einem anderen Winkel als beim ersten Mal. So entsteht eine Gitterwirkung, die an eine Ananas erinnert. Sie können auch nur die Enden Ihrer Perlen auf diese Weise bearbeiten, so dass wieder eine ganz andere Wirkung entsteht.

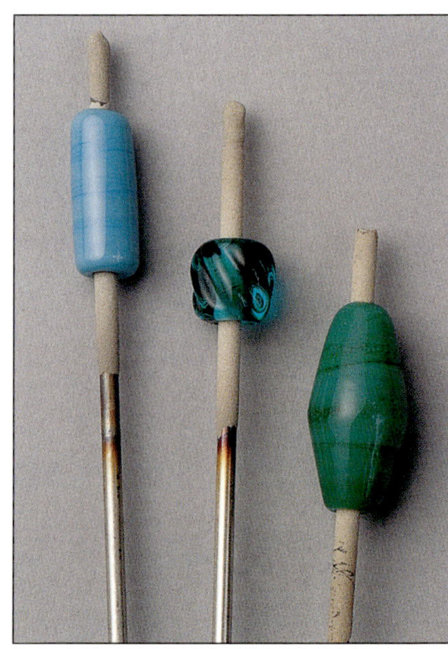

Cindy Jenkins, Zylinder, 2 cm lang; gerillte Perle, 1 cm lang; Doppelkegel, 2,6 cm lang

Photo: Evan Bracken

## Überwicklungen

Wie Sie bereits gesehen haben, gibt es viele Variationen, die Sie mit einfachen »Grundperlen« herstellen können. Jetzt werden wir mehr Glasvolumen hinzufügen, um grössere Perlen herzustellen oder um verschiedenfarbige Stangen zu mischen. Dazu wird eine Grundperle überwickelt, indem mehr heisses Glas um sie herum gewickelt wird. Die zweite Glasschicht kann aus demselben Glas wie die Grundperle bestehen, Sie können aber auch eine weitere Farbe einführen.

Zuerst stellen Sie eine Grundperle her, die Sie etwas abkühlen lassen, so dass sie starr wird. Hin und wieder erhitzen Sie die Perle wieder, indem Sie sie erneut in die Flamme halten, damit sie durch zu starkes Abkühlen nicht zerspringt. Diese »Kernperle« sollte starr sein, damit Sie sie als Grundlage für zusätzliche Arbeiten verwenden können.

Während Sie den Dorn mit der Kernperle noch in einer Hand halten, erhitzen Sie langsam einen Glasstab, den Sie

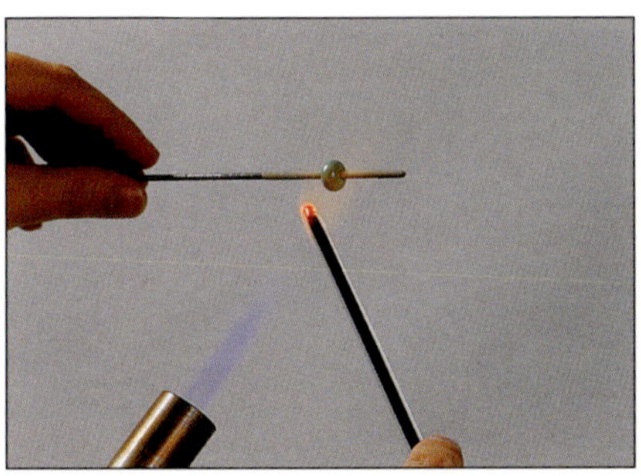

in der anderen Hand halten. Die Kernperle muss weiter warm gehalten werden, indem Sie sie schnell in die Flamme halten. Die Perle soll nicht flüssig sein; wenn sie geschmolzen ist, können Sie die Überwicklung nicht kontrollieren, da sich die Kernperle mit der neuen Glasstange bewegen wird, wenn Sie das Glas dieser Stange abwickeln.

Das Überwickeln ähnelt stark der Herstellung einer Grundperle – die erste Grundperle übernimmt im Grunde die Funktion des Dorns und Sie wickeln eine weitere Grundperle über der ersten.

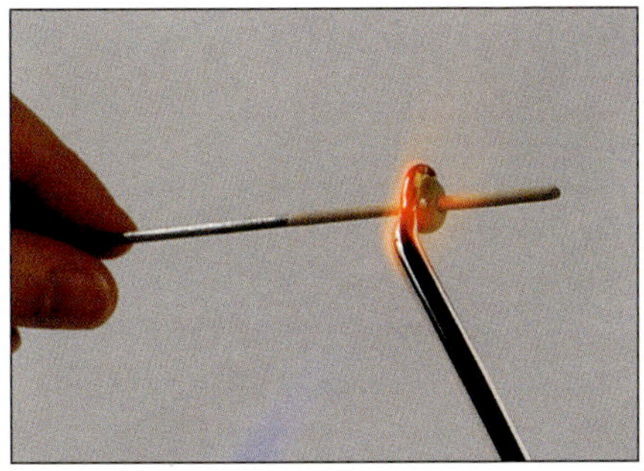

Berühren Sie die Mitte der Kernperle mit der Spitze der heissen Glasstange und drehen Sie den Dorn, bis Sie die Kernperle einmal umwickelt haben.

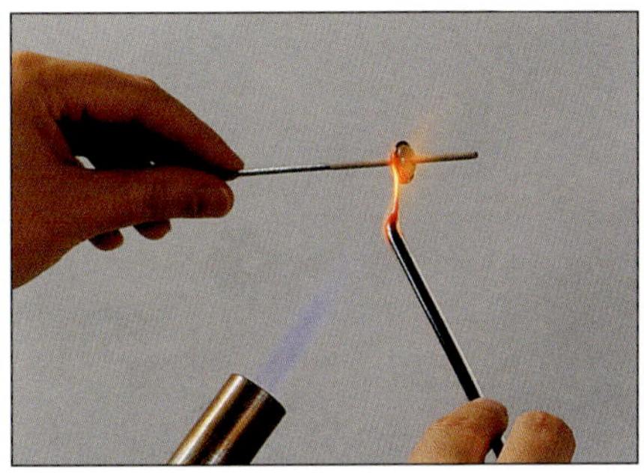

Jetzt nehmen Sie den Glasstab ab. Mit etwas Übung werden Sie die richtige Glasmenge erhitzen können, um die Perle einmal ganz zu umwickeln. Wenn es beim ersten Mal noch nicht so recht klappt, nehmen Sie den Glasstab ab und erhitzen mehr Glas. Beginnen Sie an der Stelle, an der Sie aufgehört haben, und fügen Sie mehr Glas hinzu, bis Sie die Kernperle gleichmässig umwickelt haben.

Danach können Sie die Überwicklung einfach hervorstehen lassen, so dass Ihre Perle wie der Saturn aussieht, oder Sie können versuchen, nur die Überwicklung mit der Marbelplatte zu bearbeiten. Sie können die Perle auch weiter erhitzen, bis die Überwicklung völlig absorbiert wurde und die Perlenoberfläche wieder glatt ist.

Perlen mit transparentem Farbkern und einer Überwicklung aus Filigrana-Glas sind besonders schön!

Oben: Audrie Wiesenfelder, gerillte Tafelperle, 3,5 x 2,5 cm

Photo: Evan Bracken

Unten: Jana Burnham, durchsichtige Überwicklung, 1 x 1,5 cm

Photo: Evan Bracken

Oben: Tom Holland, schwarzweisser Kern mit bernsteinfarbener Überwicklung, 1 x 1,5 cm

Photo: Evan Bracken

Unten: Jana Burnham, Ohrringe, durchsichtige Überwicklung, 5,1 cm lang

Photo: Ralph Gabriner

## Mehrfarbige Perlen

Das Verfahren bei einer zweifarbigen Perle ist dasselbe wie bei einer Überwicklung: Stellen Sie eine Grundperle her, lassen Sie sie starr werden und halten Sie sie schnell in die Flamme, damit sie nicht zerspringt. Nun erhitzen Sie einen weiteren Glasstab.

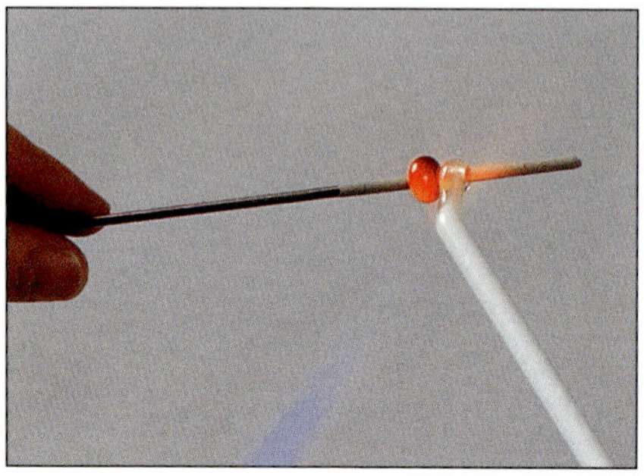

Statt die neue Farbe über die Kernperle zu wickeln, wickeln Sie die zweite Farbe diesmal direkt daneben ab. Erhitzen Sie die ganze Perle gleichmässig und bearbeiten Sie sie leicht auf der Marbelplatte, um die Naht zwischen den beiden Segmenten zu versiegeln.

Um keine Luftblase zwischen den beiden Perlenhälften einzuschliessen, können Sie eins von zwei Dingen tun. Beim ersten Verfahren achten Sie darauf, dass die Glasstange richtig geschmolzen ist, bevor Sie sie der starren Kernperle hinzufügen. Statt einfach das heisse Glas um den Dorn zu drehen, setzen Sie eine drückende und ziehende Bewegung ein, um Lufteinschlüsse herauszudrücken,

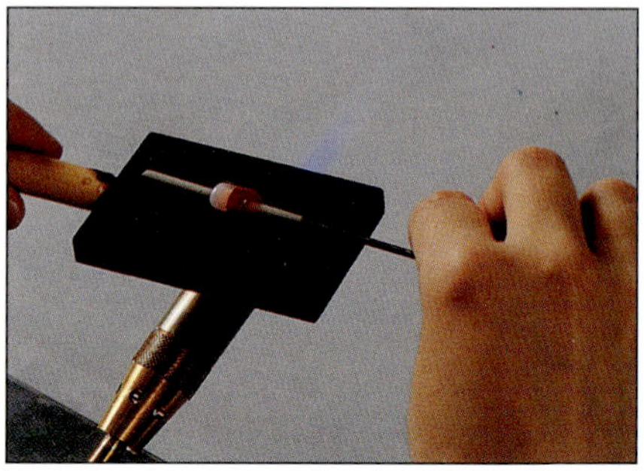

die Blasen erzeugen könnten. Wenn dies in Ihrem Fall nicht funktioniert, lassen Sie eine kleine Lücke zwischen den beiden Perlen frei; dann erhitzen Sie sie und fügen sie auf der Marbelplatte zusammen. Versuchen Sie jetzt, eine dreifach gewickelte Perle zu arbeiten. Zuerst wird wieder eine Grund-

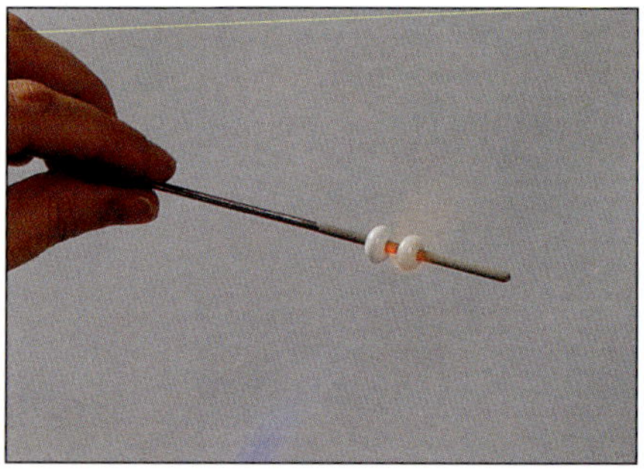

perle hergestellt, die Sie abkühlen lassen und hin und wieder schnell in die Flamme halten.

Diesmal erhitzen Sie jedoch dieselbe Glasstange weiter, mit der Sie die Grundperle hergestellt haben, und wickeln eine weitere Grundperle mit einem Abstand von 6 mm zur ersten. Nachdem sich die zweite Perle etwas abgekühlt hat, halten Sie beide Perlen hin und wieder schnell in die Flamme, ohne sie jedoch zu flüssig werden zu lassen. Als nächstes erhitzen Sie eine Kontrastfarbe und wickeln diese in der Lücke zwischen

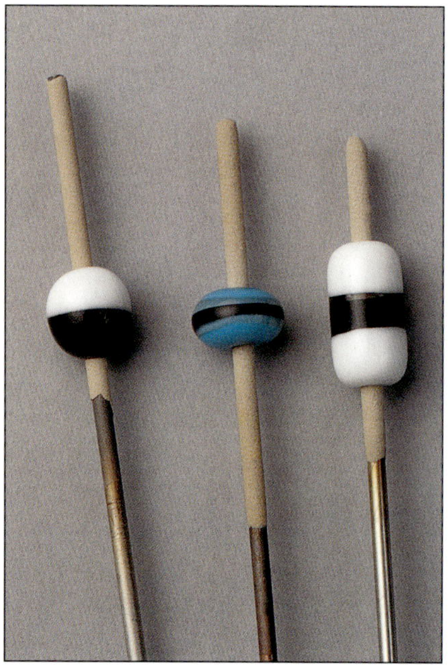

Cindy Jenkins, zweifarbige Perle (links), 1 x 1,2 cm; Überwicklung (Mitte), 0,7 x 1,2 cm; dreifach gewickelte Perle (rechts), 1,9 cm lang

Photo: Evan Bracken

Rechts: Gina Lambert, schwarzweisse zweifarbige Perlen, 1,8 x 1,5 cm (Durchschnitt)

Photo: Evan Bracken

Ganz rechts: Kimberley Adams, mehrfarbige Ohrhänger, 2,2 x 1,3 cm (rechteckige Perle)

Photo: Evan Bracken

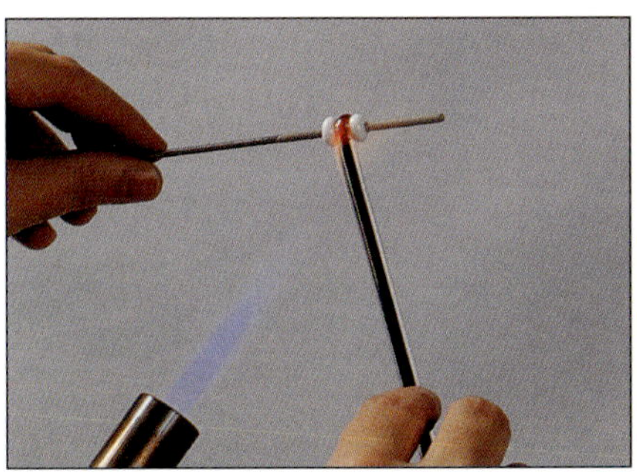

den ersten beiden Perlen ab. Marbeln Sie das Ganze leicht und erhitzen Sie die ganze dreifach gewickelte Perle.

Für mehr Abwechslung versuchen Sie das Ganze mit drei verschiedenen Farben. Tragen Sie eine Überwicklung aus Filigrana-Glas über der mittleren Farbe auf. Sie können auch versuchen, alle drei Farben zu überwickeln. Experimentieren Sie, um zu sehen, wie dieselbe Farbe Filigrana-Glas bei allen drei Überwicklungen wirkt, und vergleichen Sie dies mit der Wirkung von drei unterschiedlichen Farben. Als letzten Schritt versuchen Sie, mit Ihrer Marbelplatte Spiralrillen in die Oberfläche einzuarbeiten.

## Punkte, Tupfen & Augen

Für ein Zufallsmuster aus Farbpunkten in Ihrer Perle können Sie eine Fritte verwenden, bei der es sich einfach um zerstossenes Glas in unterschiedlicher Grösse handelt. Um kleine Mengen an Fritte herzustellen, achten Sie darauf, dass Ihre Zange mit Gleitgelenk sauber ist, um damit einige übriggebliebene Enden von Glasstangen in einem Behälter zu zerstossen. Tragen Sie unbedingt einen Augenschutz! Die kleinen Glas-Chips, die übrigbleiben, werden als »Fritte« bezeichnet.

Streuen Sie etwas Fritte auf die glatte Oberfläche Ihrer Marbelplatte und rollen Sie Ihre heisse Perle darüber. Die Fritte

bleibt an der heissen Perlenoberfläche haften. Für eine einzigartig strukturierte Oberfläche erhitzen Sie die Fritte auf der Perle, bis sie gut haftet, aber immer noch klumpig ist. Wenn Sie eine glatte Perle bevorzugen, erhitzen Sie die Fritte auf der Perle weiter, bis sie völlig in die Oberfläche hinein schmilzt. Sowohl in glatter als auch strukturierter Form versieht die Fritte Ihre Perle mit einem Zufallsmuster aus Farbpunkten.

Um Tupfen stärker zu kontrollieren, verwenden Sie einen Glasstab mit kontrastierender Farbe. Stellen Sie eine Grundperle her, lassen Sie sie ein wenig abkühlen und halten Sie sie knapp hinter die Flamme.

Nach Erhitzen des Endes Ihrer Glasstange (die Spitze sollte gerade glühen)

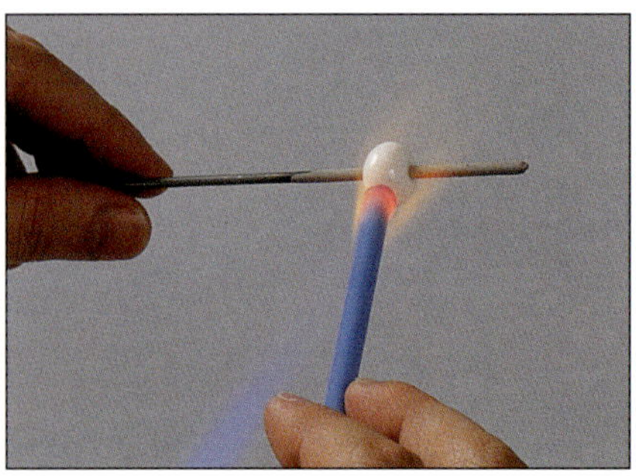

berühren Sie die Kernperle mit der geschmolzenen Spitze. Ziehen Sie die Stange etwa 2,5 cm weit zurück, wäh-

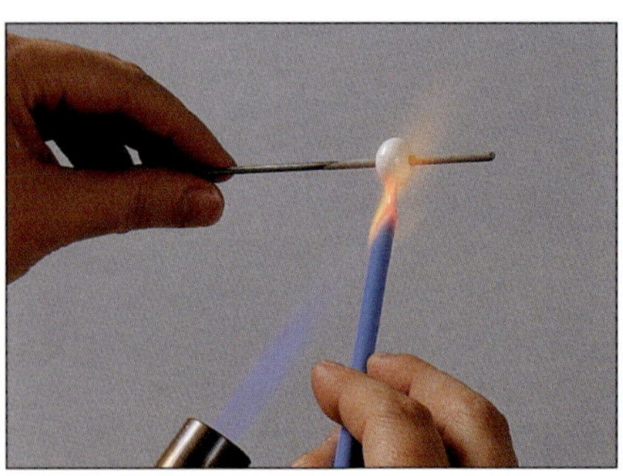

rend Sie den Tupfen zur Flamme hin (der Daumen bewegt sich nach unten), nicht von der Flamme weg bewegen. Wenn Sie ein paar Sekunden warten, wird die Hitze der Flamme den gedehnten Teil des Glases durchschneiden, so dass ein Farbtupfen auf der Perlenoberfläche zurückbleibt. Erhitzen Sie diesen Tupfen kurz, bevor Sie die Perle aus der Flamme nehmen. Wiederholen Sie diesen Prozess, indem Sie

**GUTER TIPP**

Hier finden Sie einige Methoden zur Herstellung grösserer Mengen Fritte. (Denken Sie an die Schutzbrille!)

- Geben Sie die Glasstücke in einen Doppelbeutel, legen Sie diesen in einen Pappkarton und zerschlagen Sie die Stücke mit dem Hammer.
- Kaufen Sie ein Werkzeug zum Zerstossen von Glas oder stellen Sie selbst eins her. Dabei handelt es sich um ein Stahlrohr, das unten geschlossen und mit einem gut passenden Stössel versehen ist.
- Wenn Sie einen Brennofen haben, können Sie Glasreste in einen hitzebeständigen Behälter im Innern des Ofens geben und die Temperatur auf etwa 540° C steigen lassen. Nehmen Sie den Behälter mit hitzebeständigen Handschuhen heraus und geben Sie das heisse Glas in einen sauberen Metalleimer, der mit kaltem Wasser gefüllt ist. Das Wasser lässt die heissen Glasstücke krakelieren, so dass sie leicht auseinander brechen. Diese Technik erklärt unseren Gebrauch des Wortes Fritte – es geht auf ein italienisches Wort zurück, das »braten« bedeutet.
- Wenn Sie etwas wirklich Verrücktes tun (und Lärm) machen und dabei viel Fritte herstellen wollen, können Sie einen alten Müllzerkleinerer verwenden, den Sie in einem Metallfass befestigen. Geben Sie Glasreste in den Müllzerkleinerer; anschliessend sieben Sie die Reste für verschiedene Glasgrössen durch. (Möglicherweise müssen Sie das Ganze zur Entfernung von Metallspänen, die von dem Müllzerkleinerer stammen, durchsieben oder einen Magneten verwenden.)

Gegenüber links: Tom Holland, *Goldenes Zhou*, Tupfen und Augen, 3,2 x 2 cm

Photo: Tom Holland

Gegenüber rechts: Susan Simonds, *Glückliche Perle* (links), 1,4 x 2 cm; Dschungelperle (Mitte), 2 x 2,4 cm; *Dschungelperle* (rechts), 3,8 cm lang; alle Perlen mit Tupfen auf Tupfen

Photo: Evan Bracken

Rechts: Ellie Burke, *Blauer Mais* (links), 3,2 cm; *Peruanischer Mais* (Mitte), 1,9 cm; *Blauer auf blauem Mais* (rechts), 3,5 cm lang; alle Perlen mit Tupfen

Photo: William F. Lemke

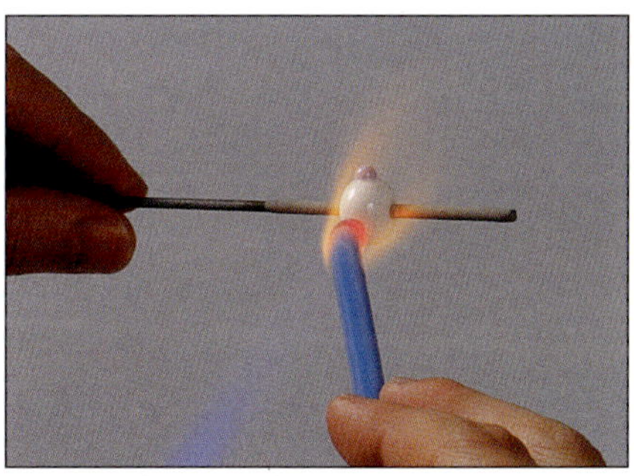

ganz nach Wunsch weitere Tupfen hinzufügen. Wie bei allen »Ergänzungen« aus Glas haben Sie die Wahl zwischen dem Erhitzen der Tupfen, bis sie von der Perle absorbiert werden und mit ihrer Oberfläche abschliessen, oder geringerem Erhitzen, so dass sie reliefartig hervorstehen. Um eine Augenperle herzustellen, ergänzen Sie den ersten

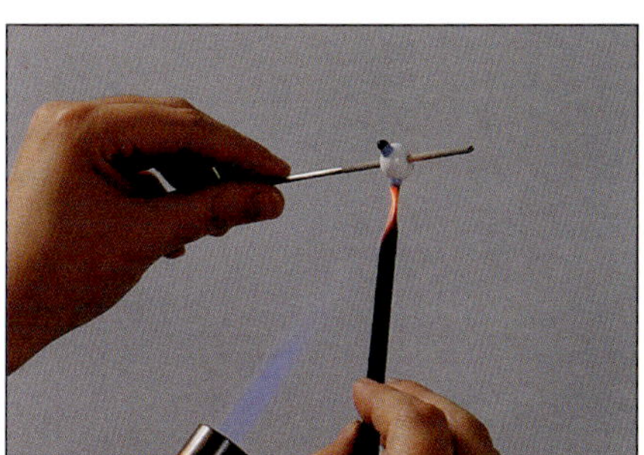

Tupfen einfach durch einen weiteren in einer kontrastierenden Farbe. Sie können dieses Verfahren ganz nach Belieben erweitern und Tupfen durch mehrere Tupfen ergänzen, aber wenn Sie sie sehr weit abstehen lassen, müssen alle Tupfen ausreichend erhitzt werden, so dass sie fest an der Kernperle haften. Wenn Sie dies versäumen, könnten sich die Tupfen später voneinander lösen. Bedenken Sie auch, dass zu hohe Anhäufungen von Tupfen abbrechen können.

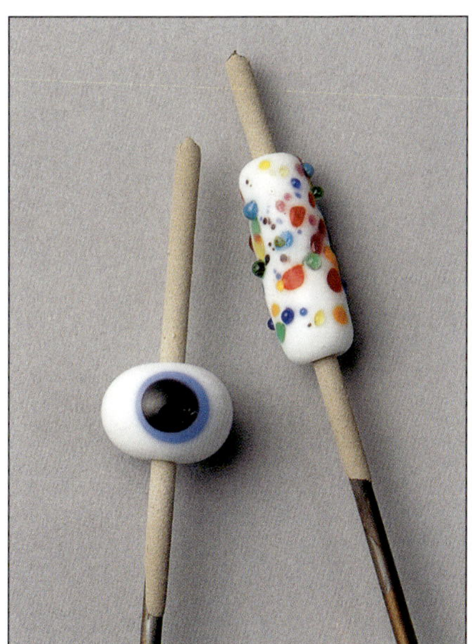

Cindy Jenkins, Augenperle, 1,1 x 1,5 cm; Fritte, 2,5 cm lang

Photo: Evan Bracken

## Streifen und Spirallinien

Für das Hinzufügen von Streifen und Spirallinien braucht man mehr Übung als für das Hinzufügen einfacher Tupfen. Der Trick besteht darin, die Flamme auf den Glasstab zu konzentrieren und die Perle in den Bereich unter der Flamme zu halten, während das heisse Glas aufgetragen wird. Wenn nur die Stange in die Flamme gehalten wird, entsteht ein Reservoir an heissem Glas, das über die relativ kalte Perle geführt werden kann. Wenn die Perle heiss und die Glasstange kalt ist, könnte Glas von der Perle entfernt werden.

Für Streifen stellen Sie eine Grundperle her, die Sie auf der Marbelplatte zu einer Zylinderform formen. Ihnen steht jetzt

eine beständigere Form zur Verfügung, auf die Sie das Glas auftragen können,

Kimberley Adams, *Herbstkette*, Spirallinien und Tupfen, 3,8 x 3,2 cm (grösste Perle)

Photo: Jerry Anthony

wodurch sich diese Technik leichter erlernen lässt. Halten Sie die Perle knapp unter die Flamme, während Sie den oberen Bereich (etwa 1 cm) einer kontrastierenden Glasstange erhitzen.

Berühren Sie ein Ende der Perle mit der heissen Spitze der Glasstange, ziehen Sie die Stange etwas zurück und tragen Sie über die Gesamtlänge der Perle hinweg eine Linie auf. Berühren Sie die Perle am anderen Ende und nehmen Sie die Glasstange ab, bevor Sie das Ende der heissen Glasstange durchschmelzen

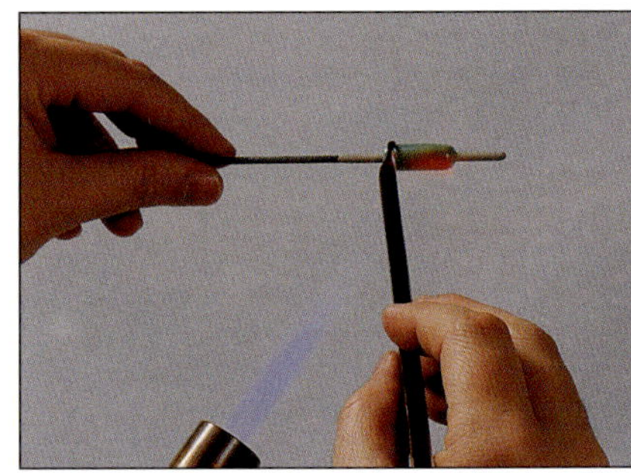

oder es ganz von der Perle abziehen. Jetzt wollen wir die Perle mit einer Spirallinie versehen. Wieder lässt sich diese Technik leichter mit der relativ flachen Oberfläche einer zylindrischen Perle erlernen als mit der runden Oberfläche einer Kugel. Stellen Sie wieder eine Grundperle her, die Sie auf der Marbelplatte zu einem Zylinder formen. Halten Sie die warme Perle knapp unter die Flamme und erhitzen Sie den obe-

ren Zentimeter Ihrer Glasstange. Berühren Sie eine Seite der Perle mit dem heissen Glas, indem Sie gerade so viel Druck ausüben, dass es haftet, aber nicht so viel, dass die Linie mit einem

Oben: Barbara Thomas-Yerace, Schnörkellinie, 1,2 x 2 cm

Photo: Evan Bracken

Oben rechts: Jacob Fisherman, Bienenkönigin, 1,7 x 2,7 cm; Sue Richers Elgar, Drohnen, alle mit Spirallinien, 1,6 x 1,1 cm (im Durchschnitt)

Photo: Evan Bracken

Rechts: Barbara Thomas-Yerace, *Schlangen*, Spiralperlen, 3,5 cm lang (grösste Perle)

Photo: Evan Bracken

Glasklumpen beginnt. Ziehen Sie das Glas wie bei der Herstellung eines Tupfen lang, wobei Sie diesmal jedoch den Dorn von der Flamme weg drehen. Drehen Sie weiter, bis sich ein Glasfaden über die gesamte Perle hinweg zieht.

Üben Sie dieses Verfahren, bis Sie den Faden mehrmals von einem Ende zum anderen um die Perle herum ziehen können. Versuchen Sie, eine Spirale in der entgegengesetzten Richtung zu arbeiten, indem Sie eine kontrastierende Farbe verwenden, oder versuchen Sie, Spiralen, Punkte und Streifen zu mischen. Üben Sie solange, bis Sie eine schöne glatte Linie arbeiten können.

**GUTER TIPP**

Tom Holland hat eine einfache, aber effektive Methode entwikkelt, um den kleinen Klumpen zu entfernen, der am Anfang einer gewickelten Spirale entsteht: Nach Vollendung einer Spirallinie wird die Perle auf der Marbelplatte in Gegenrichtung zur Wicklung gerollt.

Cindy Jenkins, Streifen, 2,2 cm lang, Spirallinie, 2,1 cm lang

Photo: Evan Bracken

## Glasfäden ziehen

Neben normal grossen Glasstangen können Sie auch Glasfäden zum Dekorieren von Perlenoberflächen verwenden. Glasfäden oder Glasspaghetti sind sehr dünne Glasstangen, oft nur 1,5 mm dick. Glasfäden sind nützlich, um Kernperlen mit feinen Details zu versehen. Viele Läden für Buntglas haben Glasfäden, die aus Bullseye-Glas hergestellt wurden, in einer grossen Farbpalette vorrätig. Wenn Sie kompatibles Bullseye- oder Uroboros-Glas verwenden, entstehen keine Probleme, aber wenn Sie Effetre-Glas verwenden, müssen Sie Ihre Glasfäden selbst herstellen; Glasfäden von Bullseye sind nicht mit Effetre-Glas kompatibel.

Es gibt mehrere Techniken zum Ziehen von Glasfäden; experimentieren Sie mit den folgenden Verfahren, um festzustellen, welches Ihnen am besten liegt.

### Methode mit einem einzelnen Glasstab

Erhitzen Sie Ihren Glasstab in der Mitte statt am Ende.

Heather Trimlett, *Teekannen*, Glasfäden, 3,8 cm hoch (im Durchschnitt)

Photo: Patty Hulet

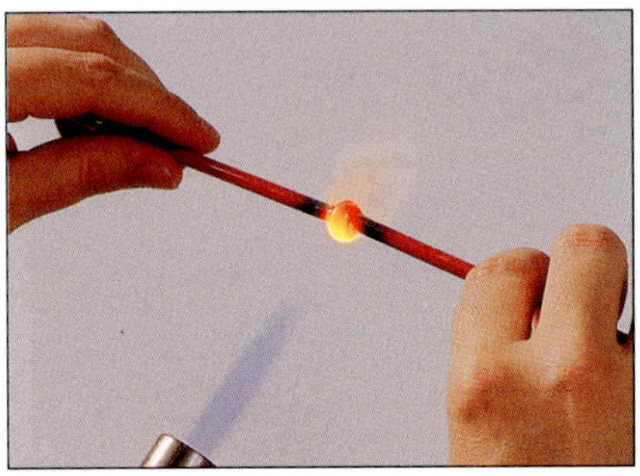

Wenn das Glas schmilzt, drücken Sie beide Enden in Richtung Mitte, so dass eine heisse Glaskugel entsteht.

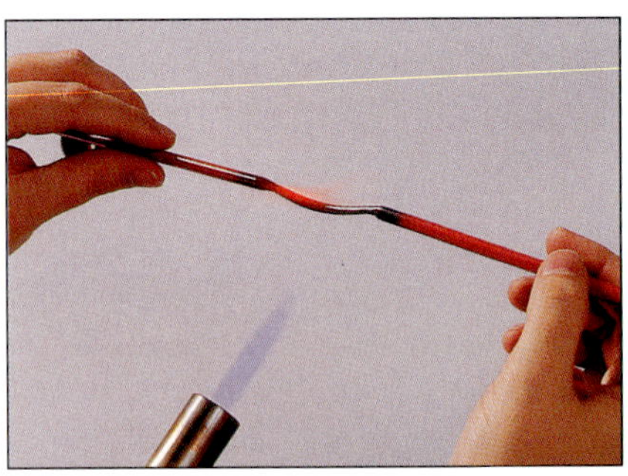

Wenn Sie eine Kugel von etwa 1,3 cm Durchmesser vor sich haben, nehmen Sie sie aus der Flamme und ziehen an beiden Enden, so dass in der Mitte ein langer Glasfaden entsteht. Schmelzen oder brechen Sie den fertigen Glasfaden von den Glasstäben ab. Üben Sie die Herstellung von Glasfäden einige Male, indem Sie langsam und schnell ziehen, um mit der Glasbewegung vertraut zu werden. Wenn Sie die Stäbe senkrecht halten, werden Sie gleichmässiger ziehen. Platzieren Sie das dickere Ende oben, so dass die Schwerkraft das Glas beim Dehnen unterstützt.

Da Glasfäden so dünn sind, können Sie sie an der Luft kühlen lassen; Sie müssen sie nicht zwischen die Faserdecke legen.

## Technik mit zwei Stäben

Diese Methode, die ich von Tom Holland erlernt habe, ähnelt der vorherigen. Beginnen Sie mit zwei Glasstangen, die

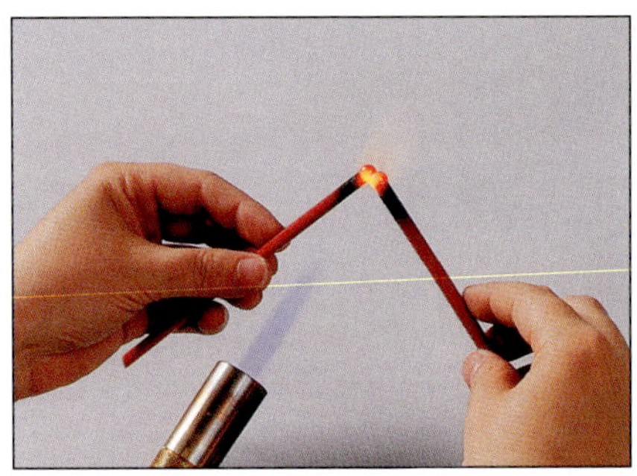

Sie in umgekehrter V-Form halten, wobei sich die Flamme am unteren Ende des Kreuzpunktes befindet. Wenn sich die beiden Stangen erhitzen und zusammenkleben, drücken Sie sie zusammen, so dass eine geschmolzene Kugel entsteht.

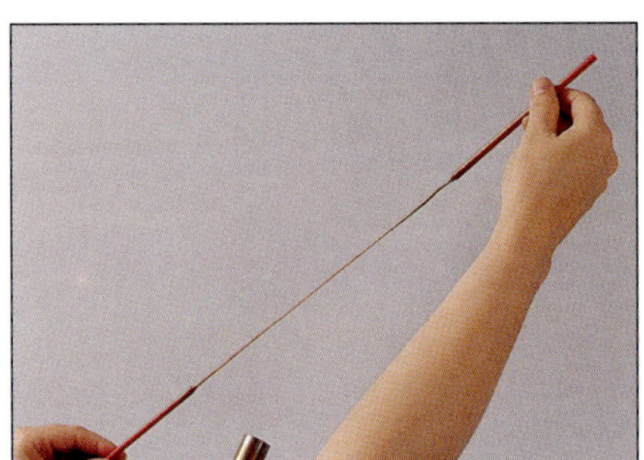

Wenn die Kugel gross genug ist, ziehen Sie das geschmolzene Glas wie bei der vorherigen Methode zu einem Glasfaden lang.

## Zangenmethode

Erhitzen Sie das Ende der Glasstange so, als wollten Sie eine Perle herstellen.

Wenn das Ende der Stange heiss ist, fassen Sie das glühende Glas mit der Nadelzange und beginnen, langsam zu ziehen. Da ich Rechtshänderin bin, halte ich die Glasstange in der linken und die Zange in der rechten Hand.

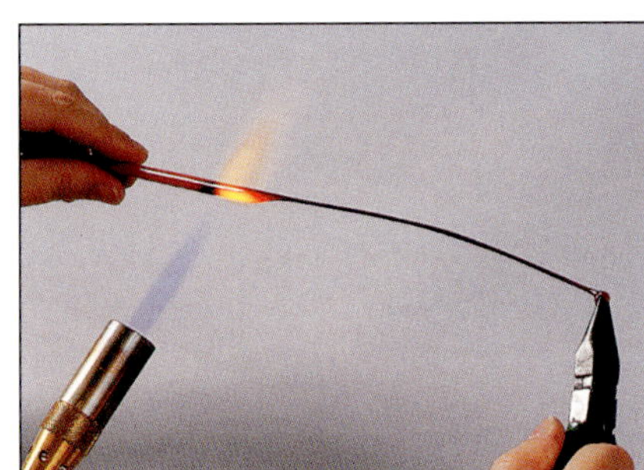

Vielleicht möchten Sie andersherum verfahren. Es ist wichtig, den dicken Teil der Glasstange weiterhin in die Flamme zu halten, aber nicht den dünnen Teil, den Sie langgezogen haben. Wenn Sie diesen Teil weiterhin erhitzen, schmilzt er schnell durch, und Sie

erhalten nur einen sehr kurzen Glasfaden. Halten Sie die Flamme hinter den Bereich, den Sie ziehen, und achten Sie darauf, dass Sie den Glasstab beim Ziehen nicht drehen.

Die Stärke des Glasfadens wird von der Hitze des Glases und durch die Geschwindigkeit beim Ziehen festgelegt. Je schneller Sie ziehen, desto dünner wird der Glasfaden. Er muss übrigens nicht über seine gesamte Länge hinweg vom Durchmesser her durchwegs gleich sein.

### Glasfäden für den Notfall

Hoppla! Sie stellen gerade eine Perle her und haben keinen Glasfaden in der richtigen Farbe vorrätig. Nun müssen Sie improvisieren. Während Sie die Perle warm halten, so dass sie nicht zerbricht, erhitzen Sie eine Glasstange in

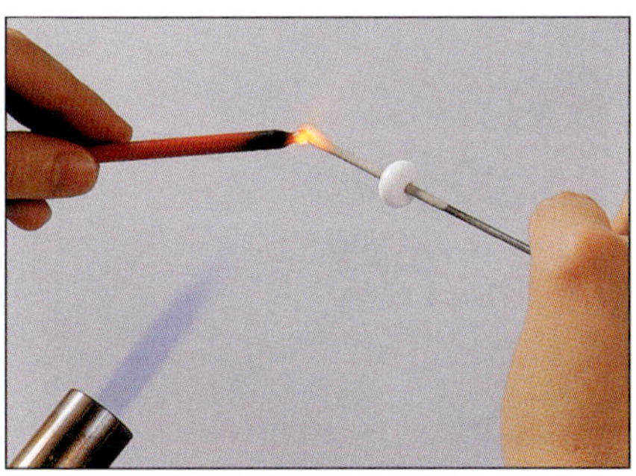

der benötigten Farbe, wobei am Ende eine Kugel entsteht.

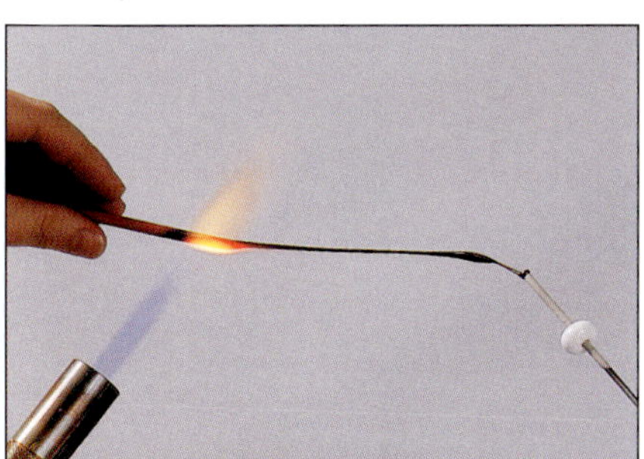

Jetzt erhitzen Sie die Spitze Ihres Dorns und drücken die Glaskugel darauf. Halten Sie die Glasstange in die Flamme und ziehen Sie den Dorn weg, bis Sie genug Glasfaden haben. Der Glasfaden kühlt schnell ab und Sie können ihn vom Dorn abbrechen, indem Sie ihn hin und her drehen. Die Spitze muss möglicherweise mit der Flamme neu geformt werden, bevor Sie den Glasfaden verwenden können. Tom Holland bezeichnet solche Glasfäden als Glasfäden für den Notfall.

Wenn Sie dekorierte Perlen fertigen wollen, ziehen Sie Glasfäden in verschiedenen Farben, bevor Sie sich an die Perlenherstellung begeben. Sie sollten verschiedene Glasfäden zum Dekorieren vorrätig haben. Wenn Sie mit mehreren Farben arbeiten, werden Sie feststellen, dass einige beim Erhitzen weicher und flüssiger werden, so dass es schwieriger ist, Glasfäden zu ziehen.

**GUTER TIPP**

Wenn Sie plötzlich das Gefühl haben, drei Hände haben zu müssen, wenn Sie das Ende eines Glasfadens formen wollen, können Sie die Perle ein paar Sekunden lang ablegen. Nach Erwärmung der Perle in der Flamme bis zum Glühen stellen Sie entweder den Dorn senkrecht in den Dornblock oder legen ihn auf die Glasstangenablage. Die heisse Perle sollte nur mit Luft in Kontakt kommen, nicht mit einer harten Oberfläche, die sie auf einer Seite abkühlen könnte. Sie können die Perle auch für ein paar Sekunden auf einer Faserdecke ablegen. Immer wenn Sie Ihre Perle für einen kurzen Augenblick zur Seite legen, sollten Sie darauf achten, dass sie nicht zu heiss ist, da sonst die Schwerkraft ihre Form verändern könnte.

Oben: Kimberley Osibin, *Danäe*, mit Glasfäden verzierte Perlen und Anhänger

Photo: George Post

Mitte: Al Janelle, Hot Dog mit Senf, 2,5 cm

Photo: Evan Bracken

Unten: Jana Burham, Kegel, 3,5 cm lang (grösster Kegel)

Photo: Evan Bracken

Links: Kelly Niemann, schwarzweisses Armband, Glasfäden und Tupfen, 8 mm (im Durchschnitt) Photo: Evan Bracken

Oben: Inara Knight, Röhrenperlen mit Glasfäden und Fritte, 6 cm lang (im Durchschnitt) Photo: Evan Bracken

## Gestreifte Glasfäden

Diesen Trick habe ich von Tom Holland gelernt und er meint, dass er mindestens zehn Dollar wert ist

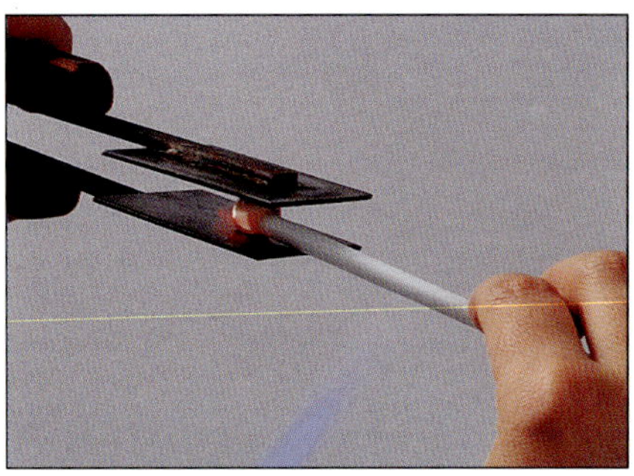

Erhitzen Sie das Ende der Glasstange, bis sich eine durch und durch glühende Kugel bildet. Dann drücken Sie das heisse Glas zu einer Scheibe zusammen. Dies geschieht mit einer Abflachzange oder durch Flachdrücken der Perle

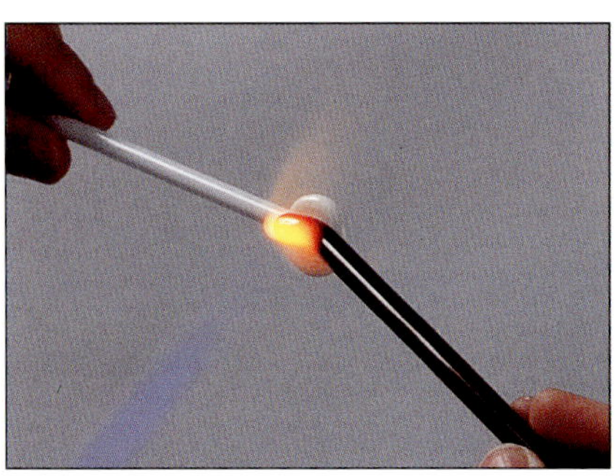

zwischen Graphitpaddel und Marbelplatte. Mit einer kontrastierenden Farbe tragen Sie einen Streifen auf einer Seite

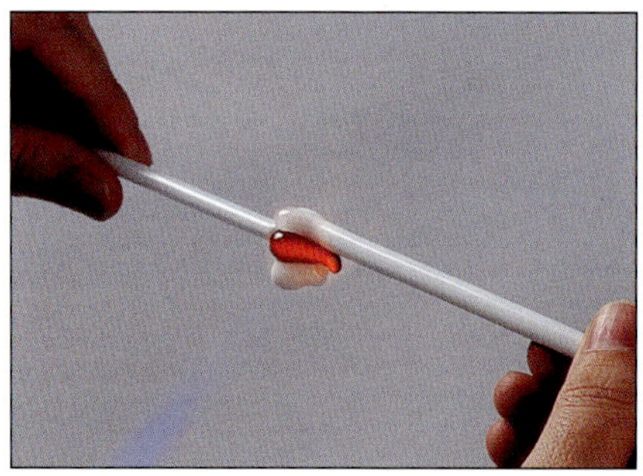

der Scheibe quer über die Mitte auf. Jetzt kommt der 10-Dollar-Trick: Nehmen Sie die ursprüngliche Farbe und tragen Sie sie zu beiden Seiten des kontrastierenden Streifens auf. So entsteht ein stützender Damm, der verhin-

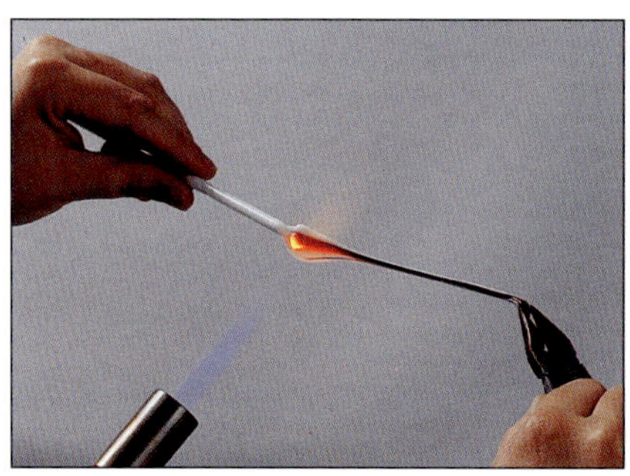

dert, dass sich die kontrastierende Farbe ausbreitet. Ziehen Sie genau wie bei einem normalen Glasfaden, aber achten Sie darauf, dass Sie ihn nicht drehen, damit der Streifen ganz auf einer Seite bleibt. Wenn Sie gestreifte Glasfäden auf eine Perle auftragen, achten Sie darauf, dass der Glasfaden oben bleibt und sich nicht verdreht, so dass er verborgen ist. Andere, die Ihre mit Linien versehenen Perlen mit dem winzigen kontrastierenden Streifen auf einem anderen Streifen sehen, werden von Ihren Glasfaden-Applikationen beeindruckt sein.

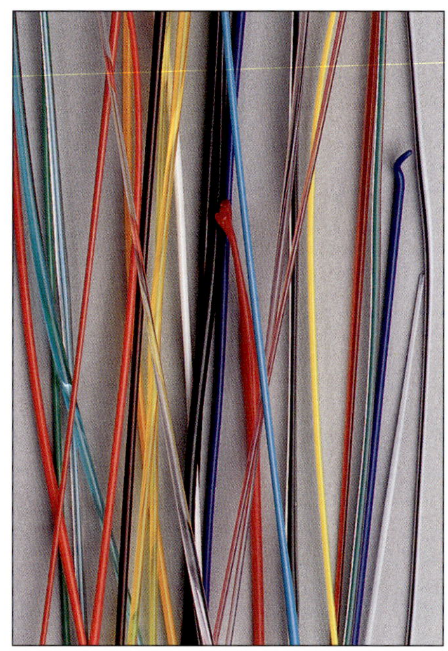

Cindy Jenkins, Glasfaden-Sortiment
Photo: Evan Bracken

## SPASS MIT GLASFÄDEN

Jetzt haben Sie wahrscheinlich einige Glasfäden in verschiedenen Farben vorrätig und vielleicht sogar einige gestreifte Glasfäden hergestellt. Jetzt kommt der interessante Teil der Arbeit!

Sie können Glasfäden wie normale Glasstangen auch zum Auftragen von Tupfen und Spirallinien verwenden. Glasfäden ergeben ein kleineres, engeres Muster auf der Perle, was für komplexere Entwürfe wichtig ist. Zuerst ist es schwieriger, mit Glasfäden zu arbeiten, da sie so schnell mit der Hitze der Flamme reagieren. Sie könnten etwas höher in der Flamme arbeiten oder die Flamme etwas herunterdrehen, um mehr Kontrolle zu haben. Die Technik ist dieselbe wie bei normalen Glasstangen, aber die Arbeit geht viel schneller voran und die entstehenden Details sind feiner.

### FREIE ENTWÜRFE

Wenn Sie es anfänglich als frustrierend empfinden, eine Perle mit Hilfe eines Glasfadens mit einer Spirallinie zu ver-

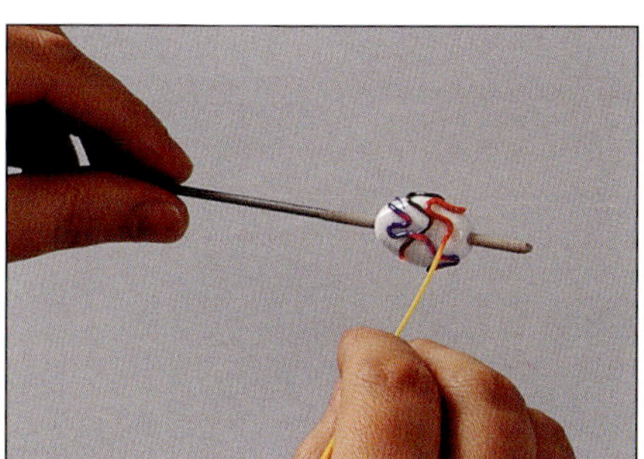

sehen, versuchen Sie es mit freiem Zeichnen. Tragen Sie Schnörkellinien und Linien in verschiedenen Farben auf, bis Sie mehr Kontrolle haben. Bei einem Zufallsmuster ist alles erlaubt. Wenn Sie auf Ihre Perle ein gerades Band oder einen Streifen auftragen können, gibt es viele Möglichkeiten, die Linien zu manipulieren.

### VERDREHTE BÄNDER

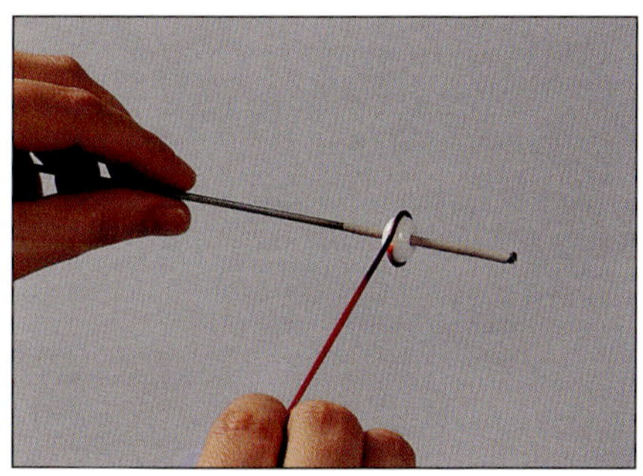

Nach Herstellung einer Grundperle wickeln Sie einen Glasfaden in kontrastierender Farbe um sie herum. Erhitzen Sie einen Punkt auf dem Band, bis er glüht, nehmen Sie die Perle aus der Flamme und verwenden Sie ein kaltes

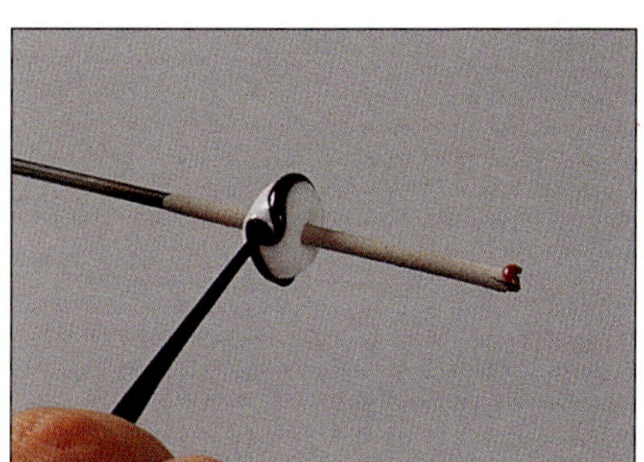

Stück Glasfaden, um das Band zu verdrehen. Der drehende Glasfaden sollte recht dick sein und ein hartes, flaches

Oben links: James Smircich, *Medaillon mit Anschlagrad*, verdrehte Linie, 4,2 x 3,3 cm

Photo: Evan Bracken

Oben Mitte: Tom Holland (links), schwarzer Doppelkegel mit verdrehten Tupfen, 3,3 cm hoch; Susan Simonds (rechts), Frühling, verdrehte Tupfen, 1,7 x 2 cm

Photo: Evan Bracken

Oben rechts: Michael Barley, Spirallinie, mit einem Stern-Millefiori verdreht, 4,2 cm hoch

Photo: Evan Bracken

Unten: Brian Kerkvliet, verdrehte Tupfen, 2,7 cm hoch

Photo: Evan Bracken

Ganz links: Isis Pearl Ray (oben), Unterwasserperle mit Oktopus, 3 cm lang; Audrie Wiesenfelder (unten links), blauer Zylinder, 4 cm lang; Peggy Prielozny (Mitte), drei Doppelkegel, 2,7 x 1,5 cm; Audrie Wiesenfelder (ganz rechts), grüne Tafelperle, 4 x 2 cm; alle mit Glasfäden verziert

Photo: Evan Bracken

Links: Kristina Logan, blaue Blütenperle, verdrehte Tupfen, 3,2 x 1,9 cm

Photo: Dean Powel

Ende haben. Setzen Sie das Ende fest auf das glühende Band auf und drehen Sie. Dann bewegen Sie den Glasfaden hin und her, bis er abbricht. Wenn er hartnäckig scheint, pusten Sie auf den Glasfaden und bewegen ihn wieder hin und her. Nach ein paar Sekunden wird der dünne Glasfaden kühl genug sein und abbrechen. Jetzt gehen Sie zu einem benachbarten Bereich über, erhit-

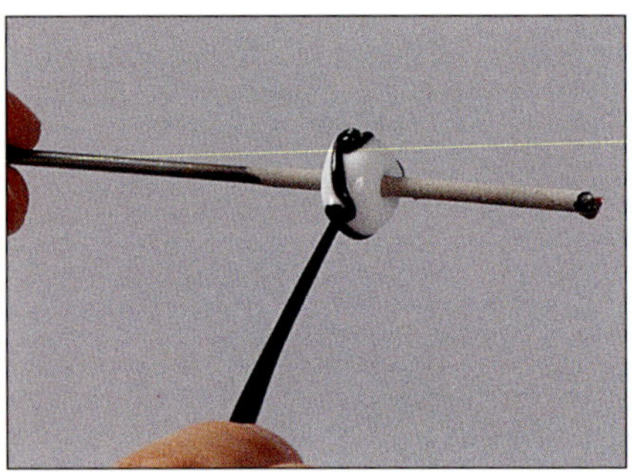

zen ihn und drehen. Setzen Sie dieses Verfahren um die Perle herum fort, bis das Muster fertig ist.

Wenn Sie zum Drehen einen Glasfaden in kontrastierender Farbe nehmen, wird jede Drehung in der Mitte einen Tupfen haben, denn beim Abbrechen des Glasfadens bleibt ein kleiner Glastupfen des drehenden Glasfadens zurück.

### Verdrehte mehrfarbige Perle

Ein ähnliches Ergebnis entsteht, wenn Sie die Verbindungsstelle zwischen zwei Farben auf einer mehrfarbigen Perle drehen. Als Beispiel soll eine zweifarbige

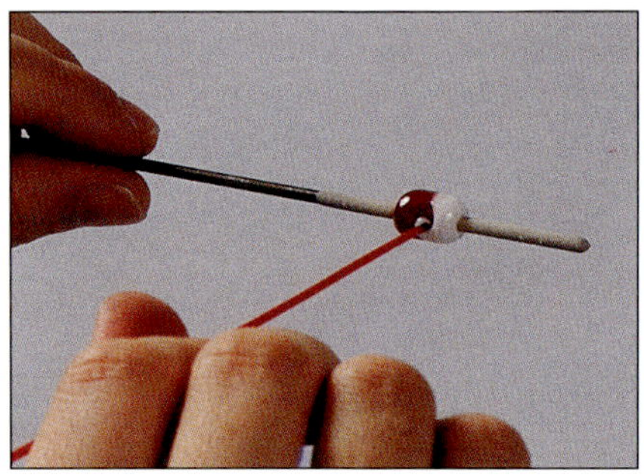

Perle dienen. Platzieren Sie den Glasfaden auf der Linie, an der die beiden Farben aneinander stossen. Drehen Sie den Glasfaden, so dass an der Nahtstelle eine kleine Spirale entsteht.

### Verdrehte Tupfen

Diese Drehtechnik funktioniert auch mit einer Gruppe von Tupfen. Wenn Sie Ihre Tupfen um einen zentralen Punkt

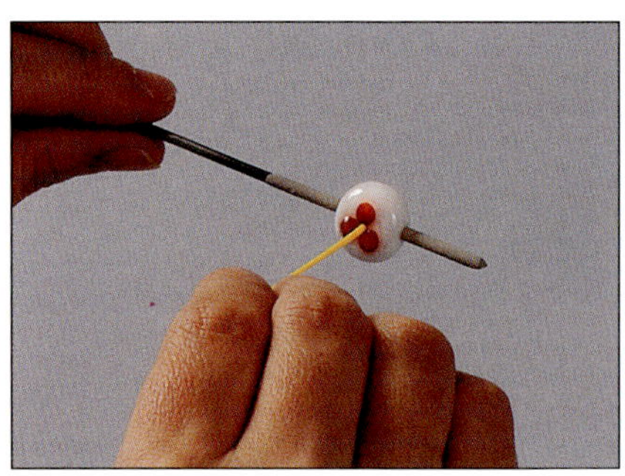

herum arbeiten, können Sie Ihren Glasfaden auf diesen zentralen Punkt aufsetzen und drehen. Dabei werden die Punkte in einem Strudelmuster herumgezogen. Durch Verwendung eines kontrastierenden Tupfens in der Mitte, können Sie ein blütenartiges Motiv schaffen.

### Verdrehte Streifen

Für diesen Effekt tragen Sie einen kurzen Streifen auf Ihre Perle auf. Setzen

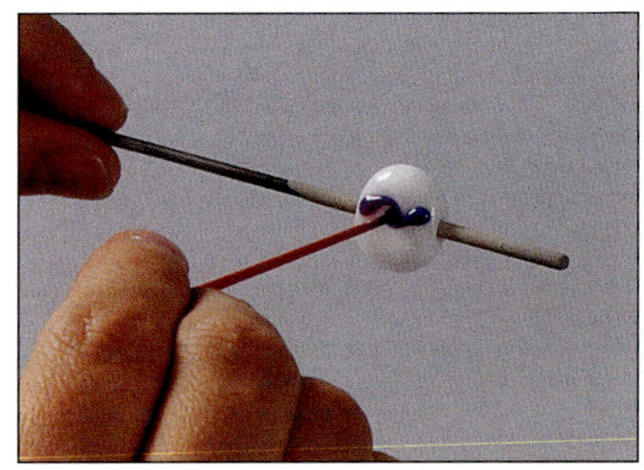

Sie den Glasfaden in der Mitte des Streifens auf und drehen Sie ihn.

### Zusammengedrückte Ketten

Glasfäden können auch für ein Kettenmuster verwendet werden.

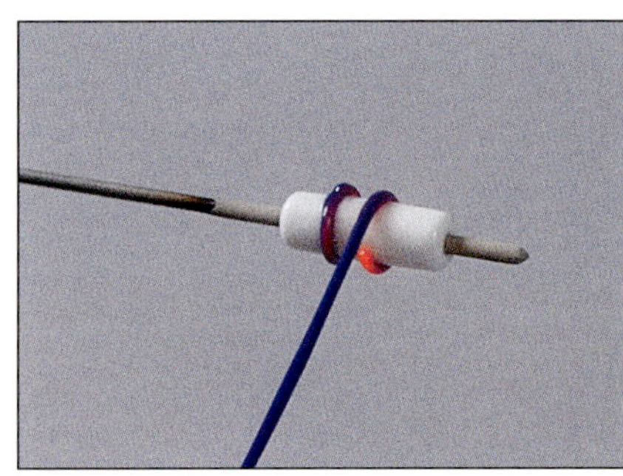

Arbeiten Sie zwei parallele Bänder aus Glasfaden um die Mitte Ihrer Perle, so dass zwischen beiden eine kleine Lücke frei bleibt.

Erhitzen Sie eine Seite. Dann drücken Sie die Bänder mit einer scharfen, spit-

Jana Burnham, Goldblatt mit transparenten Glasfäden

Photo: Ralph Gabriner

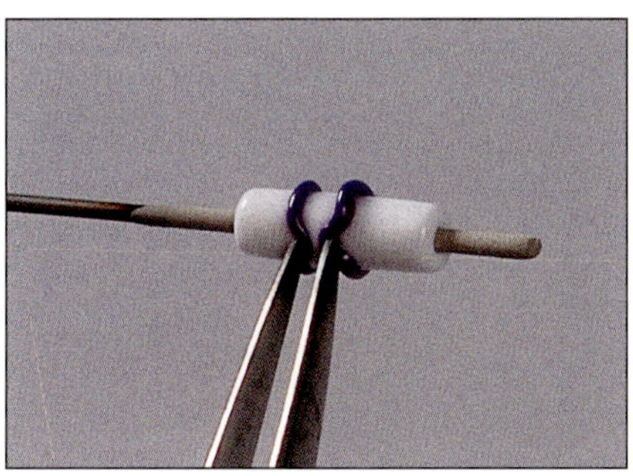

zen Pinzette zusammen. Für grössere Vielfalt verwenden Sie einen Glasfaden in kontrastierender Farbe, um Tupfen an allen zusammengedrückten Stellen zu platzieren, oder verwenden Sie verschiedene Farben für die Bänder, so dass eine mehrfarbige Kette entsteht. Eine Alternative besteht darin, eine Kette aus drei oder vier Glasfadenlinien herzustellen.

Cindy Jenkins, von links nach rechts: zusammengedrückte Kette, 2,6 cm lang; frei geformte Glasfäden, 2,4 x 1,8 cm; verdrehter Streifen, 1,5 x 1,8 cm; verdrehtes Band, 0,8 x 1,5 cm; verdrehte Zweifarbenmuster, 1,6 cm lang; verdrehte Tupfen, 1,5 x 1,6 cm

Photo: Evan Bracken

Oben links: Jacqueline Mixon, *Wildblume* (oben), geharkte Tupfen, 4,5 cm lang; Englischer Bauerngarten, geharkte Tupfen, 3,2 cm lang; *Versprochene Rose* (unten rechts), geharkte Schnörkellinie, 4,5 cm lang

Photo: Evan Bracken

Oben Mitte: Tom Holland, Zylinder mit geharkter Schnörkellinie, 3,5 cm lang

Photo: Evan Bracken

Oben rechts: Bernadette Mahfood, *Ohrringe mit Morning-Glory-Perlenelementen*, geharkte Tupfen, 1,3 x 1,9 cm

Photo: Kopmar Studio

Unten: Susan Richers Elgar, *Frosch und Libelle*, geharkte Tupfen (Blätter), 3,7 cm lang

Photo: Evan Bracken

## Geharkte Muster

Wenn Sie Ihre Perle mit Tupfen, Streifen oder einer Spirallinie versehen haben, können Sie diese einfachen Dekorationen mit einer Perlenkratze manipulieren. Dabei handelt es sich um ein Metallwerkzeug, das am Ende eine gerade oder hakenförmige Spitze hat. Sie können damit heisses Glas über die Perlenoberfläche ziehen. Solange die Kratze kühl bleibt, wird sie nicht am Glas kleben. Halten Sie eine Tasse mit kaltem Wasser bereit und tauchen Sie das heisse Ende der Kratze ins Wasser, um sie abzukühlen.

### Tupfen und Streifen

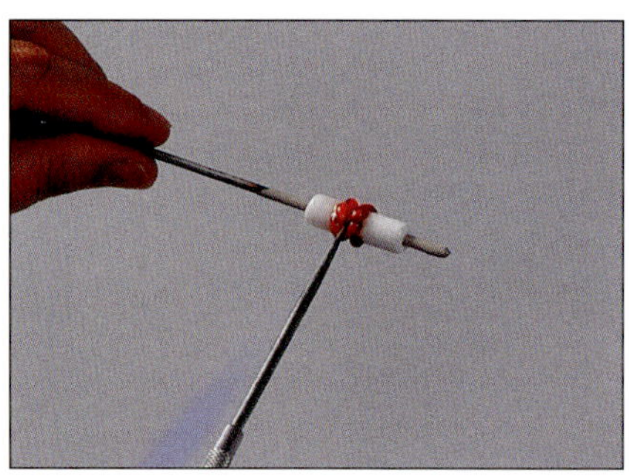

Versuchen Sie, Tupfen zu harken, indem Sie eine einzelne oder doppelte Tupfenreihe um die Mitte der Perle herum auftragen und diese dann in der Mitte der Reihe harken, so dass ein Blatt- oder Herzeffekt entsteht.

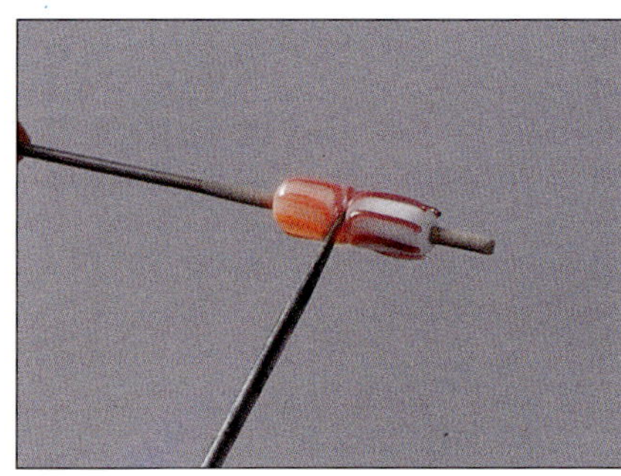

Für ein geharktes Streifenmuster tragen Sie parallele, waagerechte Streifen über die Gesamtlänge der Perle auf, die anschliessend geharkt werden.

Jetzt probieren Sie dasselbe mit Ihrem gestreiften Glasfaden aus, um die Designmöglichkeiten zu vervielfachen!

### Geharkte Schlingen

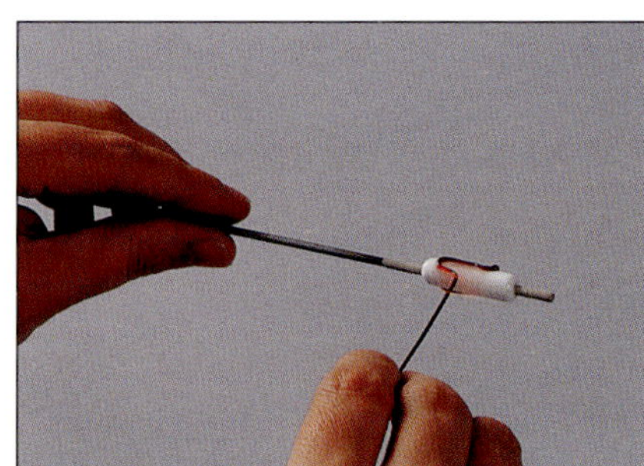

Um ein Schlingenmuster zu schaffen, stellen Sie eine zylindrische Perle her und dekorieren diese mit einer Glasfadenlinie, die in einem breiten Schnör-

kelmuster um die Perle herum aufgetragen wird. Jetzt harken Sie entlang der Mitte, um den Schnörkel zu Schlingen zusammenzuziehen.

**GUTER TIPP**

Versuchen Sie, zwei oder mehrere Harktechniken zu kombinieren. Arbeiten Sie beispielsweise einen Tupfen, den Sie mit einem weiteren Tupfen versehen, bevor Sie zwei waagrechte Streifen darunter setzen. Wenn Sie mit der Kratze senkrecht durch die Mitte nach unten ziehen, entsteht ein Blumen- und Blattmuster.

Wenn Sie die Kratze durch einen Glasfaden in kontrastierender Farbe ersetzen und mit diesem harken, bleibt wie bei den Drehtechniken eine feine Linie der kontrastierenden Farbe auf der Perle zurück.

Cindy Jenkins, geharkte Schlinge (links), 2,7 cm lang; geharkte Streifen (Mitte), 2,7 cm lang; geharkte Tupfen (rechts), 2,7 cm lang

Photo: Evan Bracken

Oben links: Bernadette Mahfood, *Helix-Armband*, geharkte Tupfen, 1,3 x 1,9 cm (Hauptperle)

Photo: Bernadette Mahfood

Oben rechts: Bernadette Mahfood, *Morning-Glory-Perlen*, geharkte Tupfen, 1,3 x 1,9 cm

Photo: Bernadette Mahfood

Unten: Susan Simonds, *Pastellfarbene Weinranke* (links), 2,8 x 2,6 cm; Blaue Weinranke (rechts), 2,7 x 2,6 cm; beide mit geharkten Tupfen

Photo: Evan Bracken

# DER NÄCHSTE SCHRITT

Kate Fowle, *Hieroglyphenkette*, Emaillen, 3,5 cm (Anhänger)

Photo: Evan Bracken

Kristen Frantzen Orr, *Grüne Botanik*, gemischte Farben, 2,5 cm (grosse Perle)

Photo: Jeff Scovil

## Farben mischen

Wenn Sie mit der Perlenherstellung beginnen, werden Sie kaum glauben, dass über 100 Farben nicht ausreichen könnten. Doch schliesslich werden Sie einen bestimmten Farbton brauchen oder einige Perlen herstellen wollen, die zu einem ganz speziellen Stück passen sollen. Jetzt müssen Sie kreativ werden und eigene Farben mischen.

Machen Sie es sich leicht – beginnen Sie mit nur zwei Farben in gleichen Mengen. Wählen Sie zwei Farben, die sich

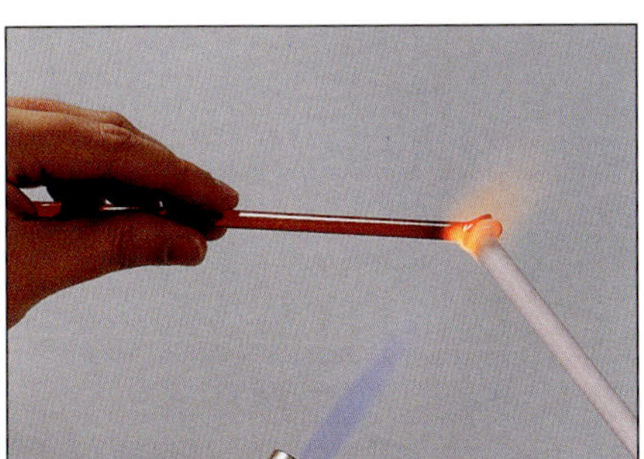

Ihrer Meinung nach zu der neuen, gewünschten Farbe verbinden werden.

Erhitzen Sie die Enden beider Glasstäbe gleichzeitig und drücken Sie sie in der

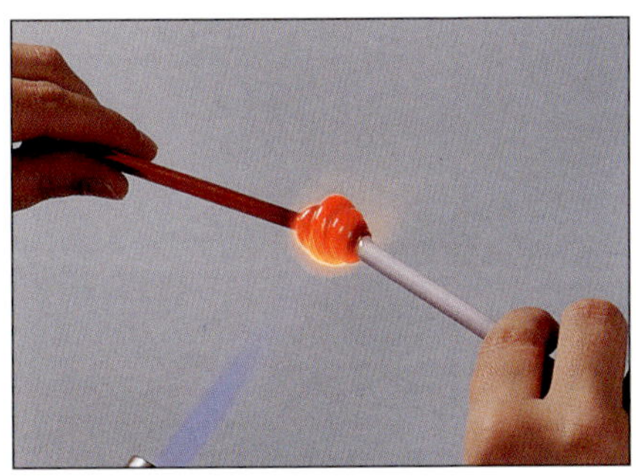

Flamme zusammen. Das Gute dabei ist, dass Sie die Stangen drehen, wenden, mit ihnen rühren und sie verzerren können, soviel Sie mögen.

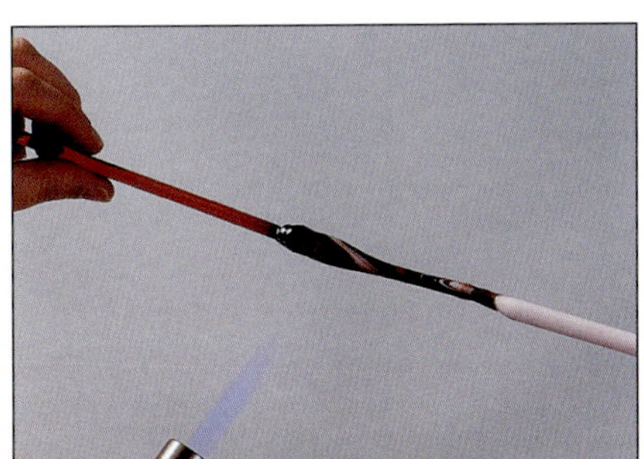

Rollen Sie die Farben umeinander, bis eine homogene Mischung entsteht. Wenn Ihnen das Ergebnis gefällt, ziehen Sie die zentrale Masse zu einer Stange von der gewünschten Stärke auseinander.

Versuchen Sie verschiedene Kombinationen und halten Sie die Farben und die ungefähr verwendeten Mengen schriftlich fest. Das Mischen von Glas entspricht nicht dem Mischen von Farben: Gelb und Blau ergeben nicht immer Grün und manche Farben wirken nach dem Mischen schlammig. (Ein wenig Schwarz, das mit Weiss gemischt wird, ergibt ein dunkles Violett und nicht das erwartete Grau.) Hin und wieder werden Sie auf eine Kombination stossen, die sich gar nicht mischen lässt.

**GUTER TIPP**

Ich brauche meine Glasreste auf, wenn ich Farben mische. Nach Erhitzen beider verwendeter Glasstangen nehmen Sie mit einem heissen Ende einen Rest von ca. 1,3 cm Länge auf und mischen ihn mit der anderen Stange.

Oben: Jana Burnham, Zylinderperle mit Farbband-Glas, 4 cm lang

Photo: Evan Bracken

Unten: Leah Fairbanks, Amethyst-Engel, Haar und Dekoration aus Farbband-Glas, 5,1 cm hoch

Photo: George Post

## Farbband-Stangen

Farbband-Stangen können Ihre Perlen mit vielen Details versehen. Für den ersten Versuch wählen Sie ein Farbband mit drei Streifen. Suchen Sie zwei Farben aus – eine für die Mitte des Bandes und eine, die einen guten Kontrast zur ersten bildet. Nehmen Sie eine Stange in jede Hand und erhitzen Sie gleichzeitig etwa 2,5 cm von beiden Stangen.

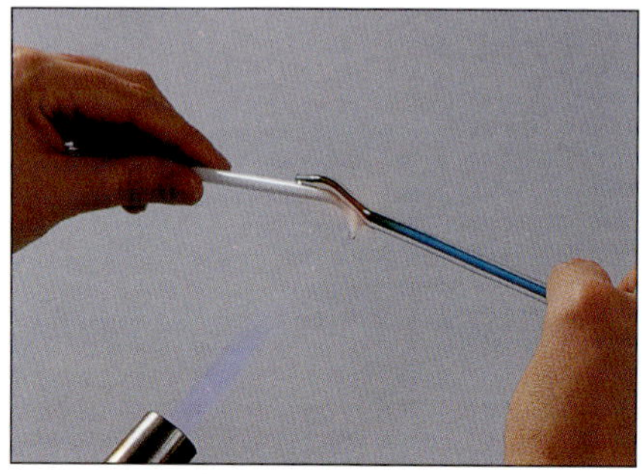

Wenn beide Enden glühen, legen Sie eine Farbe auf die andere, als wollten Sie Zahnpasta auftragen; dann schmelzen Sie die obere Farbe vollständig von der unteren Stange ab. Während Sie die doppelte Glasstange weiter warm halten, erhitzen Sie weitere 2,5 cm der kontrastfarbigen Glasstange. Tragen Sie einen zweiten Streifen der Kontrastfarbe auf der Unterseite der mittleren Farbe auf, indem Sie an dem Punkt beginnen, an dem die einfache zu einer doppelten Stange wird.

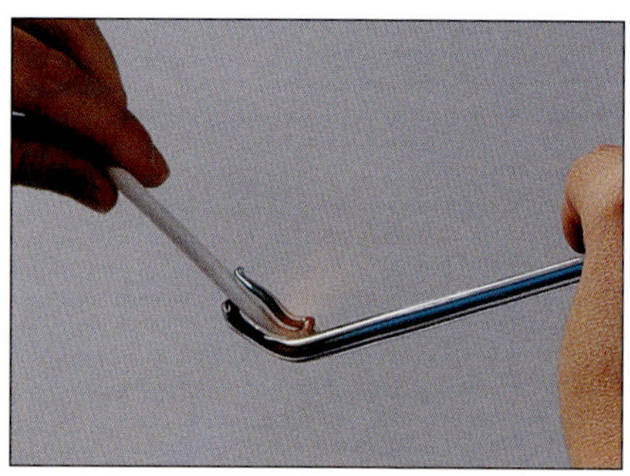

Statt das neue Stück wie beim ersten Mal von der Stange abzuschmelzen, erhitzen Sie die untere Stange und biegen sie so stark nach oben, dass sie sich mit den Enden der ersten beiden Streifen verbindet. Dann biegen Sie die untere Glasstange wieder nach unten zur Mitte, so dass sich beide Stangen in einer Linie befinden. Dann erhitzen Sie die mittlere Farbe (den Glasstab zur Linken) an dem Punkt, wo sie noch ein einfacher Glasstab ist.

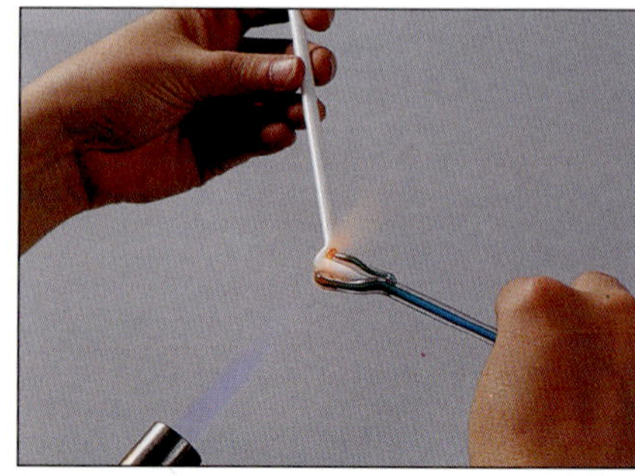

Biegen Sie nun diesen Stab nach unten und anschliessend nach oben, so dass er

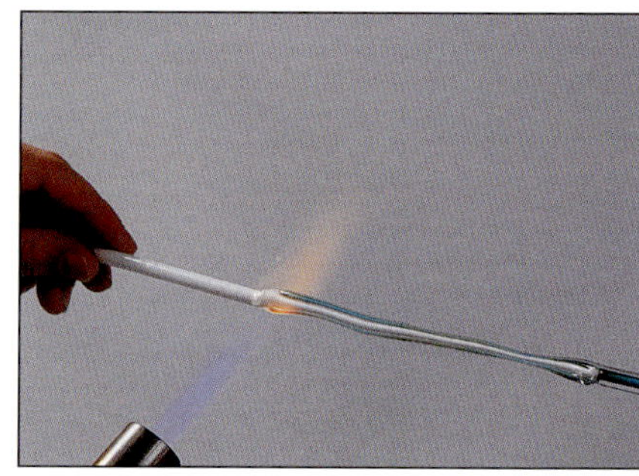

beide kontrastierenden Streifen aufnimmt.

Erhitzen Sie weiter und dehnen Sie das mehrfarbige Stück, ohne es zu drehen, so dass ein langes, flaches Farbband entsteht.

Wenn Sie diese Technik gemeistert haben, versuchen Sie, ein Farbband aus fünf Schichten aufzubauen. Versuchen Sie, das Farbband beim Dehnen leicht zu drehen. Experimentieren Sie!

Farbband-Stangen können mit zwei Methoden auf Perlen aufgetragen werden. Sie können Sie wie eine einfache Glasstange verwenden und eine Linie um die Perle herum ziehen oder Sie können Stücke des Farbbands abschneiden und diese hochkantig auftragen. (Brian Kerkvliet nutzt diese einfache und schnelle Technik, um die Kopfflossen seiner Fischperlen zu arbeiten.)

## Gezwirnte Glasfäden

Gezwirnte Glasfäden sind kompliziertere Glasfäden. Mit zwei oder mehreren Glasstäben in verschiedenen Farben können Sie Glasfäden mit feinen Mustern kreieren, die an Zuckerstangen erinnern.

### Zangenmethode

Wählen Sie zwei Glasstangen mit kontrastierenden Farben; verbinden Sie sie an zwei Stellen ca. 15 cm von den Enden der Stangen entfernt mit Kreppband. Nehmen Sie sich etwas mehr Zeit, diese »doppelte« Stange in die Flamme zu halten, da Sie doppelt so viel Masse wie zuvor erhitzen. Wenn das Glas erhitzt ist, drücken Sie die Enden mit der Zange zusammen oder pressen beide Seiten auf die Marbelplatte, um die Stangen zusammenzudrücken. Halten Sie das Glas in der Hand, mit der Sie normalerweise arbeiten, und die Zange in der anderen.

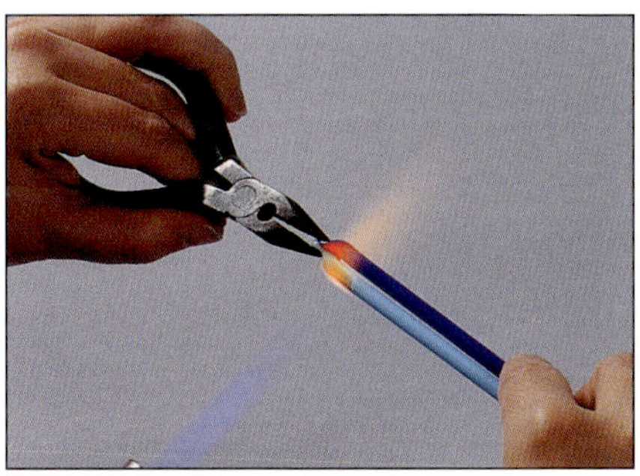

Wenn das zusammengedrückte Glasende glüht, fassen Sie es mit der Nadelzange.

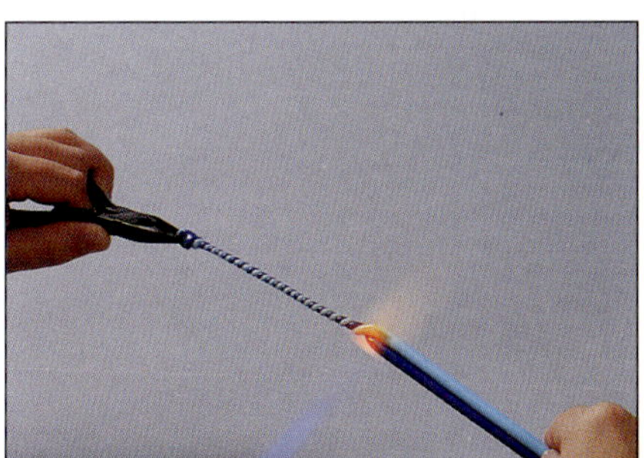

Beginnen Sie, die Stangen zu drehen, während Sie sie mit der Zange halten und leicht ziehen. Wie bei der Fertigung von normalen Glasfäden halten Sie den dicken (doppelten) Teil der Stangen in die Flamme, während Sie drehen und ziehen. Dies mag zuerst schwierig sein, so dass Sie etwas üben müssen.

Wenn Sie vergessen, das verzwirnte Glas aus der Flamme zu nehmen, sorgt die Hitze dafür, dass es sich stärker verdreht und dünner wird, bis es durchschmilzt, so dass sehr kurze gezwirnte Glasfäden entstehen. Achten Sie auf die Flamme und sagen Sie leise »drehen-bewegen, drehen-bewegen« vor sich hin, bis Sie diese Technik beherrschen.

### Glasstangentechnik

Eine andere Möglichkeit zur Herstellung von gezwirnten Glasfäden besteht darin, in jeder Hand eine von zwei kontras-

tierenden Glasstangen zu halten und gleichzeitig etwa 2,5 cm von beiden Glasstangen zu erhitzen.

Legen Sie die Enden übereinander, als würden Sie Zahnpasta auf eine Bürste

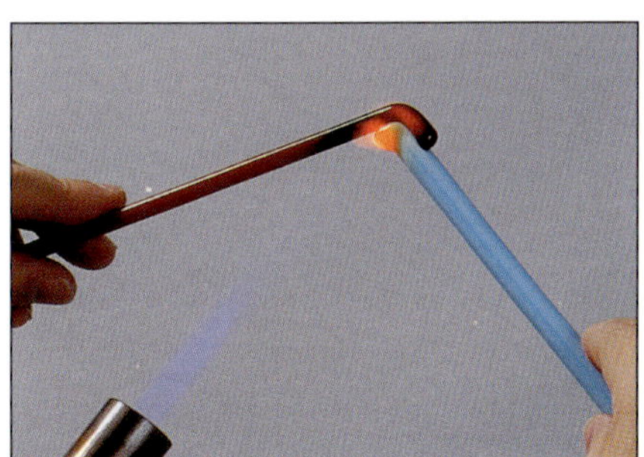

auftragen, und erhitzen Sie den überlappenden Bereich, bis eine Kugel entsteht. .

Nach Erhitzen der Enden biegen Sie die obere Farbe nach unten, um die untere Stange »aufzunehmen«;

Oben: Kimberley Adams, Tafelperle, 2,2 x 2,8 cm; Zylinder, 2,2 cm lang; Doppelkegel, 4 cm lang; alle mit gezwirnten Glasfäden dekoriert

Photo: Evan Bracken

Mitte: Patricia Sage, *Dreieck mit Göttin*, gezwirnter Glasfaden als Randdekoration, 4,4 x 4,3 cm

Photo: Evan Bracken

Unten: Char Eagleton, mit gezwirnten Glasfäden dekorierte Teekanne, 3,9 cm hoch

Photo: Evan Bracken

Ganz links: Al Janelle, Doppelkegel, 4,4 x 2,2 cm; Zylinder, 3,2 cm lang; beide mit gezwirnten Glasfäden dekoriert

Photo: Al Janelle

Links: Peggy Prielozny, fünf kleinere Perlen mit gezwirnter Dekoration, Ø 1,8 cm (im Durchschnitt); Patricia Frantz, grosse Perle mit gezwirnter Dekoration, Ø 2,8 cm

Photo: Evan Bracken

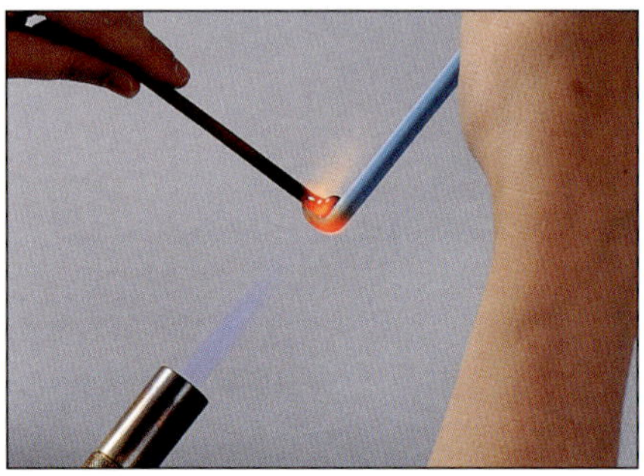

dann biegen Sie die untere Stange an der anderen Seite nach oben.

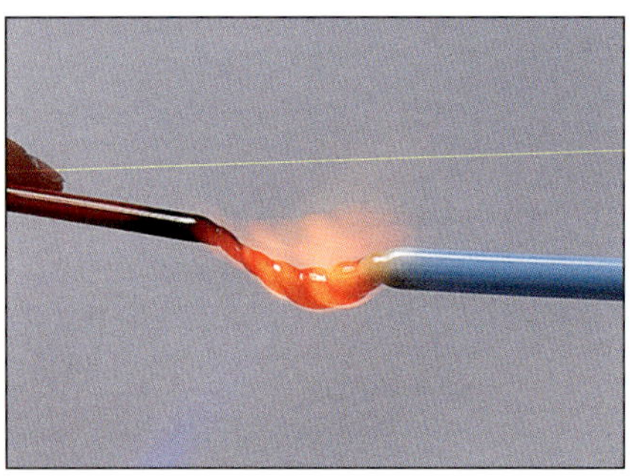

Erhitzen Sie weiter, ohne die Stangen dabei zu drehen, bis die zweifarbige Kugel in der Mitte glüht. Jetzt nehmen Sie die Stangen aus der Flamme und drehen so schnell wie möglich. Achten Sie darauf, dass sich Ihre Hände dabei in entgegengesetzter Richtung bewegen. Abhängig von der Grösse der Kugel, der Hitze des Glases und der Geschwindigkeit beim Drehen, können Sie einen gezwirnten Glasfaden von 30 cm Länge oder mehr schaffen.

Um verschiedene Wirkungen zu erzielen, versuchen Sie, mit unterschiedlicher Geschwindigkeit zu drehen und mit mehreren verschiedenen Farbkombinationen zu experimentieren – mit opakem und transparentem Glas, Filigrana-Stangen usw. Verzwirnen Sie klares Glas mit einer opaken Farbe, um einen anderen interessanten Look zu schaffen. Drei oder mehr Farben ergeben wunderschöne gezwirnte Glasfäden; versuchen Sie, eine klare Glasstange mit ein oder zwei Farben zu verwenden.

## Komplexe gezwirnte Glasfäden

Perlen haben meist nicht viel Oberfläche, auf der Sie sich ausdrücken können, daher helfen zusammengesetzte Elemente, die Sie vorher herstellen können. Komplexe gezwirnte Glasfäden weisen sogar noch mehr Details auf als normale.

Erhitzen Sie eine ziemlich grosse Kugel aus heissem Glas am Ende einer Glasstange. (Weiss ist eine gute Farbe, da sich andere Farben gut abheben.) Halten Sie die Glasstange beim Erhitzen schräg

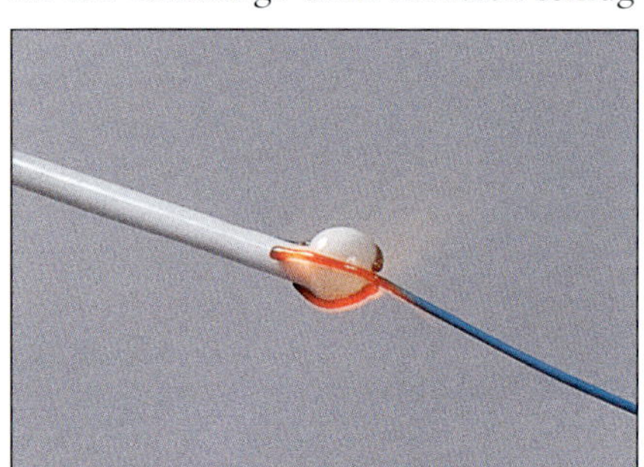

nach oben in die Flamme, bis das heisse Glas eine recht grosse Kugel bildet. Dann tragen Sie mit einem Glasfaden waagrechte Streifen auf die Kugel auf.

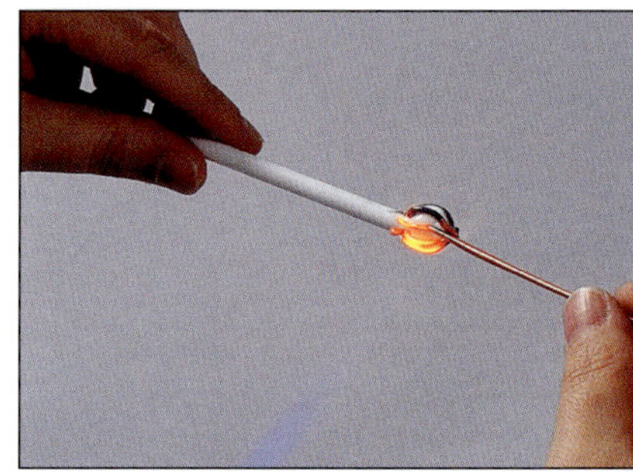

Mit einiger Praxis werden Sie Ihre Technik verbessern. Tragen Sie Glasfäden in zwei oder drei Farben auf, so dass ein komplexes Muster entsteht. Wenn die Kugel gestreift ist, nehmen Sie die Glasstange in die Hand und um-fassen die Spitze der gestreiften Kugel mit der Nadelzange.

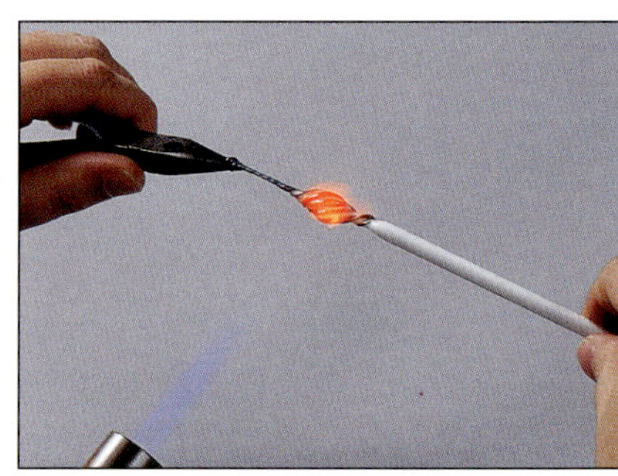

Jetzt drehen und ziehen Sie die gestreifte Kugel zu einem Glasfaden lang. Alternativ können Sie eine andere Glasstange auf die Spitze der Glaskugel aufschmelzen und die beiden Glasstangen als Handgriffe verwenden (achten Sie darauf, dass die Stange alle Streifen aufnimmt). Nehmen Sie die Kugel aus der Flamme und ziehen Sie, während Sie die Hände in entgegengesetzten Rich-

Patricia Sage, *Froschkette*, mehrere akzentuierende Perlen mit gezwirnter Dekoration, 3,8 x 2,5 cm (Frosch)

Photo: Darol Strieb

tungen drehen. So erhalten Sie ein viel feineres verdrehtes Muster.

### Gezwirnte Glasfäden zur Herstellung und Verzierung von Perlen verwenden

Gezwirnte Glasfäden können wie Glasfäden zur Verzierung von Perlen verwendet werden, sie ergeben jedoch ein komplexeres Muster. Gezwirnte Glasfäden können zur Herstellung von Spirallinien, einer Endabdeckung oder sogar für Tupfen verwendet werden.

Um einen gezwirnten Glasfaden als dekoratives Element einer Perle zu

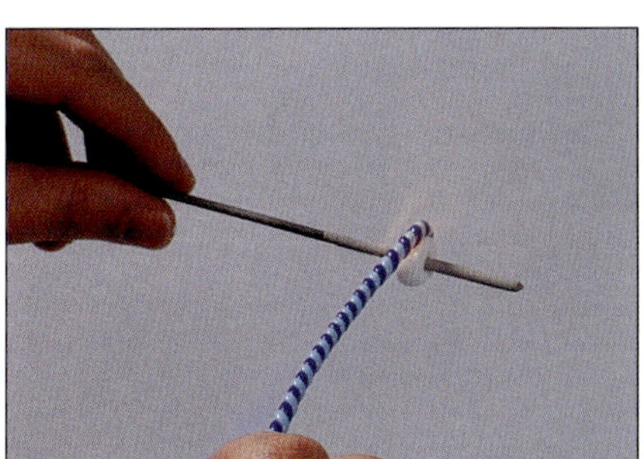

verwenden, halten Sie die Perle aus der Flamme und erhitzen die letzten 1,3 cm des gezwirnten Glasfadens.

Wenn sich das Ende des gezwirnten Glasfadens biegt, lassen Sie es auf die Perle fallen. Bewegen Sie die Flamme am Glasfaden entlang, während Sie den Dorn drehen, so dass der Glasfaden jeweils in kurzen Segmenten auf die Perle aufgetragen wird.

Falls gewünscht, können Sie die Zwirnung verstärken, indem Sie den Glasfaden beim Auftragen auf die Perle rollen. (Darauf achten, dass Sie ihn in die richtige Richtung rollen.) Wenn gezwirnte Glasfäden wie ein einfacher Glasfaden zum Auftragen von Tupfen verwendet werden, entsteht in einem Schritt ein zweifarbiger Tupfen. Es entstehen zwei nebeneinander liegende Tupfen.

Gezwirnte Glasfäden werden meist auf eine Grundperle aufgetragen, so dass sie nicht verschwendet werden, indem eine grosse Masse aufgebaut wird, von der dann nur die Oberfläche sichtbar ist. Doch gezwirnte Glasfäden können auch verwendet werden, um die ganze Grundperle mit einer Schicht zu versehen, so dass eine interessante Wirkung erzielt wird. Wenn Sie auf die dekorierte Kernperle eine klare oder helle, transparente Farbe auftragen, wirkt das Glasfadenmuster wie durch eine Lupe vergrössert.

Es gibt endlos viele Kombinationsmöglichkeiten.

Cindy Jenkins, Sortiment an Glasfäden

Photo: Evan Bracken

Ganz links: Leah Fairbanks, florale Scheibenperlen, umhüllte Glasfäden, 0,6 x 3,8 cm (im Durchschnitt)

Photo: George Post

Links: Carolyn Noga, umhülltes Aventuringesicht mit Latticino-Haaren, 2,9 x 3,5 cm

Photo: Evan Bracken

## Eigene Filigrana-Stangen & umhüllte Glasfäden herstellen

Filigrana-Stangen sind Glasstangen mit farbigem Kern, der von klarem Glas umschlossen ist. Wenn die Glasstange lang gezogen und als Glasfaden verwendet wird, scheint dieser viel dünner zu sein als in Wirklichkeit.

Es gibt viele Gründe, das Umhüllen von Glasstangen zu erlernen und diese zu Glasfäden zu ziehen. Erstens ist die Farbpalette fertig erhältlicher Filigrana-Stangen sehr begrenzt, zweitens ist kommerziell erhältliches Filigrana-Glas immer von klarem Glas umschlossen. Wenn Sie dieses Designelement in Ihr Repertoire aufnehmen, stehen Ihnen viel mehr Farben zur Verfügung und selbst hergestellte, umhüllte Glasfäden verleihen Ihrer Arbeit Tiefe. Egal, wie dicht nebeneinander umhüllte Glasfäden aufgetragen werden, werden die Farben durch die umschliessende Schicht getrennt, so dass sie sich nicht zu einer grossen Masse verbinden können. Sie können die Glasfäden daher in einer dichten Spirale auftragen, um eine Rosette zu schaffen, ohne dass dabei nur ein grosser Tupfen entsteht.

### Grundform des umhüllten Glasfadens

Zur Herstellung eines umhüllten Glasfadens wählen Sie die Farbe für Kern und Hülle. In den meisten Fällen wird die umhüllende Farbe klar oder transparent sein. Beginnen Sie mit einer Glaskugel aus der umhüllenden Farbe.

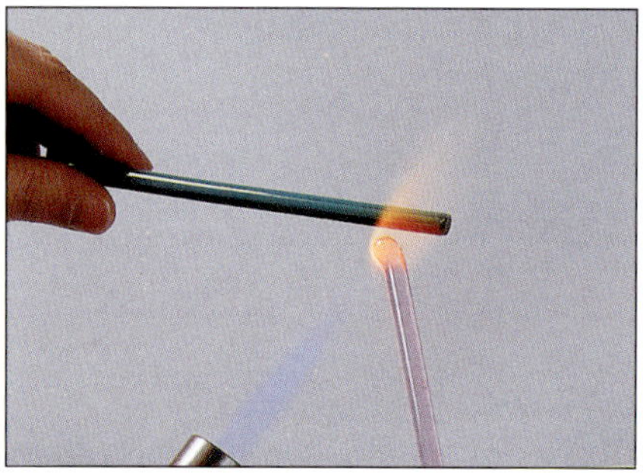

Wenn Sie eine Kugel guter Grösse haben, die schön glüht, halten Sie diese in die Flamme. Nun halten Sie mit der anderen Hand die Glasstange für den Kern in die Flamme und halten ihn über die glühende Kugel für die Glashülle. Erwärmen Sie ca. 2 cm der Glasstange für den Kern, indem Sie sie durch die Flamme hin und her bewegen. Der Kern sollte gerade so heiss sein, dass er nicht zerspringt, wenn die geschmolzene Farbe für die Hülle hinzugefügt wird.

Die Kernstange ist ziemlich kalt und starr, während die Stange für die Hülle zu einer sehr heissen Kugel geworden ist. Jetzt wickeln Sie die umhüllende Farbe um die Kernstange. Beginnen Sie etwa 1,5 cm von der Spitze der Kernstange entfernt mit der Umwicklung und wickeln Sie mit dem Glas für die Hülle weiter, bis die Kernstange bis zu ihrer Spitze bedeckt ist. Halten Sie die Kernstange unterhalb der Flamme und die Stange für die Hülle in die Flamme, damit sich die Kernstange nicht verbiegt und sich nicht mehr kontrollieren lässt. Diese Methode sorgt auch dafür,

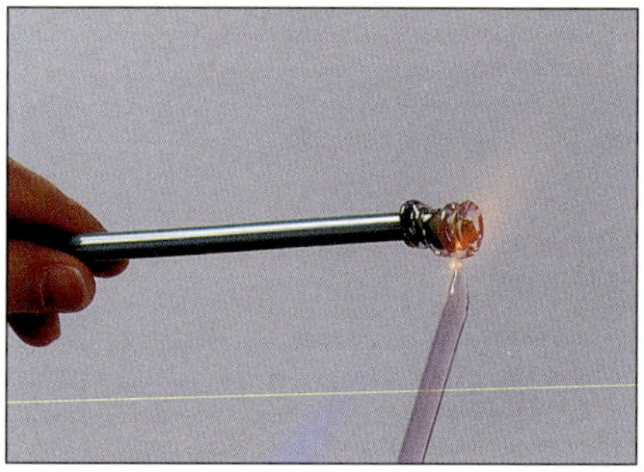

dass Ihnen genug heisses Glas zum Umwickeln zur Verfügung steht.

Wenn die Kernstange ganz mit der umhüllenden Farbe umwickelt ist, schmelzen Sie den Rest der Stange für die Hülle durch und ziehen sie ab. Nun erwärmen Sie die umhüllte Stange weiter, bis evtl. vorhandene Falten in der umhüllenden Farbe ineinander über fliessen.

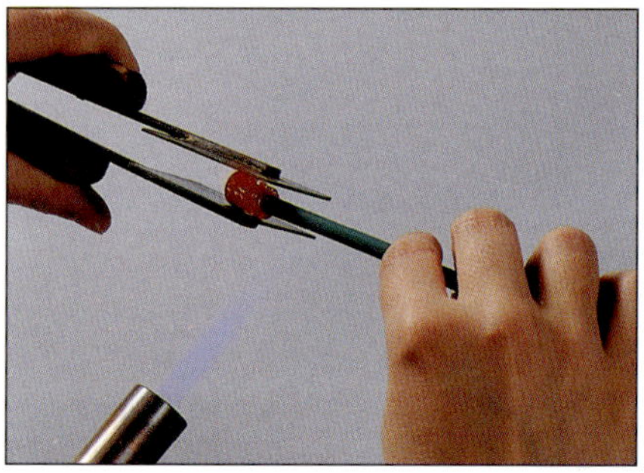

Ich verwende eine Abflachzange für Perlen, um alles unter Kontrolle zu halten.

Jedesmal, wenn sich die umhüllte Stange verbiegt und nicht mehr kontrolliert werden kann, nehmen Sie sie aus der Flamme und drücken sie mit der Ab-

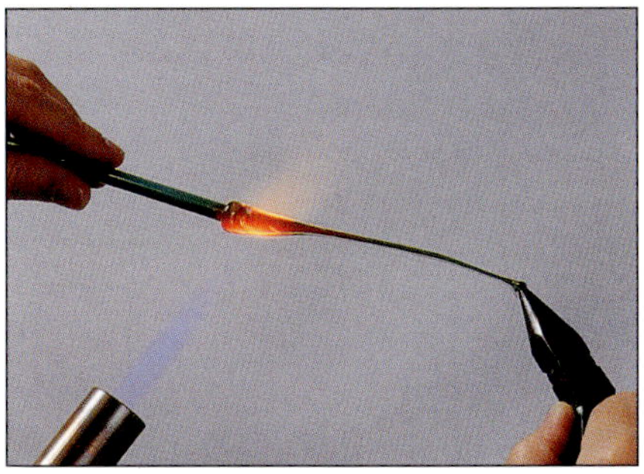

flachzange von allen Seiten zusammen, bis sie gerade und etwas starrer ist.

Wenn die umhüllte Glasstange symmetrisch und gut geformt ist, erfassen Sie das Ende mit der Nadelzange und ziehen den umhüllten Glasfaden lang. Halten Sie das dickere Ende der umhüllten Stange beim Ziehen des Glasfadens in die Flamme.

Wenn Sie diese Methode einsetzen, um eine Stange mit einer opaken Farbe zu umhüllen, entsteht kein umhüllter Glasfaden, sondern eine ganz einfach gemusterte Stange. Ziehen Sie sie ein wenig dicker als einen Glasfaden und schneiden Sie sie in Scheiben von 3 mm Stärke oder weniger. Sie haben jetzt Ochsenaugen – Tupfen mit Ring –, die sie mit einer Pinzette auf Ihre Perlen aufsetzen können. (siehe Millefiori, Seite 78.)

## Schwarze Glasfäden

Wenn Sie versucht haben, einen schwarzen Glasstab von Effetre zu einem Glasfaden zu ziehen und über einer blassen Farbe aufzutragen, werden Sie festgestellt haben, dass er gar nicht schwarz ist, sondern einen sehr dichten, transparenten lilafarbenen Ton hat. Wenn die Stange zu einem dünnen Glasfaden langgezogen und auf eine helle Perle aufgetragen wird, ist die Tatsache, dass er lila und nicht schwarz ist, offensichtlich. Da Schwarz und Weiss eine oft verwendete Farbkombination ist, kann dies sehr enttäuschend sein.

Die Perlenherstellerin Kate Fowle hat dieses Problem gelöst.

Sie umhüllt eine Glasstange in dunklem Kobaltblau mit einer schwarzen Stange.

Wenn diese Kombination zu einem Glasfaden gezogen wird, kann wegen des dunklen Kerns kein Licht durchscheinen.

## Umhüllte Aventurin-Glasfäden

Aventurin ist eine übersättigte Lösung aus Kupferpartikeln in Glasmatrix. Sie können Ihre Perlen mit Aventurinstückchen versehen. Wenn Sie Aventurin-Filigrana-Stangen zu Glasfäden ziehen, sind zwischen den Kupferpartikeln grössere Lücken vorhanden, so dass der glänzende Kern viel von seinem Glanz verliert. Wirklich leuchtende Aventurin-Glasfäden müssen Sie selbst herstellen.

Oben: Leah Fairbanks, *Rosenperle und Gartenperle*, umhüllte Blümchen und Stengel aus Glasfäden, Ø 2,5 cm

Photo: George Post

Unten: Jacqueline Mixon, *Herzen & Rosen*, Blumen aus umhüllten Glasfäden, 4 x 3,2 cm

Photo: Evan Bracken

Oben: Susan Simonds, *Phantasiegarten*, Latticino, 3,7 x 2,9 cm

Photo: Evan Bracken

Mitte: Leah Fairbanks, *Lilafarbene Trompetenblumen*, umhüllte Glasfäden, 4,4 cm lang

Photo: George Pott

Unten: G.G. Havens, *Eva 2* (links) und *Eva 1* (rechts) mit Latticino-Schlangen, 3 cm hoch

Photo: Evan Bracken

Brechen Sie für Ihren ersten Versuch ein kleines Stück Aventurin ab, das etwa die Grösse einer Erbse haben sollte.

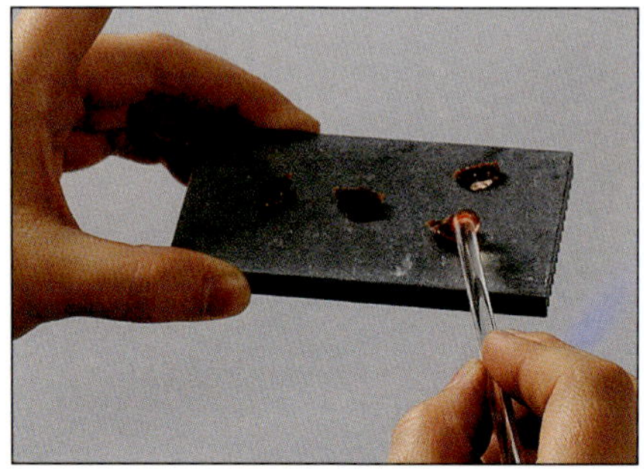

Erhitzen Sie das Ende einer klaren Stange, bis sie glüht; nehmen Sie das heisse Ende, um das Aventurinstück aufzunehmen.

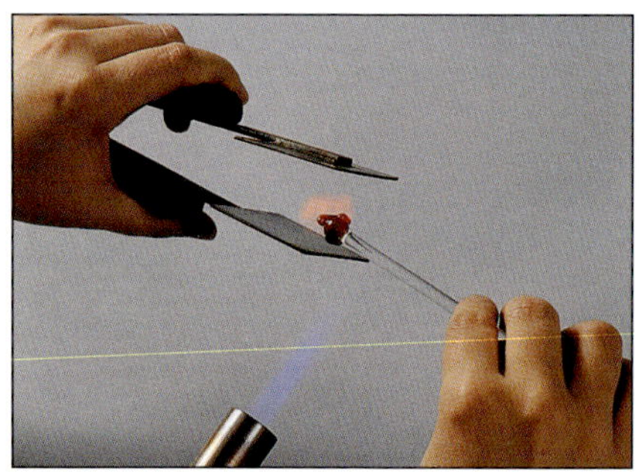

Jetzt erhitzen Sie das Aventurinstück und formen es mit Ihrer Abflachzange.

Wenn das Aventurinstück wie eine Erweiterung der klaren Glasstange wirkt, umhüllen Sie es vollständig mit einer anderen Stange aus Klarglas.

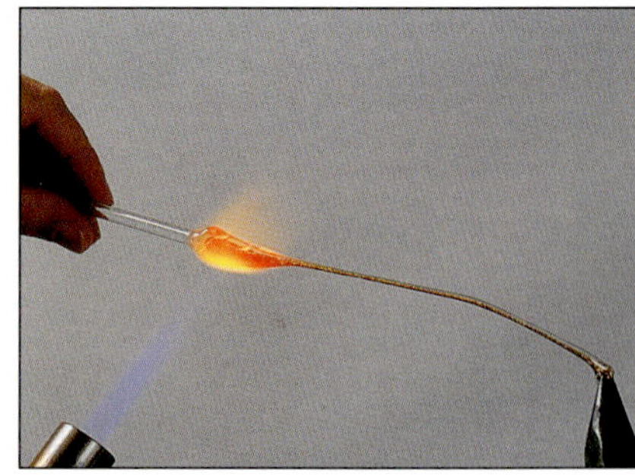

Dann ziehen Sie es zu einem leuchtenden, glitzernden Glasfaden lang.

Neben Klarglas können Sie auch andere transparente Farben mit Aventurin verwenden. Kühle Farben tönen das goldene Glitzern ab, während es durch einen helleren Bernsteinton intensiviert wird. Eine transparente pinkfarbene Umhüllung sieht wunderbar aus. Experimentieren Sie und bewahren Sie Proben mit einer Beschreibung der verwendeten Farben für zukünftigen Gebrauch auf.

**GUTER TIPP**

Bei den pinkfarbenen transparenten Glasstangen von Effetre handelt es sich eigentlich um umhüllte Glasstangen. Da die Herstellung von pinkfarbenem Glas sehr teuer ist, ist der Kern der Stange klar, die Umhüllung pinkfarben. Die Stärke der Umhüllung variiert; wenn sie nicht zu dick ist, schneide ich kleine Scheiben von der Stange ab und trage sie wie Musterscheiben auf die Perle auf. Diese Scheiben bilden Tupfen, die einen klaren Mittelpunkt und einen pinkfarbenen Rand haben. Wenn sie oben und unten heruntergezogen werden, entstehen kleine Herzen mit pinkfarbenen Umrisslinien.

Rechts: Leah Fairbanks, *Bernsteinfarbene Blütenperle*, komplexes Latticino, 3,2 x 1,9 cm

Photo: George Post

Ganz rechts: Susan Simonds (links, stehend), *Phantasiegarten*, 3,5 x 2,8 cm; Susan Simonds (rechts, stehend), *Phantasiegarten*, 3,5 x 2,4 cm; Pati Walton, Doppelkegel, 5 cm lang; Latticino-Perlen

Photo: Evan Bracken

## LATTICINO

Latticino, ein umhüllter, gezwirnter Glasfaden, ist ein schönes Element. Für Ihren ersten Versuch beginnen Sie mit einem weissen Glasstab. Erhitzen Sie eine Kugel aus weissem Glas und drükken Sie sie mit der Abflachzange oder mit Marbelplatte und Paddel zur Form eines Lutschers zusammen.

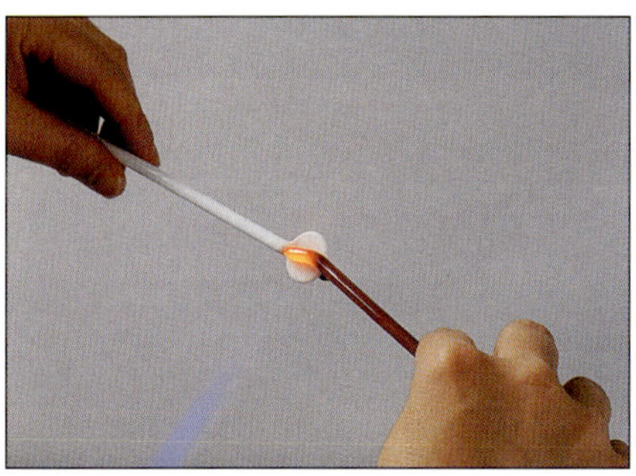

Tragen Sie in der Mitte einen Streifen in dunkler, transparenter Farbe auf; dieselbe oder eine kontrastierende, dunkle, transparente Farbe auf der anderen Seite.

Tragen Sie Streifen aus Klarglas zu beiden Seiten der beiden farbigen Streifen auf, so, als wollten Sie einen doppelseitigen gestreiften Glasfaden herstellen.

Schliesslich fügen Sie über beiden farbigen Streifen und den weissen Seiten der Scheibe einen Streifen aus Klarglas hinzu, so dass der gesamte Kern von einer vollständigen Schicht Klarglas bedeckt ist. (Falls gewünscht, kann dieser letzte Schritt ausgelassen werden.) Nehmen Sie die Abflachzange, um die ganze Masse zu einem Zylinder zu formen, wobei Sie sie zwischendurch immer wieder erhitzen. Erhitzen und formen Sie weiter, so dass ein glattes, einheitli-

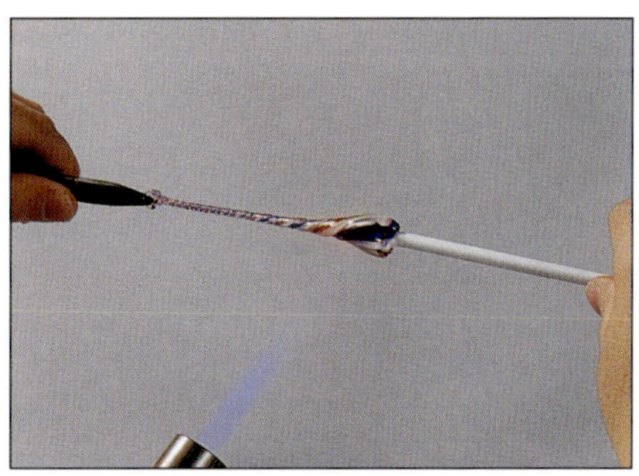

ches, zylindrig geformtes Ende entsteht. Dann umfassen Sie das Ende mit der Zange oder schmelzen eine weitere Glasstange auf – als Griff.

Ziehen und drehen Sie das geschmolzene Ende gleichzeitig, so dass sich eine schöne Latticino-Stange bidet.

Für weitere Effekte verwenden Sie andere Kombinationen bei den Kernfarben. Ein schwarzer Kern mit Filigrana-Streifen darüber wirkt sehr dramatisch und opake Streifen ergeben sehr farbenfrohe Verzwirnungen.

## SPITZEN-LATTICINO

Beginnen Sie mit einer grossen Kugel aus heissem Klarglas und verwenden Sie die Abflachzange, um einen dicken Zylinder zu bilden.

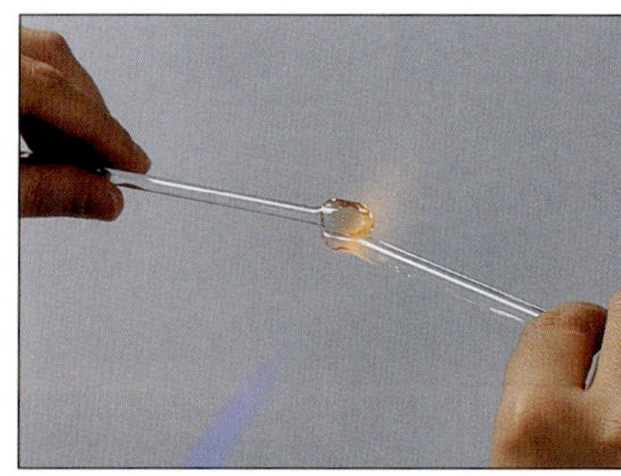

Fügen Sie vier Streifen Klarglas über die Gesamtlänge des Zylinders hinzu, in gleichmässigem Abstand.

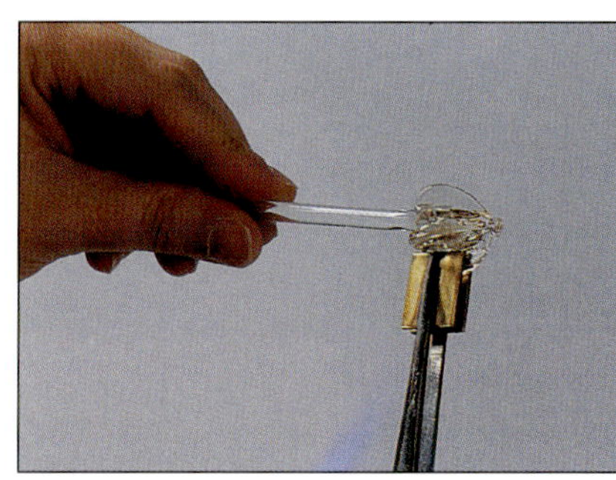

Mit einer kleinen Abflachzange drükken Sie die Streifen zu recht hohen Flossen zusammen. Jetzt fügen Sie einen Streifen in kontrastierender Farbe in die Kanäle zwischen den Flossen. Achten Sie dabei darauf, dass die klaren Flossen höher abstehen als die farbigen Glasfüllungen.

Oben: Tom Holland, Tafelperle mit Z-förmigem Federmuster, 3 x 3,1 cm

Photo: Evan Bracken

Mitte: Char Eagleton, Torso-Perle, gekämmt, 3,8 cm hoch

Photo: Evan Bracken

Unten: Tom Holland, Tafelperle mit spinnenartigem Kammuster, 3,1 x 2,6 cm

Photo: Evan Bracken

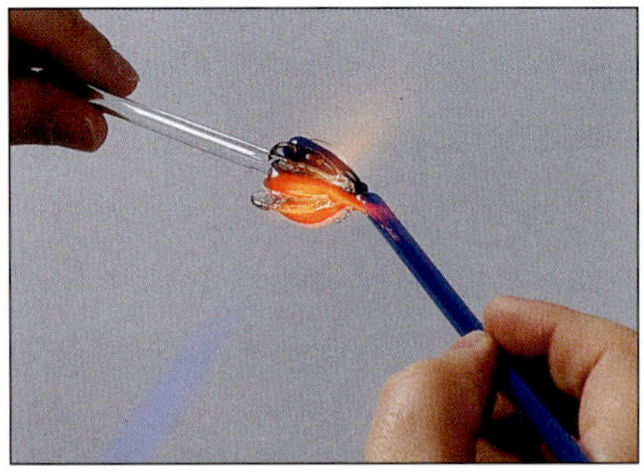

Führen Sie die Farblinien bis zur Mitte am vorderen Ende des Zylinders, evtl. Kratze oder Haken verwenden.

Jetzt erhitzen Sie die zweite Stange aus Klarglas und drücken das heisse Ende gegen eine Marbelplatte.

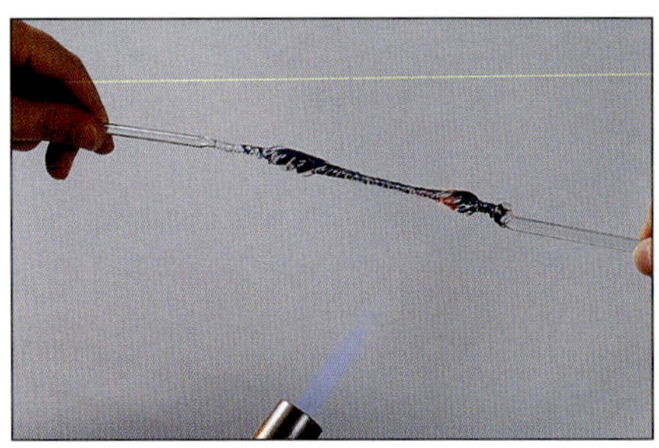

Drücken Sie das abgeflachte, klare Ende auf das vordere Ende des gestreiften Zylinders, so dass es alle Farblinien aufnimmt; dann erhitzen Sie die gestreifte Mitte gründlich, bis Sie sie lang ziehen und verdrehen können. So erhalten Sie ein ganzes Netz an miteinander verwobenen Linien, die durch die klaren Abstandhalter alle schön getrennt sind.

## Kämmen, Federn, seitliches Verschieben & Furchen

Wenn Sie erst einmal eine Spirallinie auf eine Perle auftragen können, besteht der nächste Schritt darin, das Aussehen dieser Spirale zu verändern, indem Sie sie mit einem Werkzeug, beispielsweise einer Perlenkratze, ziehen und verzerren. Kämmen und Federn sind Harktechniken, aber statt das heisse Glas um die Mittellinie herum zu ziehen, ziehen Sie es von einer Seite zur anderen über die Gesamtlänge der Perle hinweg.

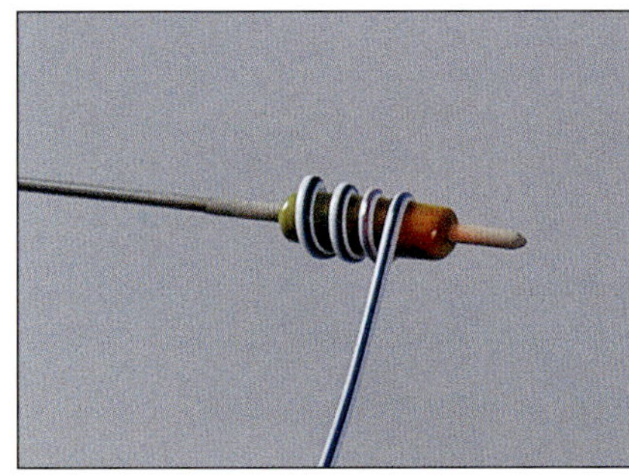

Stellen Sie eine zylindrische Perle her; umwickeln Sie sie mehrmals mit einem Glasfaden, dass eine Spirallinie entsteht.

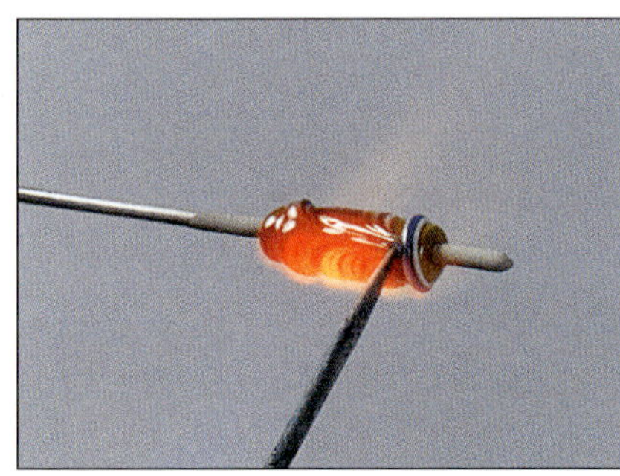

Erhitzen Sie eine Seite der umwickelten Perle, bis sie glüht; dann nehmen Sie sie aus der Flamme und berühren einen Rand der Perle mit der Kratze. Ziehen Sie die Kratze zum anderen Rand, wobei Sie die Spirallinie mit ziehen. Während Sie die Perle manipulieren, halten Sie sie aus der Flamme heraus, so dass sich die Kratze leicht vom Glas abnehmen lässt. Wenn das Werkzeug selbst zu heiss wird, bleibt es an der Perle kleben. In diesem Fall halten Sie das Ganze aus der Flamme, pusten auf die Kratze, warten ein paar Sekunden und bewegen die Kratze hin und her, bis sie sich wieder löst. (Die Metallkratze kühlt schneller ab und zieht sich schneller zusammen als das Glas, so dass sie freigegeben wird.) Tauchen Sie die Harke zwischendurch

**GUTER TIPP**

Graben Sie die Kratze nicht in den Körper der Perle ein, da Sie sonst zu viel Glas herausziehen und die Form verzerren oder möglicherweise die Perle vom Dorn lösen. Es soll nur die Spirallinie geharkt werden, die sich auf der Perlenoberfläche befindet.

immer wieder in eine Tasse Wasser, damit sie sich nicht zu stark erhitzt.

Erhitzen Sie die nächste Seite; harken Sie sie wie die erste. Bearbeiten Sie so die gesamte Oberfläche der Perle; die Kratze jedesmal in Wasser tauchen.

**GUTER TIPP**

Manchmal ist es leichter, das Muster drei- oder viermal in breiten Abständen in eine Richtung und anschliessend dazwischen in die entgegengesetzte Richtung zu harken.

Wenn Glas auf diese Weise von einer Seite zur anderen gezogen wird, ändert sich die Form der Perle ein wenig, so dass sie wahrscheinlich wiedererhitzt und auf der Marbelplatte bearbeitet werden muss, damit sie wieder die gewünschte Form annimmt. Wenn Sie sehr gleichmässig harken, kann die resultierende

Tom Holland, Kette, Armband und Ohrringe mit gekämmten Perlen im Spinnenmuster, 5,1 x 3,8 cm (grösste Perle)

Photo: Tom Holland

Patricia Frantz (links u. rechts), zwei Doppelkegel mit seitlich verschobenem Muster, 3,8 cm lang (grössere Perle); Lorraine Yamaguchi (Mitte), gekämmt, 2,3 x 2,8 cm

Photo: Evan Bracken

Tom Holland (links), gekämmte Tafelperle, 4,1 x 2,7 cm; Tom Boylan (Mitte), Schnörkel-Tupfenperle mit seitlich verschobenen Enden, 4 cm lang; Tom Holland (rechts), gefurchter Doppelkegel, 3,7 cm lang

Photo: Evan Bracken

Form sehr schön sein, ohne dass sie neu geformt werden muss. Manche Perlenhersteller verwenden zum Harken der Perlen einen kalten Glasfaden statt eines Metallwerkzeugs. Da der Glasfaden leicht schmelzen oder abbrechen kann, erfordert diese Methode gute Kenntnisse, was die Hitzekontrolle betrifft. Tom Holland erklärt den Unterschied zwischen Kämmen und Federn so: Beim Federn einer Perle bewegt man das Werkzeug oder den Glasfaden über die Spirallinie hin und her, ohne das Werkzeug zur Richtungsänderung abzuheben, so dass eine lange Spur entsteht, die sich hin und her windet. Beim Kämmen wird jede ziehende Bewegung für sich ausgeführt.

**GUTER TIPP**

KATE FOWLE HAT FOLGENDEN TRICK FÜR DAS EINTAUCHEN IHRER DORNE GEFUNDEN: SIE TAUCHT SIE IN EIN HOHES, SCHLANKES GLAS, DAS MIT TRENNMITTEL GEFÜLLT IST, SO DASS ETWA ZWEI DRITTEL DER DORNE MIT TRENNMITTEL UMHÜLLT WERDEN UND IN DER MITTE EINE PERLE AUFGEBAUT WERDEN KANN. FÜR DETAILLIERTE ARBEITEN WIE DAS KÄMMEN UND AUFTRAGEN VON PUNKTEN KANN SIE DEN DORN DANN LEICHT DREHEN, SO DASS SIE IMMER IN DER FÜR SIE LEICHTESTEN RICHTUNG ARBEITET UND DIE HAND EINSETZEN KANN, MIT DER SIE NORMALERWEISE ARBEITET, OHNE SIE ZUR ANDEREN SEITE DER PERLE ÜBERKREUZEN ZU MÜSSEN.

## Seitliches Verschieben

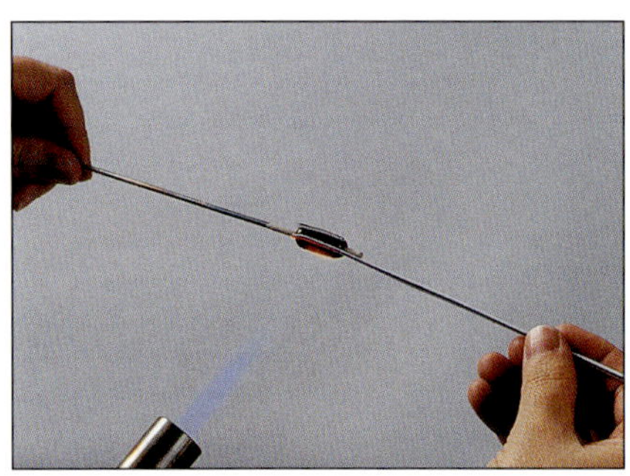

Für diese Technik stellen Sie einen langen Zylinder her, auf den Sie Ihren Glasfaden in parallelen Linien waagrecht über die Perle auftragen. Manipulieren Sie diese Linien entweder mit der scharfen Kante eines Graphitpaddels oder mit einer Messerklinge.

Halten Sie die Oberfläche der Perle so heiss, dass sie sich bewegt; halten Sie das Werkzeug senkrecht zu den Streifen fest an die Perle. Drehen Sie die Perle; dabei stark drücken, dass sich die Linien verzerren. Jetzt den nächsten Abschnitt erhitzen, das Werkzeug anlegen und die Perle in die andere Richtung drehen.

Setzen Sie dieses Verfahren fort, bis ein Fischgrätmuster entstanden ist. Eine ungerade Zahl von Zügen wirkt ausgewogener; versuchen Sie es zuerst mit drei.

Kristina Logan, Perlensortiment mit eingedrückten Tupfen, einfachen Tupfen und verdrehten Tupfen, 5,1 cm lang (grösste grüne Perle)

Photo: Dean Powel

Für eine stärker spiralförmige Verschiebung statt des zickzackförmigen Fischgrätmusters erhitzen Sie die gesamte Perle und verwenden Ihr Werkzeug schnell, um auf diese Weise nur die Enden der Perle in entgegengesetzte Richtungen zu drücken.

### Furchen

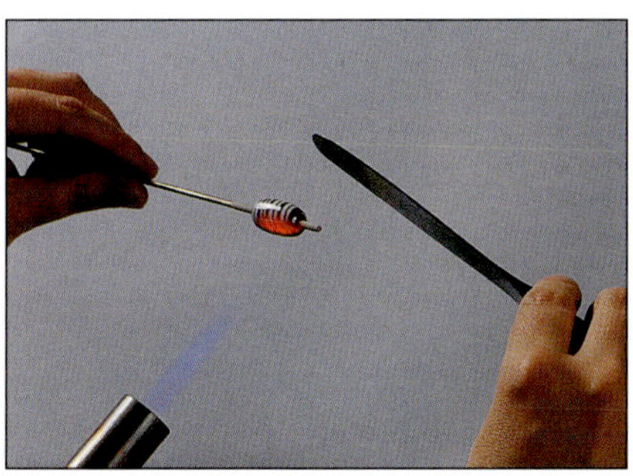

Das Furchen ähnelt dem Verfahren beim seitlichen Verschieben ein wenig, aber der Glasfaden wird wie beim Kämmen und Federn in einer Spirallinie aufgetragen. Mit einer Messerkante werden die Streifen alle auf einmal in eine Richtung gedrückt.

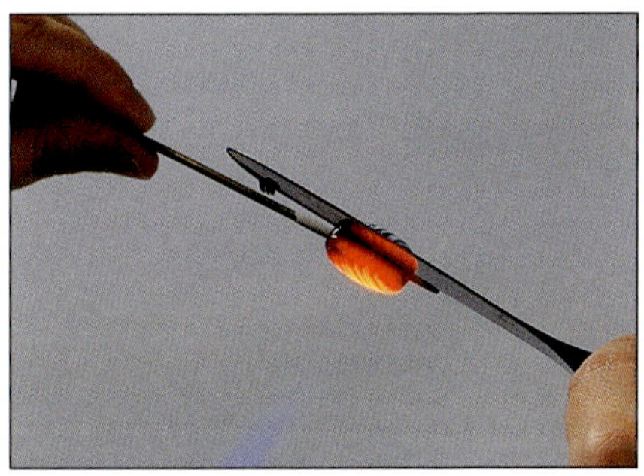

So werden die Linien getrennt und es entsteht ein Fischgrätmuster.

Cindy Jenkins, Federung (links), 2,6 cm lang; Furchung (Mitte), 2,4 x 1,8 cm; seitliche Verschiebung (rechts), 2,4 cm lang

Photo: Evan Bracken

## Drücken, Stossen, Einschneiden & Stechen

### Drücken & Stossen

Perlen lassen sich nicht nur mit der Marbelplatte, sondern mit vielen Werkzeugen formen. Im heissen Zustand können sie mit Metall-, Keramik- und Graphitobjekten eingedrückt werden, so dass an bestimmten Stellen Dellen entstehen.

Überlegen Sie, welche Gegenstände Sie als Werkzeug verwenden können, wobei Sie bedenken sollten, dass alles, was Sie verwenden, ruiniert werden kann. Zangen sind in fast jedem Haushalt anzutreffen und mit ihnen können Perlen eingedrückt, gezogen und strukturiert werden.

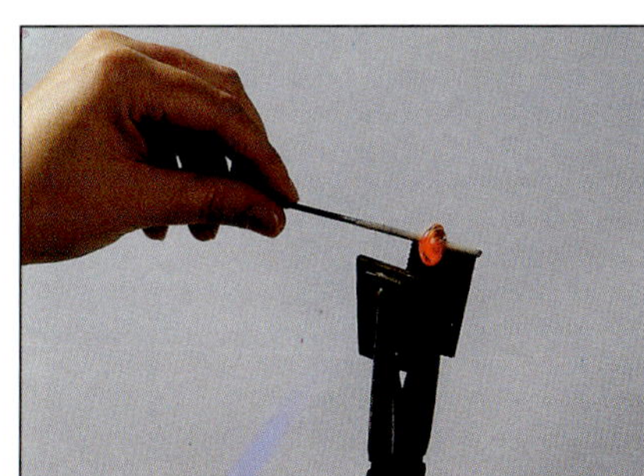

Es gibt spezielle Zangen für Lampenarbeiten, die mit Blattadermustern versehen sind und Ihren Perlen ein schönes Aussehen verleihen können. Denken

Oben links: Mary Klotz, zusammengedrückte Blätter, 2,3 x 4,6 cm (grösste Perle); Sue Richers Elgar, zusammengedrückte bernsteinfarbene Anhängerperle, 2,4 x 1,5 cm

Photo: Evan Bracken

Oben rechts: Lavana Shurtliff (oben), Lavendelperle mit eingedrückten, umhüllten Tupfen, 2,6 x 1,9 cm; Kristen Frantzen Orr, vier Blütenperlen: *Frühlingsgarten* (links), 1,8 cm im Durchmesser; *Kleine pinkfarbene Lilien* (obere Mitte), Ø 1,6 cm; *Garten bei Tagesanbruch* (untere Mitte), Ø 2 cm; *Wildblumenzylinder* (rechts), 2,8 cm lang; alle mit eingedrückten und umhüllten Tupfen

Photo: Evan Bracken

Mitte: Pati Walton, *Calla-Garten*, eingestochene Blüte, 3,8 x 3,2 cm

Photo: Mike Bush

Unten: Audrie Wiesenfelder, *Karamellfarbener Schmetterling*, 3,8 x 1,6 cm

Photo: Tom Van Eynde

Sie daran, jeden Bereich, den Sie mit einem kalten Werkzeug formen, wiederzuerhitzen. Der gekühlte Bereich kann von der Perle abbrechen, wenn Sie nicht die Hitze in der Perle ausgleichen.

## Einschneiden

Sie können eine normale Schere verwenden, um Ihre Perle einzuschneiden.

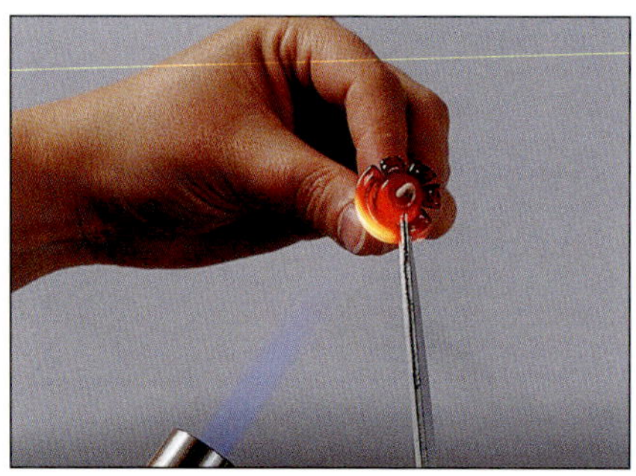

Eine dünne, scheibenförmige Perle wikkeln, an an einigen Stellen einschneiden.

Werden diese eingeschnittenen Teile zusammengedrückt, entsteht eine blumenartige Perle. Darauf achten, die Perle nicht zu stark einzuschneiden; dies könnte die Perle vom Dorn lösen, so dass Sie Ihre Arbeit nicht beenden können. Eine Schere mit scharfen, dünnen Klingen ist am besten geeignet.

## Stechen

Über einer Stelle, die eingedrückt oder in die Perle hinein gestochen wurde,

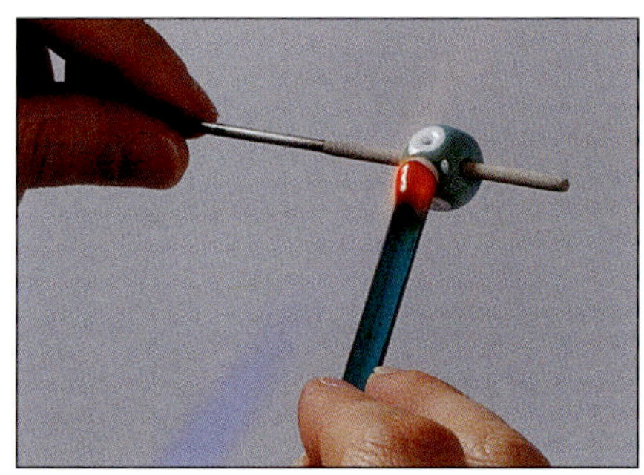

wird ein transparenter Glastupfen hinzugefügt.

Dabei wird eine winzige Luftblase in der Perle eingefangen, die durch den transparenten Bereich sichtbar ist.

Patricia Sage hat eine Variation dieser Technik entwickelt, das »florale Stechen«. Stellen Sie eine dicke Perle aus Klarglas oder in einer transparenten Farbe her. Fügen Sie um einen oder mehrere Punkte Tupfen hinzu.

Für Tiefenwirkung über den ersten weitere transparente Tupfen hinzufügen.

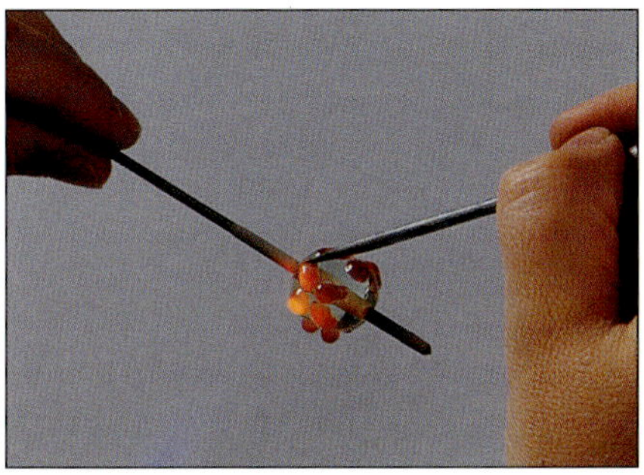

Harken Sie die Tupfen nach aussen, damit sie spitzer werden. Dies unterstreicht die Tiefenwirkung noch stärker.

Arbeiten Sie so viele Tupfenanhäufungen auf der Perlenoberfläche, wie Sie mögen.

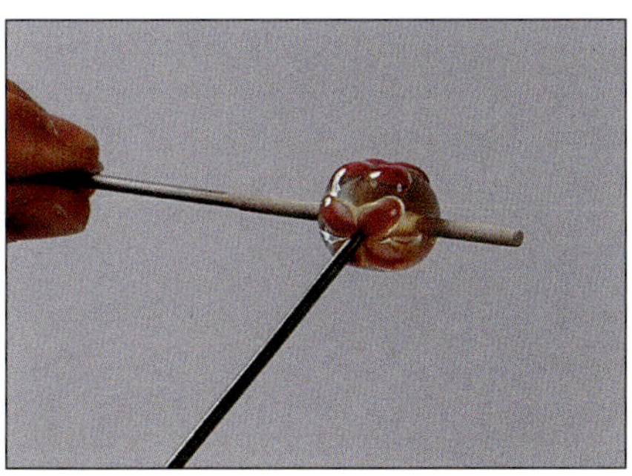

Überhitzen Sie das Zentrum der ersten Tupfengruppe und stechen Sie einen Wolframhaken direkt in das Zentrum ein. Dabei werden die Innenkanten der Farbtupfen in den Boden hinein gedrückt, so dass eine dreidimensionale Wirkung entsteht.

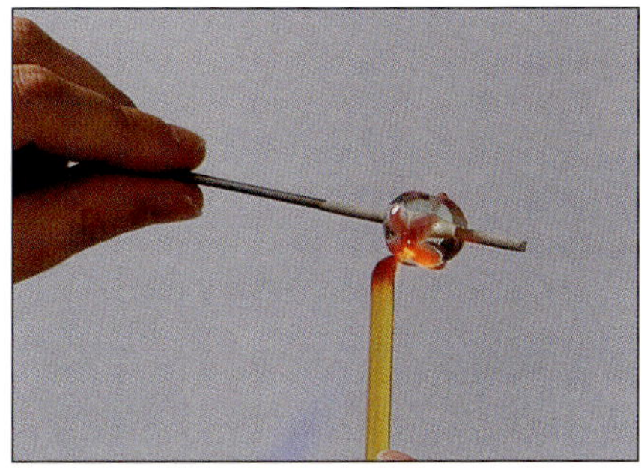

Mit einer hellen, transparenten Farbe fügen Sie über dem eingestochenen Loch einen Glastupfen hinzu.

Statt eines Wolframhakens kann man einen robusten kalten Glasfaden nehmen, um das Loch in die Mitte zu stechen. Dabei bleibt eine Glasfadenlinie an der Blüte zurück. Für eine noch realistischere Wirkung nehmen Sie drei bis fünf Filigrana-Stangen zusammen, die Sie erhitzen und zu einem einzelnen Glasfaden ziehen. Wenn Sie diesen zum Einstechen nehmen, bleiben in der Blütenmitte staubblattartige Fäden zurück.

Cindy Jenkins, von links nach rechts: eingestochene Blüte, 1,8 x 1,6 cm; zusammengedrückte Perle, 1,4 x 1,8 cm; eingeschnittene Perle, 0,6 x 2,3 cm; eingedrückte Perle, 1,1 x 1,5 cm

Photo: Evan Bracken

Oben: Patricia Sage, Perle mit eingestochener Blüte, 1,3 x 3,5 cm

Photo: Evan Bracken

Mitte: Karen Ovington, *Fischtotem*, zusammengedrückte Flossen, 4,4 cm lang

Photo: Evan Bracken

Unten: Kristina Logan, bernsteinfarbene Fassperle mit eingedrückten Tupfen, 3,2 x 3,2 cm

Photo: Dean Powel

Ganz links: Stevi Belle (ganz rechts), *Göttinengefäss*, Goldblatt, 8,2 cm hoch; Susan Simonds (Zylinder oben), *Latticino-Phantasieperle*, Goldblatt, 3,9 cm lang; Susan Simonds (Tafelperle unten), Golddukaten, Goldblatt, 3 x 3 cm; Scott Turnbull, *acht kleinere Perlen*, Goldfolie, 2,5 x 1,5 cm (durchschnittliche, spiralförmig gedrehte Perle)

Photo: Evan Bracken

Links: Brian Kerkvliet, *Fänger des Mitternachtstraums*, galvanisch behandelte Metalle, 3,8 x 6,4 cm

Photo: Brian Kerkvliet

## Metalle dazugeben

### Metallfolie

Auch die einfachste Perle wird durch Zugabe von etwas Silber oder Gold zu einem besonderen Stück. Silberfolie ist gut geeignet, da sie preiswert ist und sich leicht verwenden lässt. Folie ist etwa fünfmal dicker als Metallblatt und lässt sich leichter handhaben. Während es beim Metallblatt schon schwierig ist, es aus der Packung zu nehmen, kann Folie mit den Fingern aufgenommen und gehandhabt und mit einer normalen Schere zugeschnitten werden.

Schneiden Sie einen Streifen ab, der sich ganz um die Perle wickeln lässt.

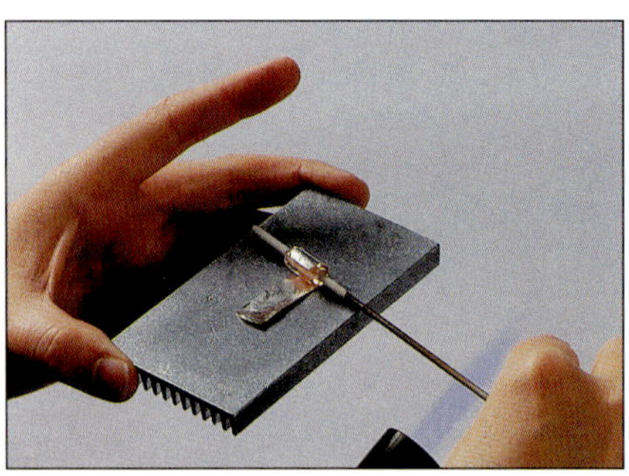

Legen Sie den Streifen Silberfolie auf die Marbelplatte und legen Sie diese zur Seite, während Sie eine Kernperle herstellen. Erhitzen Sie die Perle, bis sie schön glüht; dann wird sie über die Folie gerollt. Wenn die Perle nicht heiss genug ist, wird sie die Folie nicht aufnehmen. Kein Problem – erhitzen Sie die Perle einfach wieder und versuchen Sie es erneut. Rollen Sie weiter, bis die gesamte Folie um die Perle herum ge-

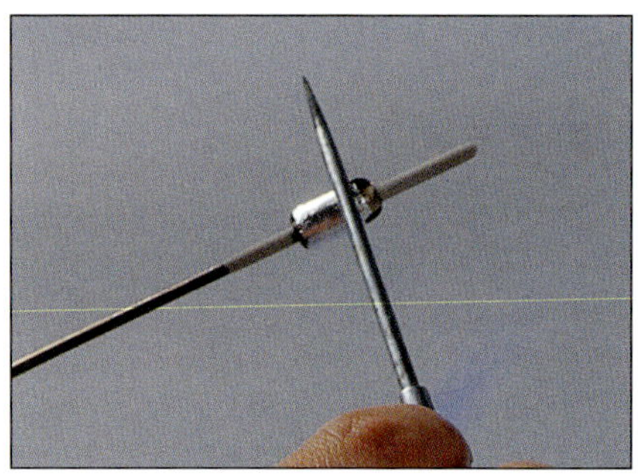

wickelt ist. Es macht nichts, wenn sich die Folie überlappt.

Bevor Sie die Perle wieder in die Flamme halten, verwenden Sie ein Werkzeug – etwa die Seite Ihrer Perlenkratze –, um die Folie fest auf das Glas aufzuwalzen. So werden Lufteinschlüsse entfernt und die Folie wird weniger leicht abbrennen.

Sie können die Perle auch mit einer Schicht aus klarem oder transparentem farbigem Glas umhüllen, so dass die Folie durchschimmern kann. Während Sie die umhüllende Farbe erhitzen und hinzufügen, versuchen Sie, die mit Silber bedeckte Perle der Flamme nicht stärker als nötig auszusetzen, um sie warm zu halten. Wenn sie zu stark erhitzt wird, verschwindet das Silber schliesslich.

Wenn das Silber auf der Perlenoberfläche nicht verhüllt werden soll, erhitzen Sie es gerade so viel, dass es zu fliessen beginnt und an der Perle haften bleibt. Bewegen Sie die Perle in die Flamme hinein und wieder heraus, während Sie sie drehen, damit das Silber nicht abbrennt.

### Festes Metall

Feiner Silberdraht oder Silberspäne können ebenfalls zur Verzierung von Perlen verwendet werden. Da Draht dicker ist als Folie, neigt er dazu, sich auf der Perlenoberfläche zusammenzuklumpen und einzelne Silberbereiche auf der Perlenoberfläche zu bilden.

### Goldblatt

Goldfolie ist einfacher zu verwenden als Goldblatt, aber sie ist recht teuer. Da Gold der Hitze besser widersteht als Silber, ist Goldblatt gut geeignet. Der schwierigste Teil der Arbeit mit Goldblatt besteht darin, es aus der Packung zu nehmen und auf die Marbelplatte zu legen, damit es mit der heissen Perle aufgenommen werden kann.

Goldblatt ist in Packungen zu 25 hauchdünnen Bögen abgepackt. Zwischen jedem Bogen liegt ein Stück Trennpapier, das nicht an dem Goldblatt haftet.

Rechts: Brian Kerkvliet, türkisfarbene Fassperle mit spiralenförmiger Umwicklung aus Silberfolie, 2,7 x 1,8 cm

Photo: Evan Bracken

Ganz rechts: René Roberts, drei Fassperlen und eine steinförmige Perle, Goldblatt, 3,3 x 1,8 cm (grösste Fassperle)

Photo: Evan Bracken

Falten Sie das Trennpapier vorsichtig zurück, so dass die Oberseite des ersten Bogens Goldblatt sichtbar wird. Luftzug vermeiden; die feinste Bewegung kann dazu führen, dass der Bogen knittert oder weggeblasen wird. Legen Sie ein Stück Schreib- oder Schreibmaschinenpapier, das etwas grösser als das Goldblatt ist, auf den Bogen. Drehen Sie die ganze Packung herum und ziehen Sie das Zwischenblatt vom selben Goldblatt von der anderen Seite zurück. Legen Sie ein weiteres Stück Papier auf die Rückseite des Goldblatts. Nun liegt das Goldblatt zwischen zwei Stücken Papier und kann aus der Packung geholt werden.

Jetzt, da das Goldblatt geschützt ist, können Sie mit einer Schere Streifen oder Quadrate aus dem Bogen ausschneiden. Wenn Sie das Goldblatt berühren, bleibt es an der Haut kleben und ist nur sehr schwer zu entfernen.

Um ein Werkzeug herzustellen, mit dem Sie das Goldblatt manipulieren können, ziehen Sie den ersten Bogen Trennpapier aus der Packung, schneiden ihn in

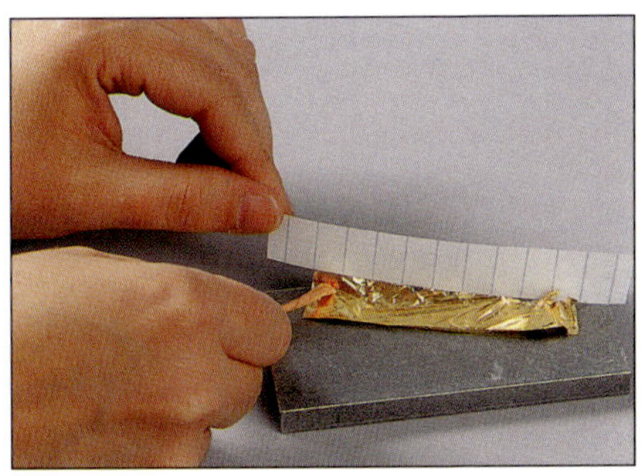

Streifen und rollen diese Streifen mit den Fingern zu zahnstocherartigen Zylindern zusammen.

Sie können diese Zylinder verwenden, um das Goldblatt von den Papierbögen zu entfernen und auf die Marbelplatte

zu legen. Es macht nichts, wenn das Goldblatt einreisst oder knittert – es lässt sich trotzdem verwenden. Legen Sie einen schmalen Papierstreifen auf das Goldblatt, damit es nicht wegfliegen kann, während Sie die Perle herstellen.

Wenn Sie fertig sind, rollen Sie die heisse Perle über das Goldblatt, um es mit der Perlenoberfläche aufzunehmen. Das auf der Oberfläche haftende Gold muss nicht unbedingt weiter umhüllt werden. Erhitzen Sie es, bis es leicht zu glänzen beginnt und über die Perlenoberfläche fliesst. Je stärker Sie das Gold erhitzen, desto stärker wird das Muster reissen und auseinander brechen. Umhüllen Sie das Gold vollständig oder teilweise mit transparentem Glas, falls Sie mehr Tiefe wünschen.

## Palladiumblatt

Palladium widersteht der Flamme viel besser als Silber. Palladiumblatt wird verwendet wie Goldblatt, doch es hat eine andere Wirkung. Palladium sieht zuerst silbern aus, nimmt aber abhängig von der Hitzemenge verschiedene Töne an. Blau, Grau, Taubenblau und Grün sind nur einige der Farben, die Sie sehen werden. Aufgrund der beim Umhüllen eingesetzten Hitze wird Palladium im umhüllten Zustand meist silbern aussehen. Die anderen Farben entstehen bei niedrigeren Temperaturen und nicht bei den hohen, die normalerweise zum Umhüllen nötig sind. Obwohl Palladium nicht so berechenbar ist wie Gold und Silber, lassen sich durch Experimente interessante Effekte erzielen.

Oben links: René Roberts, *Atlantis-Serie*, Goldblatt, 4,4 x 1,9 cm

Photo: George Post

Oben rechts: Stevi Belle (ganz links), *Asteroid*, 6 x 3,8 cm; Stevi Belle (oben), *Asteroid*, Goldblatt, 5,6 x 3 cm, beide mit Gold- und Silberblatt und Silberdraht; Inara Knight (unten), zwei lange Doppelkegel, mit Goldblatt und Silberdraht akzentuiert, 4,5 cm lang

Photo: Evan Bracken

Mitte links: Mary Klotz, sechs Perlen mit Kupferkern, 1,2 x 5 cm lang

Photo: Evan Bracken

Mitte rechts: Audrie Wiesenfelder, kobaltblaue Tafelperle mit Silberfolie und -draht, 3,8 x 3,6 cm

Photo: Tom Van Eynde

Unten: René Roberts, *Moos-Serie*, Goldblatt, 4,4 x 1,3 cm

Photo: George Post

**GUTER TIPP**

DIE LEICHTESTE MÖGLICHKEIT, KUPFERROHR ZU SCHNEIDEN, OHNE ES UMZUFALZEN, IST DIE VERWENDUNG EINES TEPPICHMESSERS. ROLLEN SIE DAS ROHR UNTER DEM MESSER HIN UND HER, SO DASS DAS MESSER EINE FURCHE IN DAS ROHR SCHNEIDET. BRECHEN SIE DAS ROHR MIT DEN FINGERN ODER EINER ZANGE (VORSICHTIG !) AUSEINANDER. BIEGEN SIE VON DER EINGERITZTEN SEITE WEG, DA SIE VERSUCHEN, DIE FURCHE ZU ÖFFNEN.

## Rohrstrang aus Metall

Es entsteht eine schöne Wirkung, wenn man eine klare oder helle, transparente Perle um ein Stück Kupferrohrstrang wickelt. (Hazel Teefy hat mich auf diese Idee gebracht.) Das Kupfer reagiert mit

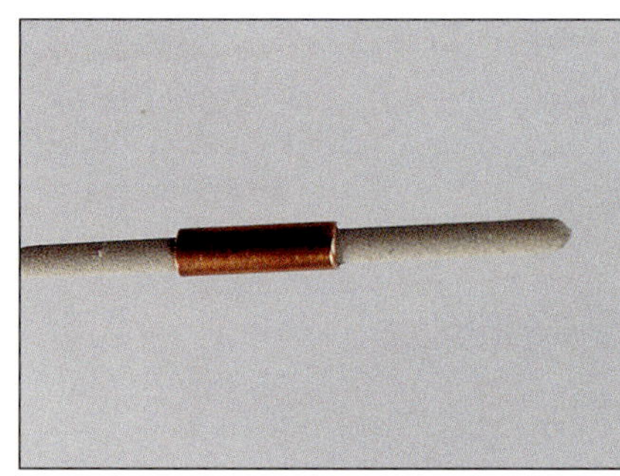

der Hitze und nimmt ein dunkles glänzendes Burgunderrot an. Ich habe festgestellt, dass Kupferrohrstrang von 4 mm Durchmesser und Dorne von 2,4 mm Durchmesser gut dafür geeignet sind. Nachdem der Dorn wie üblich mit Trennmittel versehen wurde, schneiden Sie den Kupferrohrstrang etwas kürzer als die Länge der gewünschten Perle zu.

Schieben Sie den Kupferrohrstrang auf den Dorn, so dass das Trennmittel auf beiden Seiten sichtbar ist. Erhitzen Sie die Glasstange wie üblich; kurz bevor

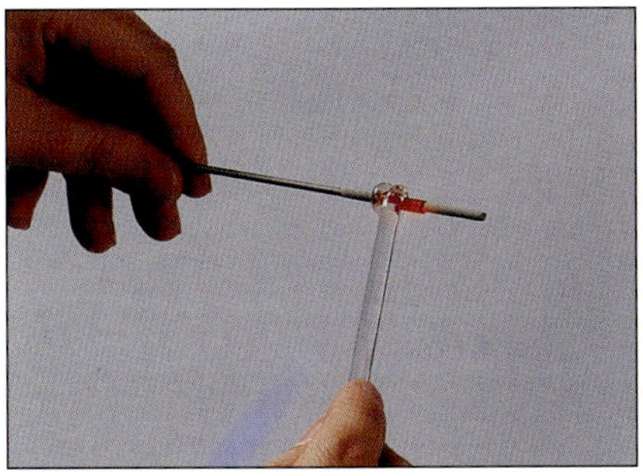

das Glas bereit zum Auftrag ist, erhitzen Sie das Kupfer auf dem Dorn ebenfalls.

Sobald das Kupfer glüht, fügen Sie das Glas hinzu. (So auftragen, dass es am Dorn und am Kupfer zugleich haftet.) So wird der Strang stabilisiert, so dass er sich nicht weiter dreht, während Sie ihn mit Glas umhüllen. Durch das zu beiden Enden des Kupfers aufgetragene Glas hat die entstehende Perle glatte Glasenden anstelle von scharfen Metallenden.

Cindy Jenkins, Kupferrohr (links), 2 cm lang; Silberfolie (Mitte), 1,7 x 1,7 cm; Goldblatt (rechts), 2 cm lang

Photo: Evan Bracken

## Einschlüsse und Oberflächenbearbeitungen

Man kann viele verschiedene Materialien zur Verschönerung der Perlenoberfläche verwenden. Neben Fritte, bei der es sich um gemahlenes Glas handelt, haften andere Granulate und Pulver bereitwillig an heissem Glas. Tatsächlich werden alle Krümel, die mit der heissen Perlenoberfläche in Kontakt kommen, aufgenommen und festgehalten, egal, ob dies beabsichtigt war oder nicht. Aus diesem Grund ist es wichtig, dass all Ihre Werkzeuge sauber bleiben.

Hier sind einige Materialien aufgeführt, mit denen Sie Ihre anderen Dekorationstechniken vorteilhaft zur Geltung bringen können.

### Mika

Mika ist eine inerte organische Substanz, die ein wenig an Glimmer erinnert. Da Mika bei den zur Perlenherstellung eingesetzten Temperaturen nicht schmilzt, wirkt es schöner, wenn es sparsam verwendet und zwischen Glasschichten eingeschlossen wird. Dabei entstehen glitzernde Flecken, die durch die obere transparente Schicht vergrössert werden.

### Lüsterpulver

Dabei handelt es sich um sehr feine puderartige Pulver. Sie sind in vielen Farben erhältlich und werden auf die Oberfläche der heissen Perle gerollt. Je nach gewünschtem Effekt können Lüsterpulver auf der Oberfläche weiter umhüllt werden oder bleiben, wie sie sind.

### Emailpulver

Emailpulver ist eine spezielle Art von fein gemahlenem, farbigem Glas. Ein guter Grund für die Arbeit mit Email ist die Erweiterung der verfügbaren Farbpalette. Eine dünne Emailschicht auf der Perlenoberfläche kann eine vorhandene Farbe intensivieren oder eine neue Farbe kreieren und ein leichtes Einstauben mit dem Pulver sorgt für eine fleckige Wirkung.

Oben: Karen Ovington, Hohlperle mit Fritte und Pulvern auf der Oberfläche, 3 x 2 cm

Photo: Tom Van Eynde

Unten: Stevi Belle, *Antikes lilafarbenes Gefäss* (links), 7,6 x 3 cm, und *Spiralförmig verlaufender Zylinder* (rechts), 5,7 x 2,2 cm; beide mit Pulvern, Fritte und anderen Oberflächenbehandlungen

Photo: Evan Bracken

Links: Stevi Belle und Audrey Forcier, *Antike grüne Kette*, Pulver und Fritte, 7,6 x 3,2 cm (grösste Perle)
Photo: Jerry Anthony

Oben: Jana Burnham, facettierte Perlen mit Metallpulvern, 6,4 cm im Durchmesser (im Durchschnitt)
Photo: Ralph Gabriner

Emaillen schmelzen, aber vermischen sich nicht miteinander. Wenn Sie blaues und gelbes Email mischen, erhalten Sie kein Grün; statt dessen entstehen winzige blaue und gelbe Flecken. Eine Umhüllung vergrössert diese Wirkung, so dass Ihnen eine ganze Schatzkammer an Dekorationsideen zur Verfügung steht. Da ein Email eine sehr dünne Farbschicht auf der Kernperle entstehen lässt, können Sie das Email mit einem Gravurwerkzeug durchschneiden, so dass die Kernperle darunter sichtbar wird und ein Muster mit zwei Farbtönen entsteht. Mit Hilfe dieses im kalten Zustand durchgeführten Verfahrens kann man Buchstaben, Symbole, Linien etc. auf der Perlenoberfläche auftragen.

Als Umhüllung verwendete Emailpulver ergeben eine sehr dünne Schicht, mit der sich Umrissdetails arbeiten lassen. Wenn Sie etwa weisses Glas in rotem Emailpulver rollen und es dann in eine Herzform geben, entsteht ein weisses Herz im Zentrum mit einer dünnen roten Umrisslinie. Wenn das Herz mit einer weiteren Farbe umhüllt wird, erscheint die dünne rote Schicht im Gesamtdesign als ganz zarte Linie.

Lüsterpulver (oben rechts), Emailpulver (oben links), Mika (unten)

## Kommerziell erhältliches Millefioriglas

Effetre produziert ein umfangreiches Sortiment an Musterscheiben, die als *millefiori* bezeichnet werden. (Eine einzelne Scheibe wird *millefiore* genannt.) Das aus dem Italienischen stammende Wort bedeutet »tausend Blumen« und wahrscheinlich haben Sie Millefiori in Briefbeschwerern und anderen Ziergegenständen gesehen. Sie werden in der Effetre-Fabrik in Italien, wo sie von Glasstangen abgeschnitten werden, von Hand gefertigt.

Die Stangen, von denen Millefiori abgeschnitten werden, werden zuerst in einem recht grossen Format hergestellt. Mit vielen Schichten aus farbigen Glasstangen und modellierten Formen werden detaillierte Muster aufgebaut, so dass Blumen, Sterne, Herzen, Ochsenaugen usw. entstehen. Jedes grosse Muster wird in einem Ofen erhitzt und dann zu einem langen, dünnen Glasstab gezogen. Dabei bleiben alle Musterdetails erhalten, sie werden jedoch verkleinert. Dann wird die Glasstange in Scheiben von etwa 3 mm Stärke ge-

**GUTER TIPP**

EFFETRE-MILLEFIORI SIND MIT EFFETRE-GLAS KOMPATIBEL, ABER NICHT MIT ANDEREM SCHMELZBAREM GLAS.

schnitten. Jede Scheibe weist ein winziges Muster im Querschnitt auf und ist ein Miniaturkunstwerk.

Zuerst legen Sie eine beliebige Zahl Millefiori auf die Marbelplatte. Wenn Sie zum Vorheizen der Millefiori nicht über eine Heizplatte oder eine elektrische Pfanne verfügen, sollten Sie keine Millefiori verwenden, die – egal in welcher Richtung – grösser als 3 mm sind. Der plötzliche Wärmestoss, der entsteht, wenn das kalte Glas die heisse

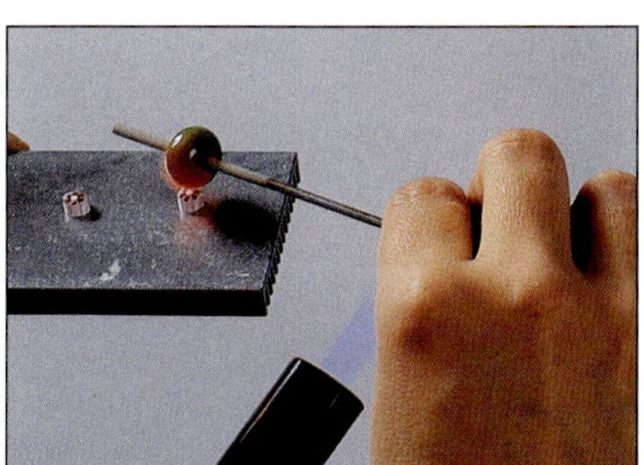

Perle berührt, könnte die Millefiori zerspringen lassen.

Stellen Sie die Kernperle in der gewünschten Grösse her; dann erhitzen Sie einen Bereich, bis er glüht. Wenn die Oberfläche nicht heiss genug ist, bleibt die Millefiori-Scheibe nicht haften.

Jetzt drücken Sie die heisse Stelle direkt auf die Millefiori-Scheibe, nehmen sie auf und halten die Perle sofort wieder in die Flamme. Wenn die gesamte Millefiori-Scheibe heiss ist, drücken Sie die Perle direkt auf Ihre Marbelplatte oder den Graphitpaddel, wobei Sie festen, gleichmässigen Druck ausüben. Achten Sie darauf, dass sie keinen seitlichen Druck ausüben, da dadurch die Millefiori-Scheibe verschmieren könnte. Nehmen Sie weitere Scheiben auf und hal-

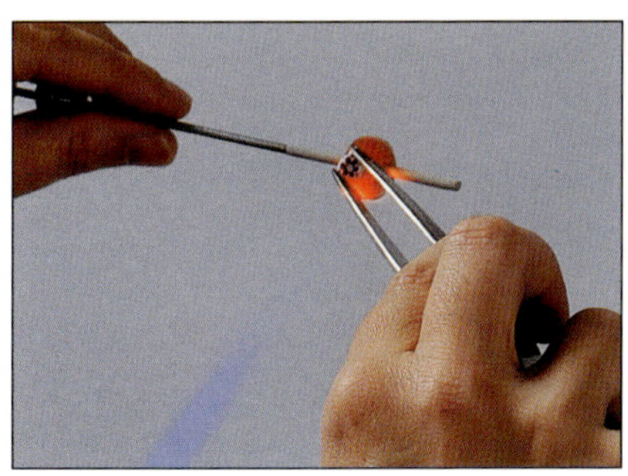

ten Sie die Perle jedesmal in die Flamme, bis die Perle mit der gewünschten Menge Millefiori versehen ist. Verwenden Sie Marbelplatte oder Paddel.

Um Millefiori präziser zu plazieren, können Sie sie direkt mit der Pinzette

Oben links: Pati Walton, *Delphinenperle*, kommerzielles Millefioriglas auf dem Meeresboden unter dem handgefertigten Delphin, 3,8 x 3,2 cm

Photo: Mike Bush

Oben Mitte: David Vogt, Torso, Lüsterpulver, 3 x 1,5 cm

Photo: Evan Bracken

Oben rechts: Kate Fowle, »Stein«-Perlen mit Emailpulvern, Gold und handgefertigten Millefiori, 3 x 1,7 cm

Photo: Evan Bracken

Unten: René Roberts, *Stein-Serie*, metallene Färbemittel, 3,8 x 1,9 cm

Photo: George Post

G.G. Havens, *Goldfische*, zusammengedrückte Schwanzflossen, 1,9 x 3,4 cm; Jacob Fishman, Hummel, zusammengedrückte Flügel, 1,7 x 2,9 cm

Photo: Evan Bracken

**GUTER TIPP**

DRÜCKEN SIE JEDE MILLEFIORI-SCHEIBE FEST IN DIE PERLENOBERFLÄCHE. WENN MILLEFIORI SCHMELZEN, NEIGEN SIE ZUM KLUMPEN, WOBEI SICH DIE KANTEN ZUR MITTE ROLLEN, SO DASS BISWEILEN DAS MUSTER NICHT MEHR SICHTBAR IST. WENN SIE EINZELN IN DIE PERLE GEDRÜCKT WERDEN, BREITET SICH DAS MUSTER AUS UND SETZT SICH. ACHTEN SIE AUF GLEICHMÄSSIGEN DRUCK, SO DASS DIE SCHEIBE NICHT SEITLICH VERSCHMIERT! WENN SIE NICHT WÜNSCHEN, DASS SICH DAS MUSTER AUSBREITET, ÜBERHITZEN SIE DIE GEWÜNSCHTE STELLE; DANN DRÜCKEN SIE EINE MILLEFIORI-SCHEIBE IN DEN KÖRPER DER PERLE, SO DASS SIE MIT DER PERLENOBERFLÄCHE ABSCHLIESST, STATT SIE HERVORSTEHEN ZU LASSEN. MIT EINER PINZETTE ODER KRATZE ZIEHEN SIE DIE KERNPERLE ENG AN DIE MILLEFIORI-SCHEIBE HERAN; SO ENTSTEHT EIN DAMM, DER EIN AUSBREITEN VERHINDERT.

auf die heissen Teile der Perle aufsetzen. Dies ist einfacher, wenn Sie die Millefiori auf einer Heizplatte oder einer am Brenner befestigten Marbelplatte vorwärmen. Andernfalls müssen Sie sie mit der Pinzette halten und sie schnell mehrmals durch die Flamme führen. Wichtig ist, sie gerade so stark zu erhitzen, dass sie beim Auftragen durch den Wärmestoss nicht zerspringen, aber nicht so stark, dass sie an der Pinzette kleben.

Wenn Sie mit Effetre-Millefiori arbeiten, die weisses Glas enthalten, führen Sie die Perle zum Formen nicht durch die Flamme. Der Prozess beim wieder-

holten Abkühlen und Wiedererhitzen lässt Kristalle wachsen, so dass die weissen Teile der Millefiori ihre glänzende (glasige) Oberfläche verlieren. Diese Kristallisierung des Glases wird als »Entglasung« bezeichnet.

Wenn Ihre Millefiori ihr glänzendes, glasiges Aussehen verlieren, halten Sie die Perle wieder in die Flamme und erhitzen sie erneut, bis die Oberfläche ganz flüssig wird und die Millefiori »neu glasiert« werden. Anschliessend nehmen Sie die Perle aus der Flamme und halten sie nicht wieder hinein.

Versuchen Sie, Ihre Millefiori nicht bis zum Entglasungspunkt abkühlen zu lassen. Tragen Sie die Millefiori auf, erhitzen Sie die Perle und hören Sie auf.

Manche Glasformeln neigen besonders leicht zur Entglasung und offensichtlich ist dies bei dem für Millefiori verwendeten weissen Glas und bei den Kernen der meisten Filigrana-Stangen der Fall. Wenn Sie die Perle weiter formen wollen, können Sie dieses Problem vermeiden, indem Sie schnell jede Millefiori-Scheibe mit einem Tropfen Klarglas umhüllen.

Cindy Jenkins, Millefiori-Sortiment und Perle mit aufgetragener Millefiori-Scheibe, 1,1 x 1,5 cm

Photo: Evan Bracken

Inara Knight, *Kette in Lichttönen*, dichroitisches Glas, modellierte Perlen, 3 x 2,7 cm (durchschnittlich grosse Perle)

Photo: Evan Bracken

## Eigene Millefiori herstellen

Früher oder später werden Sie wahrscheinlich eigene Millefiori herstellen wollen. Dadurch werden Ihre Perlen nicht nur zu Unikaten, sondern Farben und Entwürfe können ganz nach eigenem Geschmack eingesetzt werden. Die weissen Bereiche entglasen nicht wie bei kommerziellen Millefiori und Sie können eine zeitgenössische Palette wählen, die Ihnen sonst nicht zur Verfügung steht. Wenn Sie sich Glasstangen im Querschnitt vorstellen, werden Ihnen viele handgearbeitete Musterscheiben einfallen. (Abb. 1 zeigt mehrere Ideen.)

### Einfache Millefiori

Die einfachste Form von Millefiori ist ein umhüllter Glasstab, den Sie dicker als einen Glasfaden ziehen. Stellen Sie einen umhüllten Glasstab her und ziehen Sie ihn nach Belieben zu einer Dicke von 3 oder 6 mm. Schneiden Sie ihn mit einer Kneifzange in Scheiben und verwenden Sie diese genau wie fertig erhältliche Millefiori. Ein klares Zentrum dient als »Fenster«, das die darunter befindliche Kernperle offenbart.

### Windrädchen-Millefiori

Eine interessantere Wirkung lässt sich durch die Kombination einiger einfacher Techniken leicht erzielen.

*Abbildung 1*

Gegenüber links: Don Schneider, vier Röhrenperlen mit handgearbeiteten Millefiori, 4 x 2 cm (flache Röhrenperle links)

Photo: Evan Bracken

Gegenüber rechts: Dinah Hulet, Sortiment handgearbeiteter Millefiori, 1 cm im Durchmesser (grösste Perle)

Photo: Evan Bracken

Rechts: Brian Kerkvliet, Vasenperle mit Porträt-Millefiori, 4,8 cm hoch

Photo: Evan Bracken

Ganz rechts: Loren Stump, Muschelperle mit Delphinen aus von Hand gezogenen Glasstangen, 4,9 x 3,1 cm

Photo: Evan Bracken

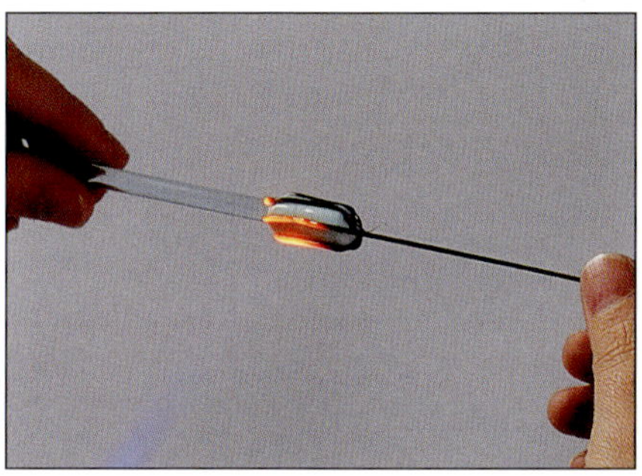

Für ein Windrad-Muster umhüllen Sie einen Kernstab mit einer Kontrastfarbe; dann versehen Sie die Hülle in einer Kontrastfarbe mit waagerechten Streifen.

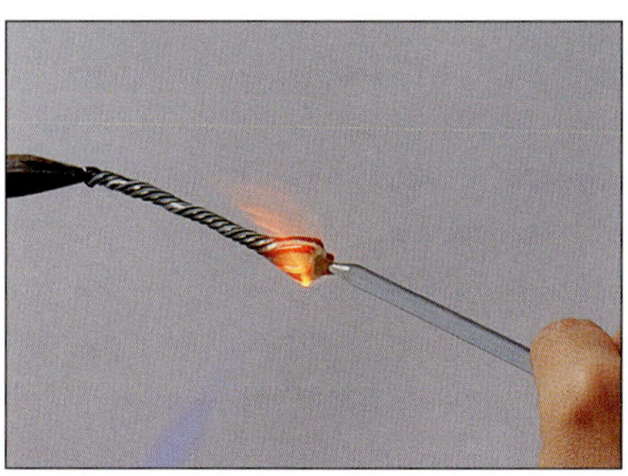

Ziehen Sie den Glasstab lang. Sie können ihn, falls gewünscht, drehen. (Nicht zu dünn ziehen!) In Scheiben geschnitten und auf die Perle aufgetragen, ergibt das Windrad eins von zwei möglichen Mustern. Wenn der Glasstab beim Ziehen nicht gedreht wird, entsteht ein zentraler Punkt, umgeben von geraden Linien (ein Stern); wenn er gedreht wird, entsteht ein Spiralmuster. Es handelt sich um eine alte chinesische Technik, die man in vielen Farbkombinationen arbeiten kann.

## Mehrfarbige Glasstangen

Dies ist ein einfaches Muster, für das zwei oder mehrere kontrastierende Glasstangen mit Kreppband gebündelt werden; sie werden erhitzt und mit der Abflachzange zu einem glatten Zylinder geformt.

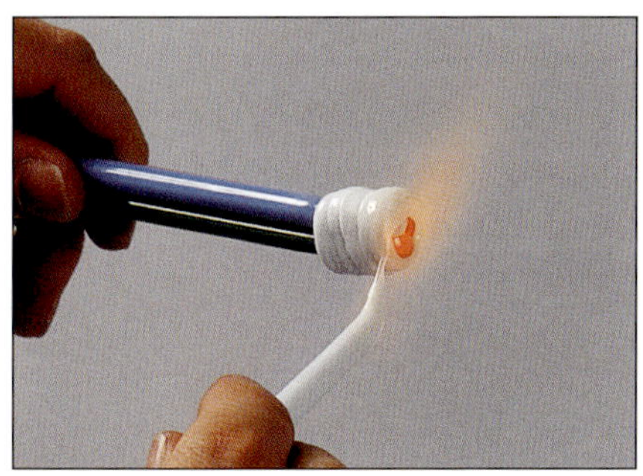

Falls gewünscht, kann das Bündel mit einer weiteren Farbe umhüllt werden.

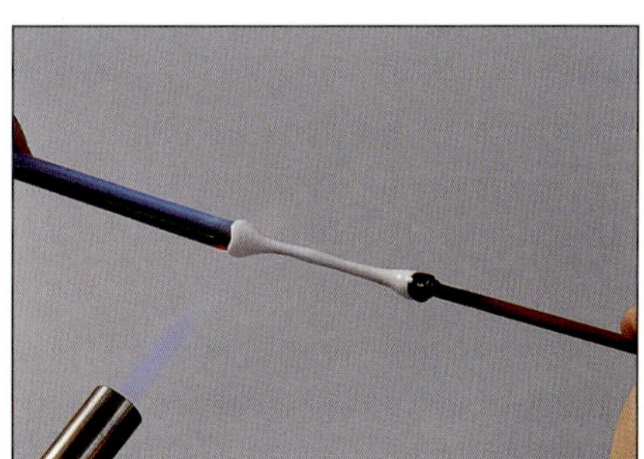

Lang gezogen und in Scheiben geschnitten, entsteht ein wirkungsvolles Muster. Wenn es komplexer werden soll, bündeln Sie drei dieser langgezogenen Stangen, bevor Sie sie erhitzen und umhüllen und erneut ziehen. Auf diese Weise werden die Teile immer kleiner.

## Modellierte Millefiori

Für das nächste Muster sind einige modellierende Arbeiten notwendig.

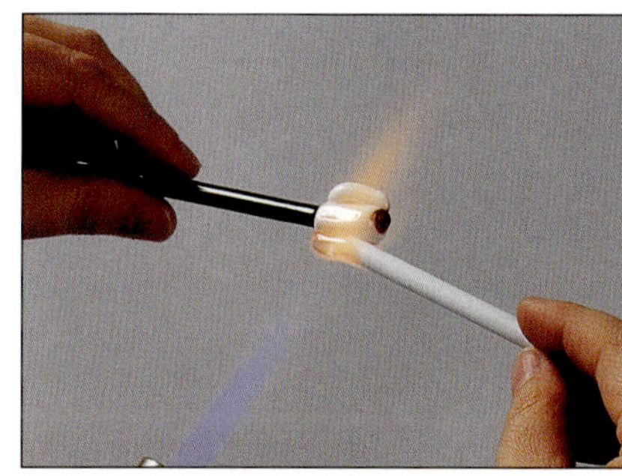

Beginnen Sie mit einem schwarzen Glasstab, den Sie für einen schönen Kontrast mit Weiss umhüllen. Fügen Sie an gegenüberliegenden Seiten der Glas-

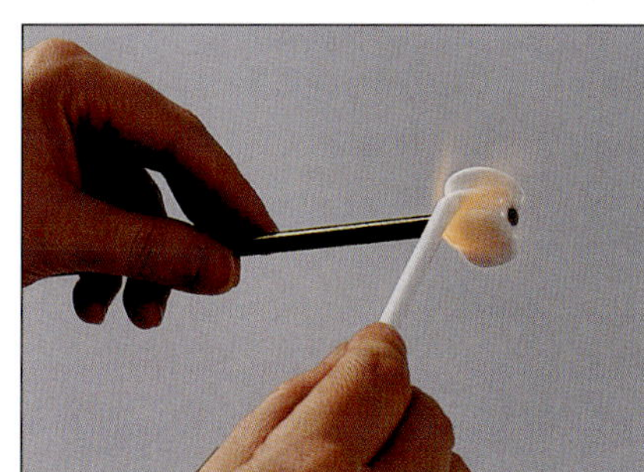

stange dicke weisse Streifen hinzu, so dass eine längliche Form entsteht.

Nehmen Sie ein Paddel, eine Abflachzange oder ein altes Messer, um die erhitzten Streifen abzuflachen; dann fügen Sie weitere weisse Streifen hinzu, um eine Augenform zu arbeiten. Wenn Sie mit der Form zufrieden sind, können

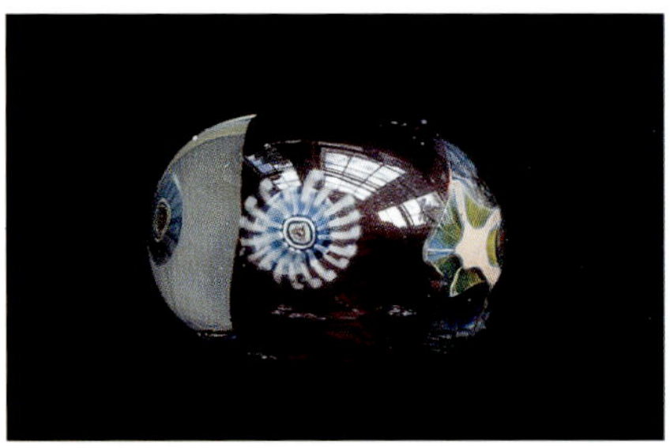

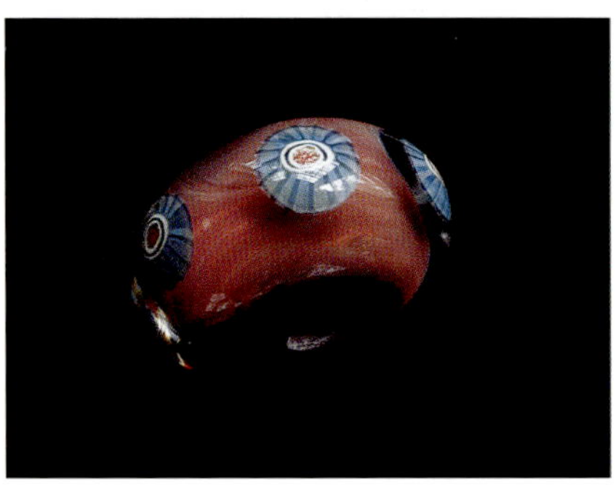

Oben: Nancy Pilgrim, Ozeanperle mit Fischen aus von Hand gezogenen Glasstangen, 4,7 x 2,5 cm

Photo: Evan Bracken

Mitte: Don Schneider, umhüllte Perle mit handgearbeiteten Millefiori, die auf die Hülle aufgebracht wurden, 1,8 x 2,2 cm

Photo: Bill Bresler

Unten: Don Schneider, umhüllte Perle mit handgearbeiteten Millefiori, die auf die Hülle aufgetragen wurden, 1,8 x 2,2 cm

Photo: Bill Bresler

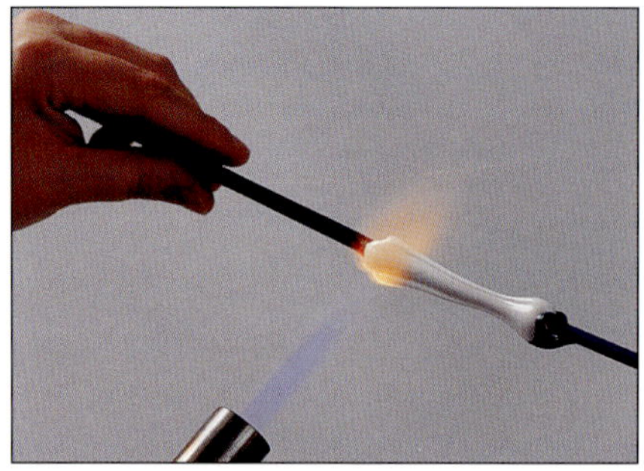

Sie sie mit Schwarz oder einer anderen Kontrastfarbe umhüllen.

Führen Sie letzte Formungsarbeiten durch, ziehen Sie die Glasstange lang und schneiden Sie sie mit einer Kneifzange in Scheiben, so dass ein Augenmuster entsteht.

### In Formen hergestellte Millefiori

Zur Herstellung von Millefiori gibt es spezielle Werkzeuge, die als »optische Formen« bezeichnet werden. Dabei handelt es sich um kleine Aluminiumformen mit einfachen Mustern, die spitz zulaufend in die Formen eingeschnitten sind. In den grösseren oberen Bereich der Form kann man eine recht grosse

**GUTER TIPP**

Das Verwenden der herzförmigen optischen Form ist am einfachsten. Beginnen Sie damit!

Kugel aus geschmolzenem Glas geben. Die sich verjüngende Form erleichtert das Entfernen des heissen Glases, nachdem es die entsprechende Form angenommen hat. Falls Sie eine Form verwenden, stellen Sie sie auf die Marbelplatte, da sie unten offen ist.

Bei Verwendung einer optischen Form erhitzen Sie eine Glasstange, bis Sie eine recht grosse Kugel geschmolzenes Glas haben. (Achten Sie darauf, dass die

heisse Glaskugel nicht so breit ist, dass sie nicht in die Öffnung der Form passt.)

Zentrieren Sie das Glas über der Öffnung und drücken Sie das Glas schnell auf den Boden der Form. Während Sie das Glas nach unten drücken, erhält es durch die Form das richtige Aussehen.

Sie müssen recht schnell arbeiten, da die Form schnell die Hitze des Glases absorbiert, so dass es erstarrt.

Wenn Sie das Glas aus der Form nehmen, werden Sie feststellen, dass es die Form der verwendeten Form angenommen hat.

Nun umhüllen Sie die Glasform mit einer Kontrastfarbe. Zum Umhüllen einer komplexen Form tragen Sie die umhüllende Farbe in parallelen, längs verlaufenden Streifen auf, statt die Glasstange zu umwickeln, wie es beim Umhüllen der anderen Glasstangen der Fall war. Beginnen Sie an dem Ende, an dem die Form an der Glasstange befestigt ist, und tragen Sie den Streifen der Länge nach zur Spitze hin auf. Füllen Sie alle Einbuchtungen zuerst aus; dann arbeiten Sie sich um die gesamte Form herum vor.

Achten Sie darauf, dass Sie beim Umhüllen keine Luft in Ihrer Glasstange

Oben links: Char Eagleton, Aquariumperlen. Die Fische wurden einzeln mit Glasfäden aufgetragen, 4 x 2,8 cm (grösste Perle)

Photo: Evan Bracken

Oben rechts: Brian Kerkvliet, *Fänger des goldenen Traums*, handgearbeitete Millefiori, 5,1 x 3,8 cm

Photo: Brian Kerkvliet

Rechts: Nancy Pilgrim, zwei Blütenperlen mit Gesichtern, 4,5 x 2,4 cm (grössere Perle)

Photo: Evan Bracken

einschliessen. Lufteinschlüsse hinterlassen feine Nadellöcher, so dass die lang gezogene Glasstange brüchig wird und schwer zu handhaben ist.

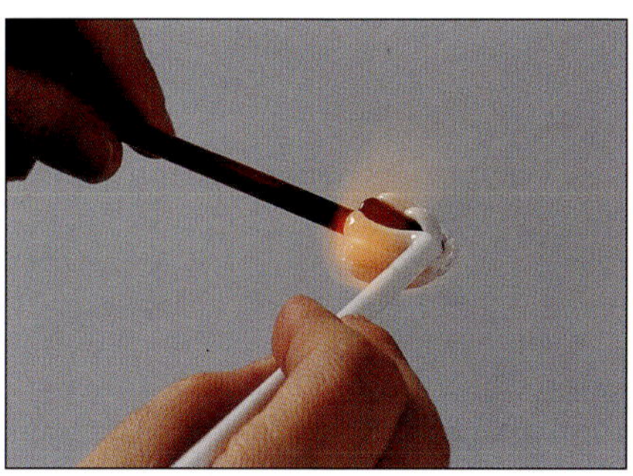

Die dann aufgetragenen Streifen des - umhüllenden Glases sollten den letzten Streifen vollständig von einem Ende zum anderen berühren. So lässt sich die Glasstange gleichmässig lang ziehen. Wenn die Form ganz umhüllt ist, verwenden Sie etwas Zeit darauf, die äussere Glashülle zu schmelzen und zu einem dicken runden Zylinder zu formen, ohne das innere Muster dabei zu drehen.

Wenn Sie mit der Glasstange zufrieden sind, befestigen Sie eine weitere Glas-

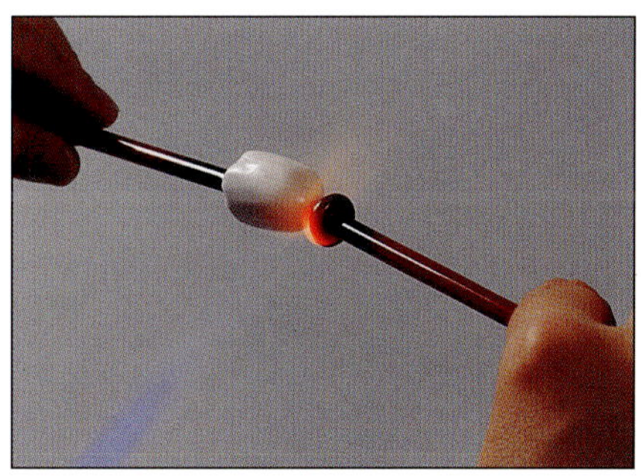

stange an der vorderen Spitze. Es ist wichtig, dass die Hülle in allen Bereichen Kontakt zu den Griffen hat, damit sich die gesamte Masse gleichmässig lang ziehen lässt. Bereiten Sie den zweiten Griff vor, indem Sie einen neuen Glasstab erhitzen und das heisse Ende auf eine Marbelplatte drücken, bevor Sie es an der Spitze Ihrer Glasstange befestigen. Dadurch wird das Ende der Glasstange breiter, so dass eine grössere Oberfläche entsteht, mit der Sie ziehen können.

Rollen und erhitzen Sie die Masse in der Mitte, bis sie warm genug zum Ziehen ist. Beide Hände bewegen sich dabei in eine Richtung. Es ist wahrscheinlich, dass sich die Griffe, die viel dünner sind als der geformte mittlere Teil, erhitzen

### GUTER TIPP

MANCHE PERLENHERSTELLER BEVORZUGEN HARTGLAS (PYREX) FÜR DIE GRIFFE, WENN SIE GEFORMTE MILLEFIORI HERSTELLEN, DA ES BEI VIEL HÖHEREN TEMPERATUREN ALS WEICHGLAS (EFFETRE, BULLSEYE ODER UROBOROS) SCHMILZT UND STARRER BLEIBT. DIESE BEIDEN GLASARTEN SIND HÖCHST INKOMPATIBEL, WAS KEINE PROBLEME VERURSACHT, WENN ALLES HEISS IST. NACH DEM ABKÜHLEN FALLEN PYREX-GRIFFE JEDOCH LEICHT AB. ACHTEN SIE DARAUF, DASS SIE IHR HARTGLAS GUT ETIKETTIEREN, UND BEWAHREN SIE ES GETRENNT VON IHREM WEICHGLASVORRAT AUF.

Schritt 1
Schritt 2
Schritt 3
Schritt 4
Schritt 5
Schritt 6
Schritt 7
Schritt 8

***Abbildung 2***

Oben: Bernadette Fuentes, Aquariumperle mit Fischen und Meereswesen aus von Hand gezogenen Glasstangen, 2,5 x 3 cm
Photo: Tommy Elder

Rechts : Brian Kerkvliet, Perlentrio mit handgearbeiteten Millefiori, 2,7 x 1,3 cm (Doppelkegel oben)
Photo: Evan Bracken

und biegen, bevor die Mitte langgezogen werden kann. Dann nehmen Sie das Glas aus der Flamme und pusten nahe der Mitte auf beide Griffe. Dünnes Glas erhitzt sich schneller als dickes. Wenn auf den ganzen Bereich gepustet wird, kühlen sich die dünnen Teile schneller ab.

Wenn die Griffe nicht mehr glühen, ziehen Sie leicht, um festzustellen, ob die Masse in der Mitte bereit ist. Wenn sich die Glasstangen dehnen, hören Sie sofort auf zu ziehen. Sie können auch die Mitte erhitzen und die Griffe abkühlen, wobei Sie jedesmal ein wenig ziehen, bis sich der mittlere Teil dehnen lässt. Während der Erhitzungszyklen üben Sie Druck auf die Griffe aus, indem Sie sie in Richtung Mitte drücken.

Ziehen Sie die geformte Glasstange lang, bis sie einen Durchmesser von 6 mm

oder weniger hat. Wenn sie abgekühlt ist, schneiden Sie mit der Kneifzange dünne Scheiben ab.

### Alphabet-Millefiori

Wollten Sie schon einmal eine wertvolle Perle mit Ihrem Namen signieren, sie wussten aber nicht, wie Sie das bewerkstelligen können? Sie können andere in Erstaunen versetzen, wenn Sie sich eine Bibliothek aus Buchstaben-Stangen aufbauen. Wenn Sie das Alphabet zusammengestellt haben, können Sie die Buchstaben bündeln und Ihre Initialen, Ihren Namen oder ganze Wörter zu einer dünnen Stange ziehen. Der Glasbläser Dick Marquis erlangte Ruhm in der Gemeinschaft der Glashandwerker, als er den gesamten Text des Vaterunser aus Alphabet-Stangen zu einer Stange zog. Ein Stück befindet sich heute in der Sammlung des Corning Museum of Glass.

Sie werden vermutlich mit einem weniger ehrgeizigen Projekt beginnen.

Abbildung 2 zeigt die Vorschläge für die Schritte beim Zusammensetzen von Blockbuchstaben und Zahlen. Es ist ratsam, in der Mitte des Buchstabenblocks zu beginnen und sich in Schichten nach aussen vorzuarbeiten. Um dabei erfolgreich zu sein, sollten Sie in Querschnitten denken und sich die Konstruktion als dreidimensionales Symbol vorstellen, das Sie dehnen und in Scheiben schneiden werden. Buchstaben sind eine grössere Herausforderung als abstrakte Formen, denn wenn das innere Muster stark verzerrt wird, geht die gesamte Bedeutung verloren.

Beginnen Sie mit einem einfachen Buchstaben, etwa einem O oder U, gehen Sie dann zu den schwierigeren über. Wahrscheinlich werden Sie individuelle Buchstaben miteinander verbinden wollen. Verwenden Sie daher identische oder ähnliche Farben, wenn Sie andere Buchstaben aufbauen. Versuchen Sie, die Buchstaben zu etwa demselben Durchmesser langzuziehen, so dass sie zu Wörtern gebündelt werden können.

Wenn Blockbuchstaben für Sie nicht schwierig genug sind, versuchen Sie es mit Schreibschrift. Loren Stump ist die einzige mir bekannte Perlenherstellerin, die ihre Werke in Schreibschrift und nicht in Blockbuchstaben signiert.

## Umhüllte Perlen

Beim Umhüllen wird die Kernperle mit einer Schicht aus klarem oder transparentem Glas umschlossen, um einem Entwurf Tiefe und ein geheimnisvolles Aussehen zu verleihen. Sie können die Perle ganz oder nur bestimmte Bereiche der Perle umhüllen. Damit die Anleitung leichter verständlich ist, wird die umhüllende Farbe nachfolgend immer als klar bezeichnet, aber Sie können jede transparente Farbe für Ihre Perlen verwenden.

Kleine Tupfen aus klarem Glas an strategischen Stellen auf der Perle vergrössern das, was sich darunter befindet. So entsteht eine Wirkung, die ich als

Oben links: Kate Fowle (links), *Phantasieperle*, 3 x 2,1 cm; Jacqueline Mixon (zweite von links), *Perle mit mehreren Blüten*, 1,7 x 2,4 cm; Kate Fowle (dritte von links), *Phantasieperle*, 3,4 x 2,2 cm; Kimberley Osibin (rechts), Blütenperle mit pinkfarbener transparenter Umhüllung, 2,3 cm im Durchmesser

Photo: Evan Bracken

Oben rechts: Patricia Frantz (Mitte), Doppelkegel mit Tigerstreifen und umhüllten Augen, 3,9 x 1,9 cm; Kristina Logan (links und rechts), zwei umhüllte Perlen mit aufgesetzten Tupfen, 1,1 x 1,8 cm

Photo: Evan Bracken

Unten: David Vogt (links), Blumenanhängerperle, 5,4 x 1,5 cm; David Vogt (oben), Blumenanhängerperle, 3,1 x 2,7 cm; Bernadette Fuentes (rechts), Aquariumperle, 3,8 x 2 cm; alle mit schwerer »Briefbeschwerer«-Hülle

Photo: Evan Bracken

Briefbeschwerereffekt bezeichne und die bestimmte Designbereiche der Perle hervorhebt. Erhitzen Sie das Ende einer klaren Glasstange, so dass sie fast tropft; dann lassen Sie das geschmolzene Glas auf den Bereich fliessen, den Sie hervorheben wollen. Die Perle selbst sollte relativ kühl und starr sein, damit sich das Muster nicht verzieht, wenn der klare Tupfen hinzugefügt wird. Natürlich muss die Perle warm genug sein, damit sie durch das heisse Glas nicht zum Platzen gebracht wird. Zum vollständigen Umhüllen der Kernperle gibt es mehrere Methoden.

**GUTER TIPP**

Das Geheimnis einer guten Umhüllung ist die Kontrolle der Hitze. Das umhüllende Glas sollte überheiss und die Kernperle warm, aber starr sein, so dass sie sich beim Umhüllen nicht verzieht.

### Wickelmethode

Halten Sie die Kernperle warm, aber lassen Sie sie nicht glühen.

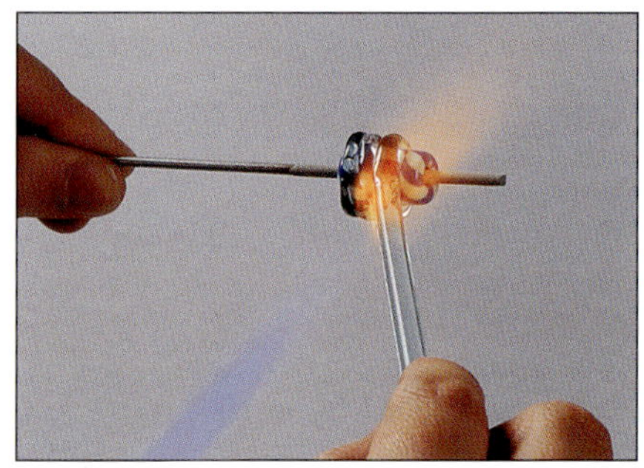

Gleichzeitig erhitzen Sie die umhüllende Glasstange, bis sie sehr flüssig ist. Behandeln Sie die Kernperle wie einen dicken Dorn und umwickeln Sie sie mit dem Glas der umhüllenden Stange. Es ist besser, die Arbeit immer wieder zu unterbrechen und die zum Umhüllen verwendete Stange wirklich heiss zu halten. Wenn Sie versuchen, den Kern mit nicht ausreichend erhitztem Glas zu umhüllen, werden Luftblasen in der

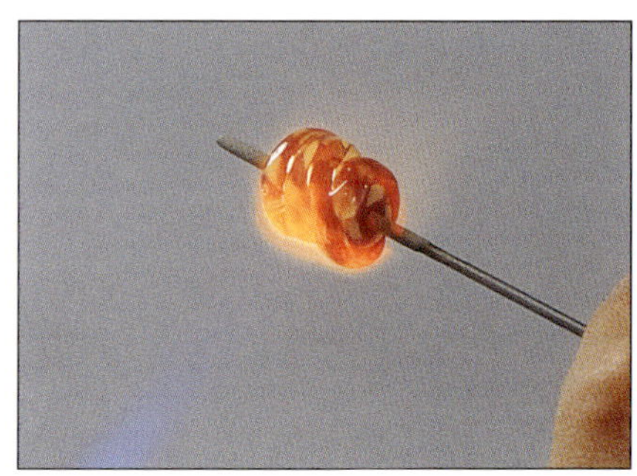

Perle eingeschlossen. Setzen Sie eine drückende und gleichzeitig ziehende Bewegung ein, während Sie das heisse

Glas auftragen, damit eingeschlossene Luft verdrängt wird. Wenn Sie die gesamte Kernperle umhüllt haben, halten Sie sie eine Weile in die Flamme, um die Hitze in der Perle auszugleichen.

### Technik für eine schwere Umhüllung

Diese von Patricia Sage entwickelte Methode ergibt eine dicke, vergrössernde Schicht über der Kernperle, wobei ein starker Briefbeschwerereffekt entsteht.

Beginnen Sie mit einer sehr grossen Kugel aus übererhitztem klarem Glas und lassen Sie es über die Perle, die nur

ganz leicht erwärmt ist, tropfen, um die Oberfläche ganz zu umhüllen. Dies lässt sich leichter bewerkstelligen, wenn Sie eine dicke Stange aus klarem Glas verwenden; Sie erhalten eine sehr dicke Stange, wenn Sie zwei oder drei klare Glasstangen mit Kreppband umwickeln.

Wenn die geschmolzene Glaskugel völlig um die Kernperle herumgeflossen ist, trennen Sie den übrigen Teil der Glasstange mit der Flamme ab.

Wenn ich einen Brenner mit einem Brenngas verwende, um eine grosse Perle mit einer dicken Schicht zu umhüllen, fällt es mir manchmal leichter, in zwei Schritten zu arbeiten und jeweils eine Seite für sich fertigzustellen.

### Methode für eine dünne umhüllende Schicht

Wenn nur eine dünne Schicht aus klarem

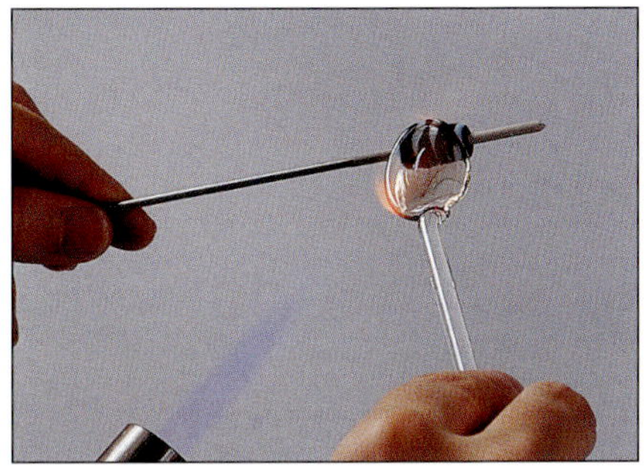

Glas aufgetragen werden soll, setzt Patricia Sage eine andere Technik ein.

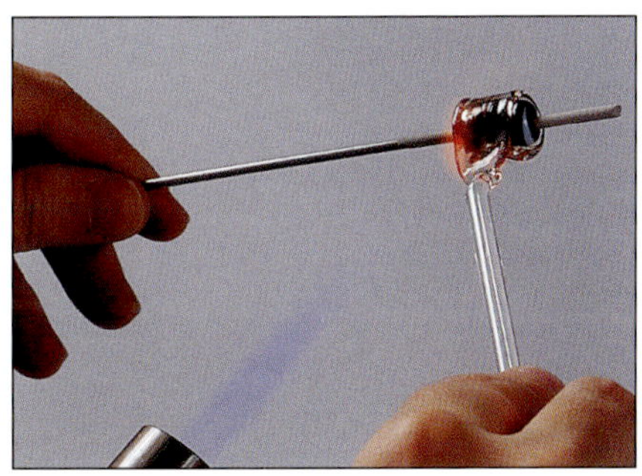

Wieder wird eine grosse Kugel aus klarem Glas erhitzt, aber statt das Glas über die Perle tropfen zu lassen, wird die Kugel mit einer Abflachzange zu einer Lutscherform zusammengedrückt.

Nun erhitzen Sie die abgeflachte Scheibe; wickeln sie um die Kernperle.

Beginnen Sie an einer Seite der Perle und wickeln Sie die Umhüllung diagonal über die Mitte, bis sie auf der anderen Seite auf das andere Ende trifft. Hinterher können Sie Bereiche, die nicht bedeckt wurden, noch umhüllen.

Es bedarf einiger Übung, um ein Gespür dafür zu entwickeln, wieviel heisses Glas Sie brauchen, um eine Perle vollständig zu umhüllen.

Oben: Loren Stump, schwer umhüllte geformte Blume mit Blütendekorationen auf der Umhüllung, 4,2 x 2,9 cm

Photo: Evan Bracken

Unten: Patricia Sage, Vasenperle mit Pfauenauge, unterer Bereich des Gefässes umhüllt, 4,6 cm hoch

Photo: Evan Bracken

Ganz links: Cay Dickey, gemusterte dichroitische Perlen, 2,2 cm lang (Zylinder rechts)

Photo: Robert Liu

Links: Linda Burnette (links), dichroitisches Glas mit Blüten auf der Umhüllung, 2,2 x 2,5 cm; Lorraine Yamaguchi (Mitte), lavendelfarbener Doppelkegel mit dichroitischer Umwicklung und Spirallinie, 3,3 x 2,7 cm; Lorraine Yamaguchi (rechts), durchsichtiger dichroitischer Zylinder mit dichroitischer Spirallinie, 3,7 cm lang

Photo: Evan Bracken

## Dichroitisches Glas

Ah – dichroitisches Glas. Man muss es einfach selbst gesehen haben. Da es sich abhängig vom Betrachtungswinkel und Lichteinfall ständig verändert, kann kein Photo seine Wirkung richtig einfangen. Dichroitisches Glas kann dem Innern einer Perle auffallenden Glanz oder einfach nur einen subtilen Schimmer verleihen. Die Wirkung hängt ganz davon ab, wie Sie es einsetzen.

Worum handelt es sich bei diesem geheimnisvollen Hightech-Glas? Dichroitisches Glas ist im Grunde keine Neuheit, aber von Kunsthandwerkerinnen und Kunsthandwerkern, die mit Glas arbeiten, wird es erst seit einiger Zeit verwendet. Es wird in einer erhitzten Vakuumkammer hergestellt, in der Aluminium, Chrom, Silizium, Titan und Zirkonium, abhängig von den gewünschten Farben, in unterschiedlichen Schichten aufgetragen werden. Die dünnen Metallschichten ergeben im reflektierten und durchgelassenen Licht völlig unterschiedliche Farben. Es entsteht auch eine dritte »verschobene Farbe«, wenn das Glas in einem Winkel betrachtet wird, so dass Sie einen Teil des durchgelassenen, reflektierten Lichts sehen.

Da die metallische Beschichtung eine viel höhere Schmelztemperatur als das Glas hat, löst sich die dichroitische Schicht um so mehr in isolierte Farbflecken auf, die sich abhängig vom Betrachtungswinkel ständig verschieben, je stärker das Glas erhitzt, gedehnt und verzerrt wird. Sie können dichroitisch beschichtete Glasscheiben kaufen und sie dann für Ihre Perlen in Streifen schneiden. Effetre-Glasstangen gibt es ebenfalls mit einer dichroitischen Beschichtung.

Cindy Jenkins, von links nach rechts: eine leicht umhüllende Schicht, 1,7 x 1,5 cm; gewickelte Umhüllung mit gefurchter Oberfläche, 2 x 1,5 cm; dicke Umhüllung, 1,5 x 1,5 cm; umhülltes dichroitisches Glas, 1,8 x 1,2 cm

Photo: Evan Bracken

Das Erhitzen und Auftragen von dichroitischem Glas ist nicht so einfach wie die Verwendung anderer Glassorten. Wenn die Beschichtung dünn ist, kann sie flammenempfindlich sein. Sie könnten die Beschichtung ganz verlieren oder schliesslich nur noch einen grauen Schaum vor sich haben. Um solche Unfälle zu vermeiden, setzen Sie die dichroitische Beschichtung der direkten Flamme möglichst wenig aus, wenn Sie sie auf Ihre Perle auftragen. Richten Sie die Flamme auf die unbeschichtete Seite. Dies ist bei einer klaren Grundlage kein Problem, da die dichroitische Beschichtung durchschimmert. Bei einer schwarzen Grundlage muss die beschichtete Seite frei liegen, während sie aufgetragen wird, um sichtbar zu sein. Klares dichroitisches Glas ist daher am vielseitigsten, da Sie es in jeder beliebigen Farbe einschliesslich Schwarz über Kernperlen verwenden können. Erhitzen Sie

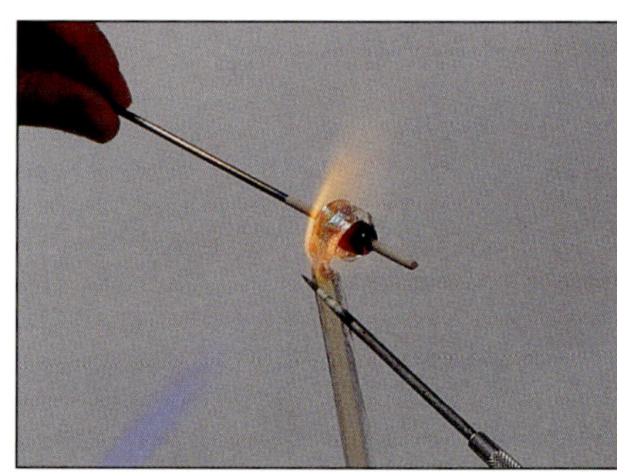

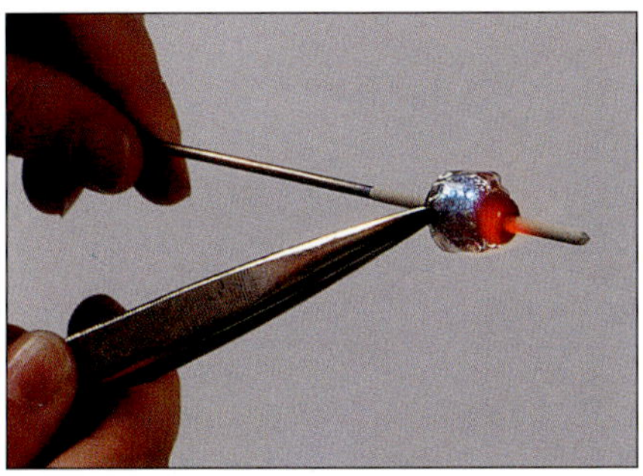

klares dichroitisches Glas und tragen Sie es auf, wobei die beschichtete Seite zur Kernperle zeigt. Drücken Sie das Glas mit einer Kratze oder einem anderen Werkzeug an die Perle. Mit einer Pinzette oder einem anderen spitzen Werkzeug versiegeln Sie die Kanten des dichroitischen Glases an der Perle. Dies verhindert, dass sich die Beschichtung

**GUTER TIPP**

MANCHE PERLENHERSTELLER BEVORZUGEN EINE SEHR KÜHLE FLAMME FÜR DICHROITISCHES GLAS.

an den Rändern aufrollt und der Flamme ausgesetzt wird. Das klare äussere Glas schützt die dichroitische Beschichtung vor der Hitze und reduziert die Chancen der Schaumbildung.

Wenn Sie eine einfache Perle planen, die nicht stark erhitzt und geformt werden muss, kann die Beschichtung an der Oberfläche offen liegen.

## MODELLIERTE PERLEN

Wenn Sie bereit sind, sich von symmetrischen Formen zu entfernen, und ein wenig bildhauerisch arbeiten wollen, beginnen Sie am besten mit einer freien Form.

Stellen Sie eine scheibenförmige Perle her und drücken Sie die Ränder mit einem Messer o.ä. an verschiedenen Stellen ein. Versuchen Sie, mit den Perlen zu spielen, indem Sie hier und da etwas Glas hinzufügen, es zusammendrücken und eindrücken. Wenn Sie mit der Reaktion des Glases vertraut geworden sind, gehen Sie zu speziellen Formen über.

### HERZEN

Beginnen Sie mit einer recht einfachen Form, beispielsweise einem Herzen, und überlegen Sie, in welcher Richtung das Loch durch die Perle verlaufen soll. Dies entscheidet darüber, wie Sie die Perle auf dem Dorn aufbauen werden.

Für eine herzförmige Perle mit senkrechtem Loch beginnen Sie mit einem dünnen Zylinder. Die Zylinderlänge legt die Höhe der Herzperle fest.

Oben links: Inara Knight (links), geformte Perle aus dichroitischem Glas, 3,3 x 3,4 cm; Patricia Frantz (rechts), dichroitische Tafelperle, 3,7 x 2,5 cm

Photo: Evan Bracken

Oben rechts: Patricia Frantz (links), dichroitischer Doppelkegel, 4,3 x 1,6 cm; Lorraine Yamaguchi (Mitte), gemusterter dichroitischer Doppelkegel mit dichroitischer Umwicklung, 4,3 x 2,2 cm; Patricia Frantz (rechts), dichroitische Tafelperle, 3,8 x 3,1 cm

Photo: Evan Bracken

Unten: Stevi Belle, Senkblei-Asteroid, dichroitisches Glas und Metalle, 7,7 x 3 cm

Photo: Evan Bracken

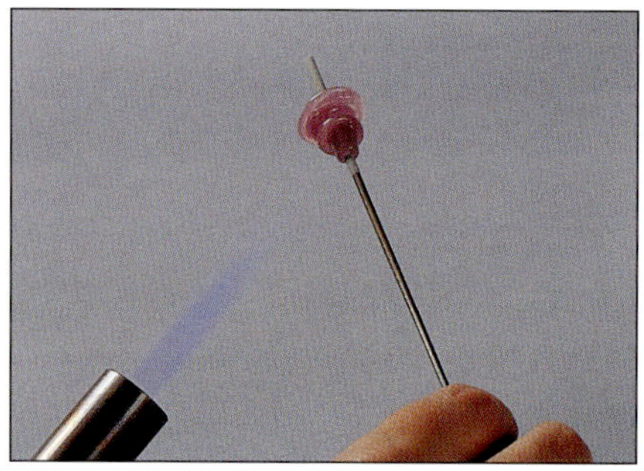

Arbeiten Sie diesen Zylinder zu einem Kegel um, indem Sie zusätzliches Glas um die Mitte herum und noch mehr Glas um den oberen Bereich wickeln. Erhitzen Sie das Ganze in der Flamme, bis ein echter Kegel entstanden ist. Jetzt flache ich den Kegel gerne etwas ab.

Jetzt versehen Sie die Schultern des abgeflachten Kegels mit zusätzlichem Glas, um sie abzurunden.

Mit Kratze, Paddel oder Messer versehen Sie das Herz oben in der hinteren und vorderen Mitte mit einer kleinen Einbuchtung. Erhitzen Sie das Ganze wieder und formen Sie einzelne Bereiche nach Bedarf neu, bis Sie mit der Gesamtform zufrieden sind.

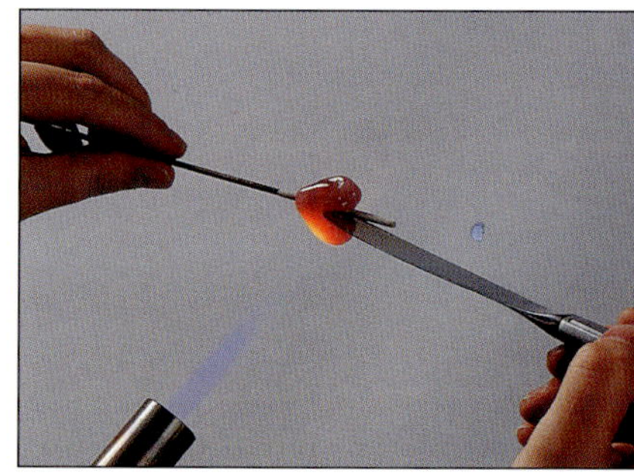

Wenn das Herz ein waagrecht verlaufendes Loch erhalten soll, verfahren Sie folgendermassen: Beginnen Sie wieder mit einem dünnen Zylinder, aber diesmal ergibt seine Länge die Breite des fertigen Herzen.

Jetzt fügen Sie nah an beiden Enden des Zylinders auf derselben Seite zusätzliche Glasklumpen hinzu. Dies wird der obere Bereich des Herzens.

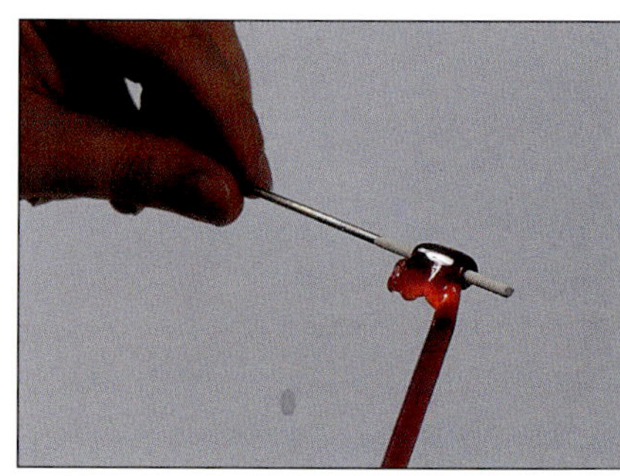

Auf der gegenüber liegendenen Seite fügen Sie etwas drei Glasstreifen übereinander hinzu.

Oben links: Ellie Burke, *»Sodbrennen«-Ohrringe*, 3,2 cm lang (Pfefferperle)

Photo: Evan Bracken

Oben rechts: Loren Stump (links), lavendelfarbener und gelber Fisch, 4,7 x 2,4 cm; Pam Dugger, roter Fisch, 4,2 x 2,8 cm; Pam Duggar, blauer Fisch, 5 x 2,2 cm

Photo: Evan Bracken

Unten: Jessica Bohuš, Frauenkopf, 5,2 x 2 cm

Photo: Evan Bracken

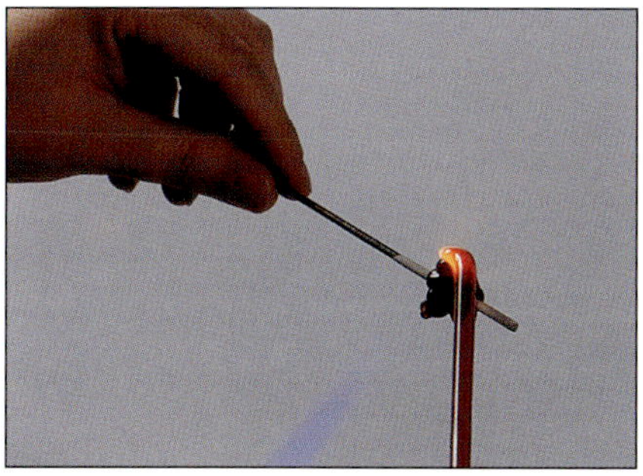

Der erste sollte etwas kürzer als der Zylinder sein und zentriert werden. Zentrieren Sie den zweiten Streifen, der noch kürzer ist, ebenfalls. Der dritte Streifen sollte nicht viel mehr als ein Tupfen in der Mitte sein. Diese Streifen bilden die untere Hälfte des Herzens. Erhitzen und formen Sie das Herz mit Hilfe von Paddel, Abflachzange und Kratze, bis es symmetrisch ist.

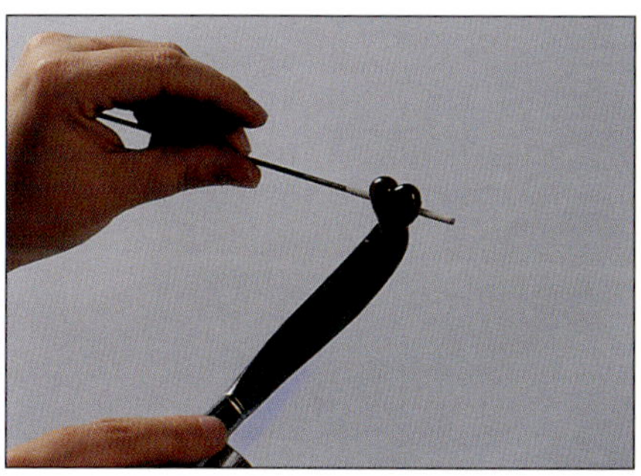

Arbeiten Sie oben in der Mitte vorn und hinten jeweils eine Einbuchtung, um die Herzform herauszuarbeiten.

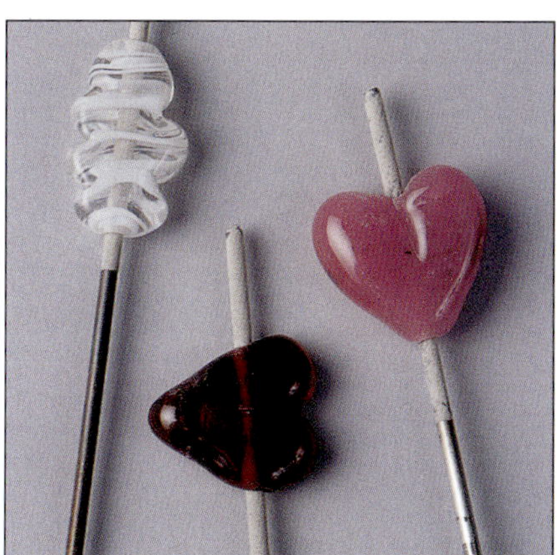

Cindy Jenkins, frei geformte Perle, 2,7 x 1,8 cm; rotes horizontales Herz, 2 x 2,2 cm; pinkfarbenes vertikales Herz, 2,3 x 2,3 cm

Photo: Evan Bracken

## Blume

Eine Blumenperle lässt sich am besten arbeiten, wenn Sie mit einer kleinen runden Kernperle beginnen und um die Mittellinie herum kleine Tupfen hinzufügen. Damit das Ganze reizvoller

wirkt, arbeiten Sie die Kernperle in einer Farbe und die Tupfen in einer anderen.

Erhitzen Sie das Ganze und drücken Sie jeden Tupfen mit der Nadelzange zusammen, um ein Blütenblatt zu formen. Für Blätter fügen Sie unten einige grüne Tupfen hinzu und drücken sie zu den entsprechenden Formen zusammen. Sie können auch einen kalten Glasfaden in derselben Farbe verwenden, um die erhitzten Spitzen ein wenig lang zu ziehen. Erhitzen Sie nur die Enden der Blätter und ziehen Sie daran, um sie zu Spitzen zu ziehen. Wenn Sie ein paar dieser einfachen Blumen gearbeitet haben, ver-

Oben: Al Janelle, blühende Topfpflanze, 3,5 x 2,5 cm

Photo: Al Janelle

Mitte: Peggy Prielozny, Sonnenblumenperlen, 2 x 2,2 cm

Photo: Evan Bracken

Unten: Loren Stump, Netsuke-Maus, 2,3 x 2,7 cm

Photo: Evan Bracken

Links: Loren Stump, Kette mit fünf Autos, 3 x 2,2 cm (durchschnittliches Auto)

Photo: Evan Bracken

Oben: Loren Stump, Autodetail

Photo: Evan Bracken

suchen Sie, eine Blume mit zwei oder mehreren Reihen Blütenblättern zu arbeiten. Beginnen Sie mit einem dünnen grünen Zylinder als Stengel und bauen Sie die Blüte darauf auf.

Tragen Sie eine Reihe von Tupfen übereinander auf, wobei Sie die Farbe der einzelnen Schichten abwechseln.

Cindy Jenkins, einzelne Blüte, 0,9 x 2,2 cm; Doppelblüte, 2,7 x 2 cm

Photo: Evan Bracken

**GUTER TIPP**

WENN SIE ZWEIFARBIGE BLÜTENBLÄTTER ARBEITEN, VERLEIHEN IHNEN TRANSPARENTE TROPFEN ÜBER OPAKEN TROPFEN NOCH ZUSÄTZLICHE TIEFE.

## TIERE

Bei der Herstellung von Tierperlen ist die Richtung, in der das Loch für den Dorn verläuft, für das Aussehen des fertigen Stücks sehr wichtig – und dafür, wie schwierig die Herstellung der Perle ist! Für Ihren ersten Versuch mit einer Tierperle machen Sie es sich leicht. Normalerweise ist es am einfachsten, vom Maul zum Schwanz hin zu arbeiten. Wickeln Sie einen Zylinder für den Körper und fügen Sie Tupfen aus heissem Glas entlang einer Seite als »Schuppen« und Augen hinzu. Der Zylinder selbst bildet Kopf und Körper.

Falls gewünscht, versehen Sie die Augen mit Hilfe eines schwarzen Glasfadens mit Pupillen. Für das Maul wickeln Sie den Glasfaden um das Kopfende der

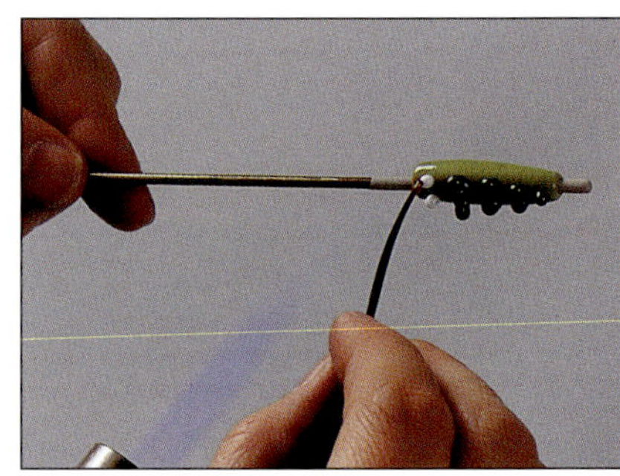

Perle, wobei Sie ihn möglichst nah am Rand platzieren. Sie können zu beiden Seiten auch eine weitere Linie aufsetzen, um ein Lächeln anzudeuten. Mit einer Stange, die dieselbe Farbe wie der Körper hat, fügen Sie kurze, kräftige

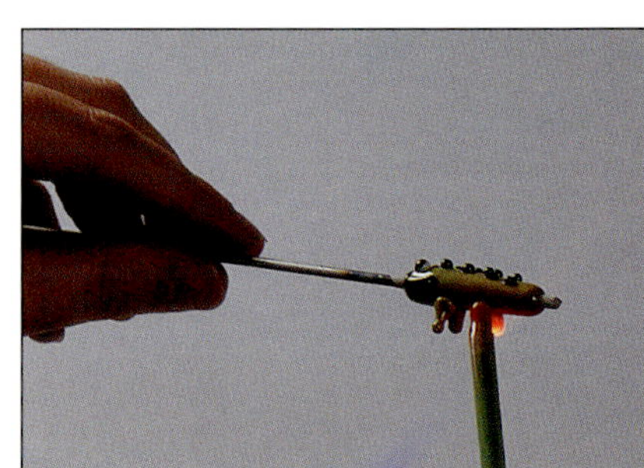

Stümpfe als Beine hinzu. Jetzt biegen Sie die Enden der Beine mit einer Pinzette zu Füssen.

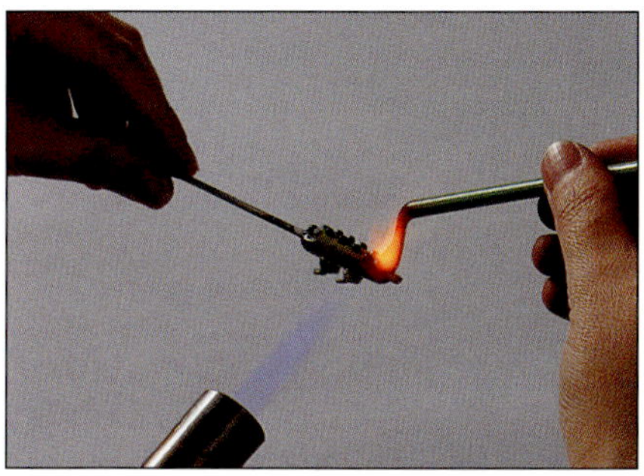

Nun können Sie den Körper mit etwas zusätzlichem Glas dicker gestalten und, falls gewünscht, einen gekrümmten Schwanz am Ende hinzufügen. Versehen Sie Ihr Tier mit Punkten für Krallen, Ohren, Flecken oder andere Details. Je länger, dünner und komplizierter die Teile werden, desto genauer müssen Sie die Hitze kontrollieren. Wenn Sie Ihre Tiere mit vielen kleinen, dünnen Anhängseln versehen, sollte ein heisser Kühlofen bereit stehen, um die fertigen Perlen aufzunehmen. Der Ofen verhindert, dass die dünnen Bereiche schneller abkühlen als die dickeren, so dass die Gefahr von Sprüngen minimal ist.

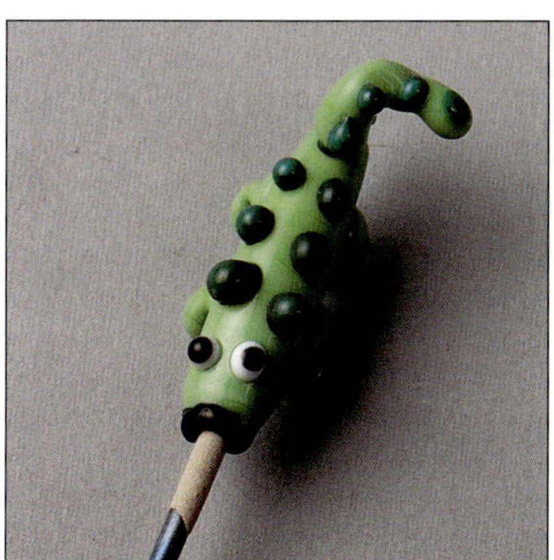

Cindy Jenkins, Tierperle, 3,7 x 1,4 cm

Photo: Evan Bracken

**GUTER TIPP**

Stellen Sie sich den Aufbau Ihrer geformten Perlen vor oder skizzieren Sie ihn auf Papier, bevor Sie mit der Arbeit beginnen. Überlegen Sie, was Sie zuerst tun wollen und welche Schritte zuletzt folgen sollten. Im allgemeinen sollten Grundform, Farbe und Dekoration aufgebaut werden, bevor Sie fein detaillierte Ergänzungen auftragen. Wenn Sie winzige, perfekt ausgeformte Ohren arbeiten, bevor Sie mit den Arbeiten im höchsten Temperaturbereich an der Kernperle fertig sind, werden sich diese kleinen, spitzen Ohren krümmen und wieder mit der Perle verschmelzen. Planen Sie modellierte Perlen in mehreren Phasen, damit Sie Ihre detaillierten Arbeiten nicht immer wieder überarbeiten müssen.

Oben links: Jacob Fishman, zwei rote Hunde, 3 x 3,5 cm (grösserer Hund)

Photo: Evan Bracken

Oben rechts: Phyllis Clarke, zwei siamesische und eine schwarze Katze, 4,5 x 3 cm (springende siamesische Katze)

Photo: Evan Bracken

Mitte: Brian Kerkvliet, Fisch, 4,5 x 2,7 cm, mit Paté-de-verre-Basis von Char Eagleton

Photo: Evan Bracken

Unten: Al Janelle, weisses Kaninchenpaar, 2,9 x 3,8 cm

Photo: Al Janelle

Links: Kimberley Osibin, *Die drei Göttinnen Nike, Flora und Mari*, 2,5 x 7,6 cm (grösste Göttin)
Photo: George Post

Oben: Al Janelle, vierfache, doppelte und einfache Eidechsenperlen, 4,4 cm lang (grösste Perle)
Photo: Al Janelle

## Fische

Fischperlen sind bei Perlenherstellern als auch bei Schmuckliebhabern äusserst beliebt. Zur Herstellung einer Fischperle bauen Sie zuerst einen zylindrischen

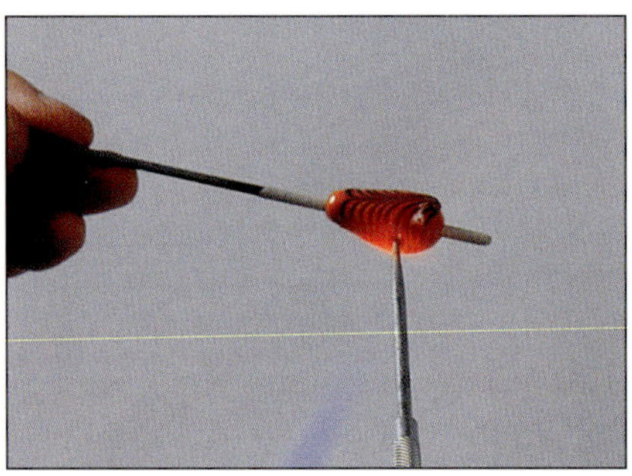

Kern für den Körper auf. Eine beliebte Methode zum Dekorieren von Fischkörpern besteht darin, feine Spirallinien um den Kern zu wickeln und diese in eine Richtung zum Schwanzende hin zu harken. So werden Schuppen simuliert und dem Fisch wird Bewegung und Richtung verliehen.

Bauen Sie den Körper bis zur gewünschten Grösse auf und fügen Sie in ausgewählten Bereichen Glas hinzu. Arbeiten Sie den vorderen Bereich für einen Goldfisch stärker aus, stellen Sie eine symmetrische Kugel für einen Kugelfisch her oder verwenden Sie Ihre Abflachzange, um einen Zylinder für einen Engelfisch abzuflachen. Versuchen Sie, den Körper so zu formen, dass sich das Loch für den Dorn eher in Rückennähe

als in der Nähe der Unterseite befindet. Der Fisch soll unten etwas schwerer sein, damit er richtig herum hängt, wenn er für eine Kette aufgefädelt wird.

Wenn der Körper voll ausgeformt und dekoriert ist, beginnen Sie mit der Arbeit am Gesicht. Mit einem schwarzen Glasfaden wickeln Sie einen feinen Kreis um das vordere Ende der Perle möglichst nah am Rand. Er bildet das Innere des Mauls. Jetzt wickeln Sie wieder

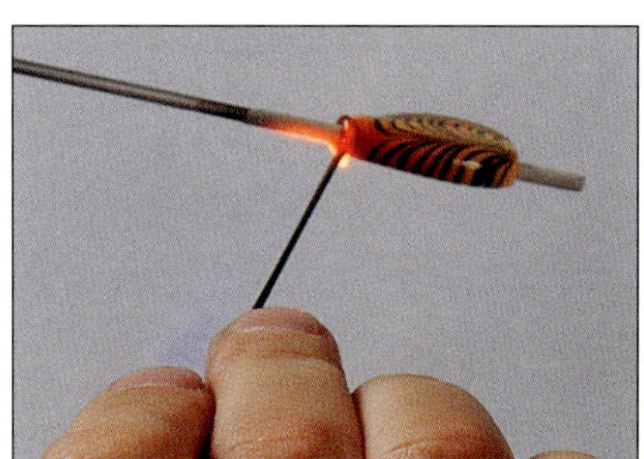

mit einem Glasfaden eine feine rote Linie am Rand des schwarzen Kreises entlang, dort, wo er mit dem Perlenkörper verbunden ist. Dies sind die Lippen des Fischs. Wenn Sie möchten, verziehen Sie die Lippen mit der Kratze zu einem Grinsen. Mit einem Glasfaden tragen Sie zu beiden Seiten des Gesichts dort, wo Sie die Augen aufbauen wollen, einen kleinen Tupfen weisses Glas auf. Mit einem anderen Glasfaden decken Sie das Weiss völlig mit einem Tropfen transparentem Blau ab.

**GUTER TIPP**

DA ROTES GLAS SCHWARZ AUSSIEHT, WENN ES HEISS IST, IST DIE NAHT ZWISCHEN ROTEN LIPPEN UND EINEM SCHWARZEN MAUL NUR SCHWER ZU ERKENNEN UND ERST SICHTBAR, WENN DIE PERLE ABGEKÜHLT IST.

Drücken Sie das transparente Blau mit dem Paddel zusammen, so dass es eine glatte, gleichmässige Schicht bildet. Arbeiten Sie die Augen nicht zu gross, lassen Sie sie abkühlen und setzen Sie mit dem schwarzen Glasfaden einen winzigen schwarzen Tupfen in die Mitte. Wenn die Augen dabei zu heiss sind, könnte der Tupfen verschmieren und einen verwischten Streifen anstelle einer feinen Pupille bilden. Setzen Sie diesen Tupfen sorgfältig auf - er ent-

scheidet darüber, in welche Richtung Ihr Fisch schaut ! Lassen Sie den Tupfen vollständig schmelzen und flachen Sie die Augen ab; dann lassen Sie sie fast ganz abkühlen.

Jetzt setzen Sie einen kleinen, aber sehr heissen Tropfen klares Glas auf jedes Auge auf. Runden Sie die Augen mit der Flamme ab, aber lassen Sie sie nicht ganz schmelzen; das klare Glas wirkt als winziges Vergrösserungsglas und verleiht den Augen gleichzeitig eine schöne runde Form. Wenn Sie jetzt nur noch die Flamme zur Formung der Augen verwenden, bleibt ihre Form intakt.

Arbeiten Sie die Flossen ähnlich wie die Gliedmassen Ihrer Tierperle. Überlegen Sie, wo sie angebracht werden sollen - ein Fisch hat normalerweise eine grosse Rückenflosse, ein oder zwei Bauchflossen an der Unterseite und eine Schwanzflosse, die aus einem Teil oder zwei Hälften bestehen kann.

Bauen Sie mehrere Tupfen übereinander auf, so dass an denjenigen Stellen, an denen die Flossen sitzen sollen, kleine Klumpen vom Körper abstehen. Versuchen Sie, die Farbe der Schichten in den Flossen zu variieren, indem Sie eine weisse Linie zwischen transparenten Farben auftragen, um die Flossen besser zu definieren. Versuchen Sie, winzige Tupfen in einer leuchtenden Farbe auf die Spitze der Klumpen für die Flossen zu setzen, um die Form zu betonen. Bevor Sie fortfahren, achten Sie darauf, dass die Klumpen gründlich erhitzt und am Körper befestigt sind. Sie müssen gut haften, da sie sonst nach dem Abkühlen des Fisches abbrechen könnten. Wenn Sie die Klumpen zu Flossen formen, ist es schwierig, die Haftpunkte erneut ausreichend zu erhitzen, ohne dass die Flossendetails verloren gehen.

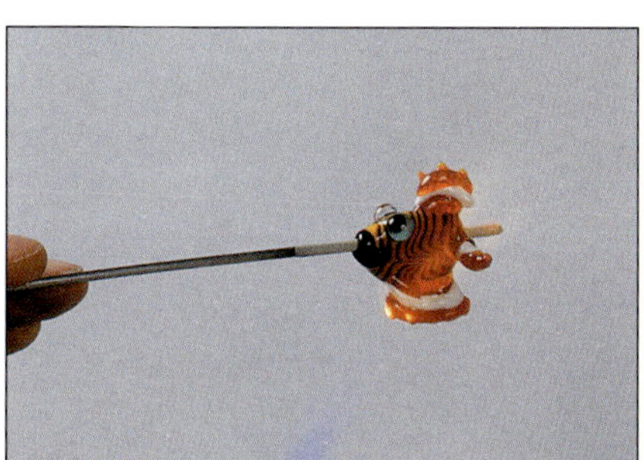

Wenn Sie meinen, dass die Klumpen gut am Körper befestigt sind, manipulieren Sie die Flossen mit der Nadelzange. (Denken Sie daran, die gesamte Perle wieder zu erhitzen, nachdem Sie die einzelnen Flossen bearbeitet haben.) Beginnen Sie mit den Bauchflossen und versehen Sie sie mit einer Reihe von Einbuchtungen. Um Bewegung zu simulieren, versehen Sie die Flosse oben mit einer Kräuselung. Schliesslich drücken, ziehen und formen Sie die Schwanzflosse, bis Sie mit ihrem Aussehen zufrieden sind.

Als letzten Schritt für diese oder jede andere geformte Perle halten Sie die Perle wieder in die Flamme und gleichen die Hitze in der ganzen Perle gründlich aus. Denken Sie daran, dass sich der dicke Körper nur schwer erhitzen und abkühlen lässt, aber die dünnen Flossen werden schnell heiss und können ihr

Oben: Brian Kerkvliet, *Eidechsengruppe*, 5,1 cm lang (durchschnittliche Perle)

Photo: David Scheere

Mitte: Patricia Sage, *Phönizier*, 7,6 x 5,1 cm

Photo: Tom Holland

Unten: Kate Fowle, Champagnerflasche und Gläser, 2,4 cm hoch (Flasche)

Photo: Evan Bracken

Gina Lambert, schwarze Hohlperle mit schwarz weissen gezwirnten Glasfäden und Tupfen, 2 x 2,5 cm, weisse Hohlperle mit schwarzweissen gezwirnten Glasfäden, 1,7 x 2,1 cm Photo: Evan Bracken

Gina Lambert, fünf Hohlperlen mit Tupfen und Glasfäden auf der Oberfläche aussen, 1,5 x 2,2 cm (durchschnittliche Perle)
Photo: Evan Bracken

detailliertes Aussehen verlieren. Damit der Körper wieder heiss werden kann, ohne dass Details an den Flossen verlorengehen, halten Sie die Fischperle mehrmals jeweils für kurze Zeit in die Flamme und nehmen sie wieder heraus.

**GUTER TIPP**

ERINNERN SIE SICH AN DIE EINFACHEN GLASSTANGEN, DIE SIE DURCH UMHÜLLEN EINER GLASSTANGE MIT EINER OPAKEN FARBE HERGESTELLT HABEN? SIE ERGEBEN PERFEKTE AUGENSCHEIBEN FÜR IHRE FISCH- UND TIERPERLEN. TRAGEN SIE SIE WIE MILLEFIORI AUF UND UMHÜLLEN SIE SIE ANSCHLIESSEND.

Ed Weisbart, Fischperle, 4 x 3,5 cm
Photo: Evan Bracken

## HOHLPERLEN

Viele glauben, dass Hohlperlen mundgeblasen werden müssen. Dies ist eine Möglichkeit, aber man kann eine Hohlperle auch direkt auf den Dorn wickeln.

Für eine einfache Hohlperle wickeln Sie zuerst einen dünnen Zylinder.

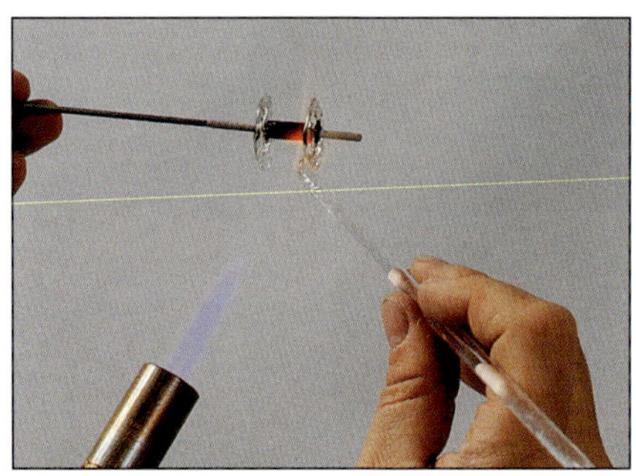

An jedem Ende wickeln Sie eine hohe, schmale Scheibe aus Klarglas. Wechseln Sie zwischen den beiden Scheiben ab, während Sie sie aufbauen, so dass die

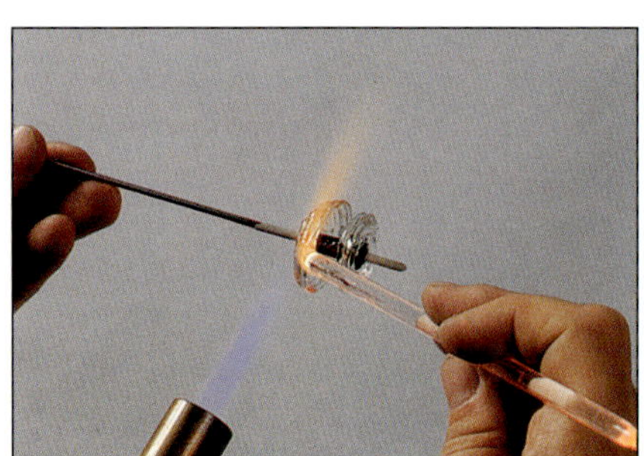

eine Scheibe nicht zu stark abkühlt und platzt.

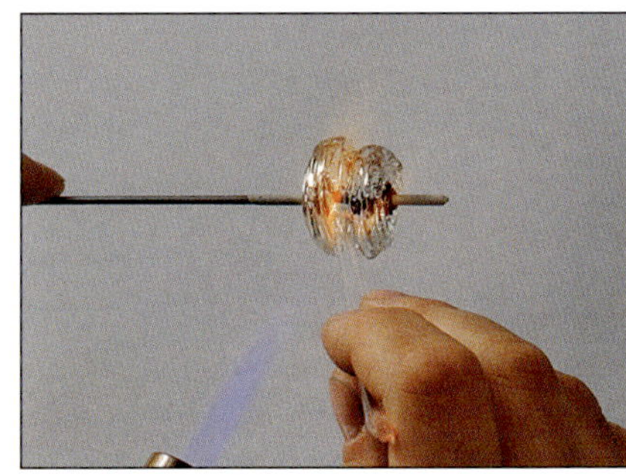

Wenn beide Scheiben von der Mitte aus eine Höhe von etwa 1,3 cm haben, schliessen Sie langsam die Lücke zwischen ihnen. Beginnen Sie damit, jede Schicht etwas näher an die gegenüber liegende Scheibe heranzubringen, bis das klare Glas in der Mitte aufeinander

**GUTER TIPP**

MANCHE PERLENHERSTELLER VERWENDEN BEI DER HERSTELLUNG VON HOHLPERLEN LIEBER EINE PINZETTE ODER ZANGE, UM DIE BEIDEN SCHEIBEN AUFEINANDER ZUZUBEWEGEN. ANSCHLIESSEND FALZEN SIE DIE RÄNDER EINMAL GANZ HERUM. EXPERIMENTIEREN SIE, UM HERAUSZUFINDEN, WELCHE TECHNIK IHNEN AM MEISTEN LIEGT.

Rechts: Linda Burnette, Hohlperle mit Blüten auf der Aussenseite, 1,6 x 2,5 cm

Photo: Evan Bracken

Ganz rechts: Karen Ovington, Hohlperle, 2 x 3 cm

Photo: Tom Van Eynde

stösst. Jetzt gleichen Sie die Hitze in dem ganzen Stück aus. Während sich die Perle in der Flamme befindet, prüfen Sie, ob sich zwischen den Wickelungen Lücken befinden. Falls Sie Lücken feststellen, tragen Sie etwas Glas darüber auf. Zum Schliessen winziger Löcher können Sie eine Pinzette verwenden.

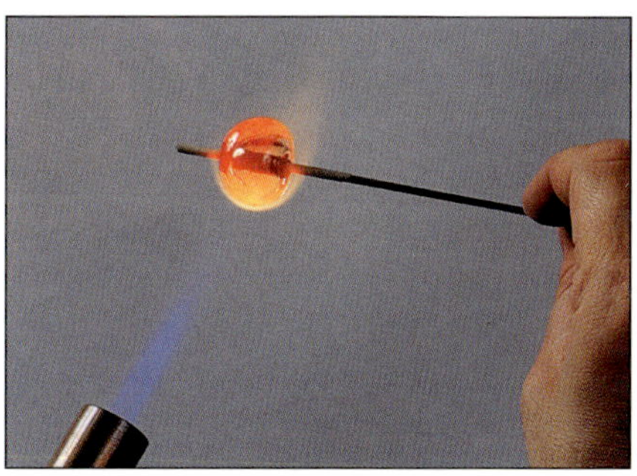

Erhitzen Sie die Perle weiter, bis das ganze klare Glas zusammenfliesst. Nachdem dies geschehen und die Oberfläche versiegelt ist, beginnt die Luft im Innern der Perle sich auszudehnen.

Erhitzen Sie die Perle weiter, bis sie völlig rund ist. Nach der Fertigstellung legen Sie die Hohlperle in den Kühlofen, damit sie unter kontrollierten Bedingungen kühlt. Bei der Herstellung von Hohlperlen ist darauf zu achten, dass die Perlenoberfläche nicht den Dorn oder irgendeinen Teil des Perleninnern berührt. Dann würde die Blase in sich selbst zusammenbrechen, wobei eine feste Perle mit einer kleinen Luftblase auf einer Seite entsteht, aber keine Hohlperle. Lassen Sie sich nicht entmutigen – starten Sie einen neuen Versuch!

## Variationen

Verzieren Sie die Kernperle mit Fritte, gezwirnten Glasfäden, Streifen, Tupfen oder anderen einfachen Dekorationen; dann bauen Sie Ihre Hohlperle über der verzierten Kernperle auf. Die Blase aus klarem oder transparentem Glas wird die Dekorationen vergrössern. Zur dramatischen Gestaltung arbeiten Sie eine Kernperle aus dichroitischem Glas!

Eine weitere Möglichkeit ist die Dekoration der Aussenseite einer Hohlperle mit Fritte, Tupfen, Streifen, gezwirnten Glasfäden, Millefiori oder etwas anderem, das Ihnen gefällt. Diese Technik ermöglicht die Herstellung grosser Perlen, die nicht zu schwer für Ohrringe oder für eine Kette mit grossen Perlen sind.

Wenn Sie Ihre Freunde wirklich beeindrucken wollen, arbeiten Sie eine Perle im Innern Ihrer Hohlperle. Wickeln Sie eine kleine Perle und beginnen Sie mit den Scheiben, wobei Sie eine Lücke von mindestens 6 mm zu jeder Seite der kleinen Perle in der Mitte frei lassen. Bauen Sie die Hohlperle wie zuvor beschrieben weiter auf, bis sich eine Blase über der Kernperle bildet.

Wenn Sie die Perle vom Dorn entfernen, wird sich die kleine Perle im Innern der Hohlperle herum bewegen. Loses Trennmittel in der Perle kann durch leichtes Klopfen durch die Löcher in der Hohlperle entfernt werden.

### Guter Tipp

Achten Sie darauf, dass das Innere einer Hohlperle beim Reinigen nicht mit Wasser in Berührung kommt; es ist sehr schwierig, durch das Wasser verursachte Flecken und Rückstände zu entfernen.

## Knöpfe

Wenn Sie die Perlenherstellung gemeistert haben, können Sie versuchen, Knöpfe herzustellen.

Anders als Perlen werden Knöpfe meist direkt mit der Glasstange gearbeitet, statt dazu Glas um einen Dorn zu wickeln.

Stellen Sie den Kern der Öse vorher her, indem Sie ein Stück Kupferrohr zuschneiden, das etwa halb so lang wie die erwartete Breite des Knopfes ist. Wenn Sie einen 2,4 mm dicken Dorn verwenden, ist Kupferrohr mit einem Durchmesser von 4 mm gut geeignet. Stecken Sie das Rohrstück auf einen Dorn und legen Sie es zur Seite.

Beginnen Sie mit der Herstellung des Knopfes, indem Sie eine Glasstange fast senkrecht halten, wobei die Spitze in die Flamme zeigt. So kann das Glas

Oben: David Vogt, *Weltraumkatzenknopf*, 2,3 x 1,2 cm

Photo: Evan Bracken

Mitte: David Vogt, Rückseite des Knopfes

Photo: Evan Bracken

Unten: Peggy Prielozny, drei hohle Schneckenperlen, 2 x 1,7 cm (durchschnittliche Perle)

Photo: Evan Bracken

dicker werden und zu einer Pilzform schmelzen. Jede Dekoration, die Sie

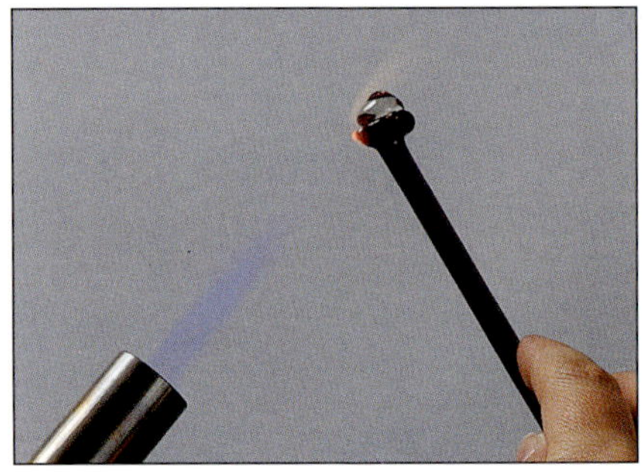

hinzufügen wollen, sollte auf dieser Oberfläche gearbeitet werden. Sie können Kombinationen aus allen Dekorationstechniken einsetzen: Tupfen, Streifen, gezwirnte Glasfäden, Rosetten, Millefiori, Umhüllungen – die Liste ist endlos.

Bei diesem Beispiel wird die Knopfoberseite mit einer Millefiori-Scheibe dekoriert, die mit winzigen grünen Blättern verziert und dann mit einem Tropfen Klarglas umhüllt wird.

Mit Hilfe von Werkzeugen lässt sich die endgültige Form des Knopfes diktieren

und das Nützlichste ist sicherlich eine spezielle Form für Knöpfe, die auch als Murmelform bezeichnet wird. Sie können Knöpfe ohne Form herstellen, aber da es wichtig ist, dass Knöpfe eine einheitliche Grösse haben, ist eine Form meiner Meinung nach unabdingbar. Eine Knopfform ist meist ein Graphitpaddel mit halbrunden konkaven Einbuchtungen in verschiedenen Grössen.

Wenn Sie das heisse Glas in den Einbuchtungen rollen, während Sie Ihre Knöpfe aufbauen und dekorieren, wird eine perfekte, glatte, kuppelförmige Form geschaffen.

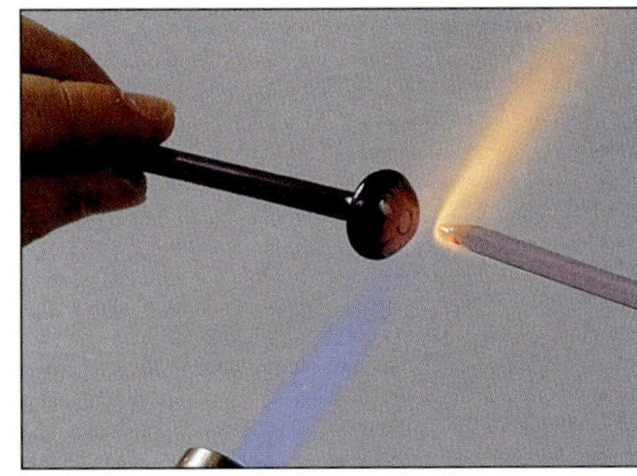

Wenn Sie mit der Gesamtgrösse und dem Aussehen des Knopfes zufrieden sind, müssen Sie eine weitere Glasstange an der Vorderseite des Knopfes anbringen, so dass Sie die Rückseite fertigstellen können.

Erhitzen Sie die zweite Glasstange und arbeiten Sie mit Hilfe der Marbelplatte eine ziemlich kleine Spitze; dann erhitzen Sie die Mitte der Knopfoberseite und bringen die Glasstange dort an. Halten Sie den Knopf von vorn mit dieser Glasstange und konzentrieren Sie die Brennerflamme auf die erste Glasstange. Halten Sie den Knopf in einer

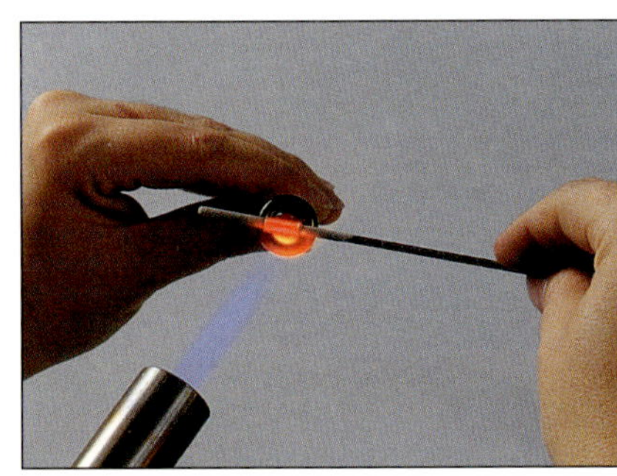

Hand und nehmen Sie den Dorn mit dem Kupferrohr in die andere Hand.

Sie können auch die Knopfrückseite und das Kupferrohr erhitzen, bis beides glüht; dann drücken Sie das Rohr der Länge nach auf die Knopfrückseite, so dass die Öse entsteht. Um die Öse am Knopf zu befestigen, wickeln Sie eine Schicht Glas in Knopffarbe um das Rohr. So wird verhindert, dass sich die Öse lockert, und gleichzeitig werden die groben Kanten des Rohrs abgedeckt.

Oben: Dina Hulet, zwei Murmeln mit Millefiori-Scheiben, 3,8 cm im Durchmesser

Photo: Patty Hulet

Rechts: Brian Kerkvliet, sechs Murmeln zwischen einem Perlensortiment, 6,4 cm im Durchmesser (grösste Murmel)

Photo: Brian Kerkvliet

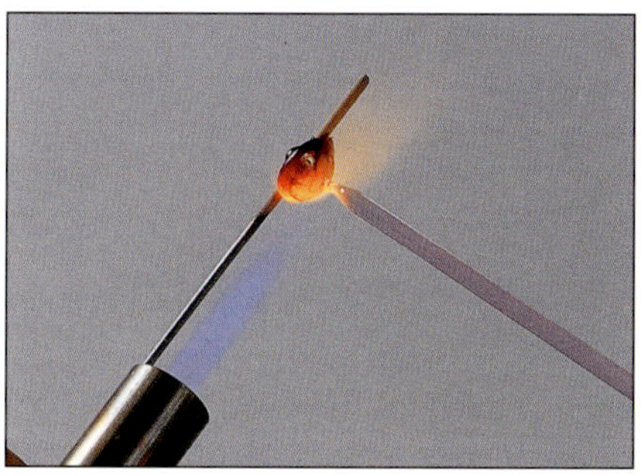

Wenn die Knopfrückseite fertig ist, entfernen Sie die Glasstange an der Vorderseite. Ein eventuell vorhandener kleiner Klumpen oder Grat kann entfernt werden, indem Sie die Vorderseite des Knopfs in die Flamme halten, bis sie glatt aussieht. Dieser Vorgang wird als Feuerpolieren bezeichnet. Wenn Sie mit dem Aussehen zufrieden sind, lassen Sie den Knopf langsam abkühlen.

Wenn das Aussehen der Knopfrückseite nicht wichtig ist und Sie die Öse nicht selbst herstellen wollen, können Sie einen Knopf ohne Öse herstellen und einfach später eine aufkleben. Klopfen Sie den fertigen Knopf nach dem Abkühlen von der Glasstange ab, schleifen Sie vorhandene Grate ab und befestigen Sie eine Plastik- oder Metallöse. Damit sie gut festklebt, verwenden Sie einen Zwei-Phasen-Epoxid- oder Silikonkleber.

## MURMELN

Von der Knopfherstellung ist es nur ein kurzer Sprung zur Murmelherstellung. (Bei einer Murmel handelt es sich im Grunde um einen doppelseitigen Knopf.) Bei der Murmelherstellung in der Brennerflamme arbeiten Sie wie bei der Knopfherstellung direkt mit der Glasstange. Erhitzen Sie die Stangenspitze in der Flamme, indem Sie sie fast senk-

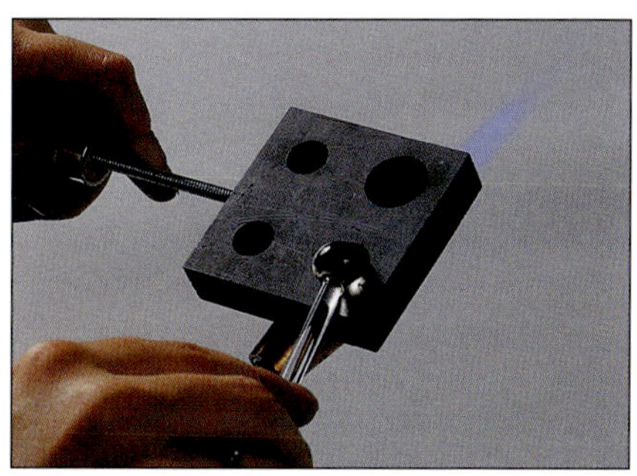

recht halten, so dass sich das Glas zu einer Kugel formt.

Mit Hilfe einer Murmelform formen Sie die erste Hälfte der Murmel. Wenn Sie die Murmel nach dem Dekorieren umhüllen wollen, sollte die erste Glaskugel recht klein sein, so dass Sie im weiteren Verlauf der Arbeit zu den grösseren Einbuchtungen der Murmelform übergehen können. Verzieren Sie die Murmel ganz nach Belieben mit Tupfen, Streifen, Spirallinien oder irgendeiner

Kombinationstechnik. Nachdem Sie die Verzierungen hinzugefügt haben, bearbeiten Sie die Murmel wieder in der Form, um sie perfekt abzurunden.

Umhüllen Sie die Murmel, indem Sie klares Glas über die dekorierte Oberfläche wickeln. Wieder verwenden Sie die Form, um die Oberfläche glatt und rund zu gestalten.

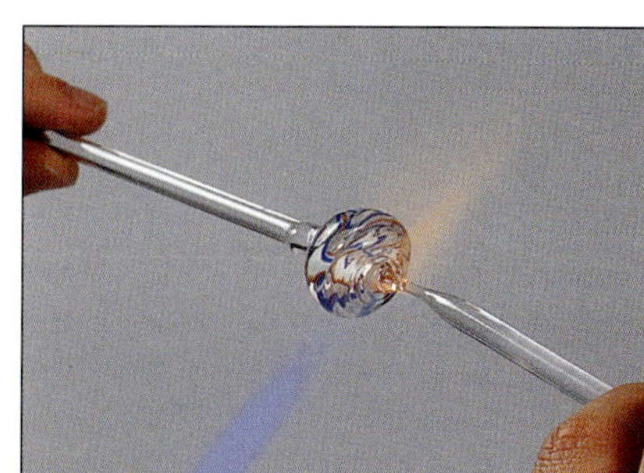

Wenn die erste Hälfte fertiggestellt ist, befestigen Sie eine zweite Glasstange in

Ganz links: Brian Kerkvliet (links), blaue Hohlperle mit Filigrana-Enden, 2,1 x 2,5 cm; Char Eagleton (rechts), durchsichtige Hohlperle mit dichroitischem Kern, 1,5 x 2,1 cm

Photo: Evan Bracken

Links: Peggy Prielozny, vier hohle Herzen, 1,7 x 1,9 cm (durchschnittliche Perle)

Photo: Evan Bracken

der Mitte der fertigen Seite und schmelzen die ursprüngliche Glasstange durch. Jetzt bauen Sie die zweite Hälfte auf, so dass sie der ersten gleicht. Fügen Sie Glas zu der zweiten Hälfte der Murmel hinzu und formen Sie sie in der Form.

Jetzt sollten Sie in der Lage sein, fast die gesamte Murmel zum Formen in der Form zu rollen.

Wenn die Murmel rund ist und die gewünschte Form hat, lassen Sie sie leicht abkühlen. Dann greifen Sie sie mit dem Fingergreifer. Die Murmel sollte etwas abgekühlt sein, so dass das Werkzeug die Oberfläche nicht beschädigt, aber nicht so kalt, dass sie platzen könnte.

Jetzt schmelzen Sie die zweite Glasstange ab. Wenn Sie Schwierigkeiten haben, den von der Glasstange zurückgebliebenen Grat zu feuerpolieren, während Sie die Murmel mit dem Fingergreifer halten, lockern Sie die Finger und lassen die Murmel in die Einbuchtung der

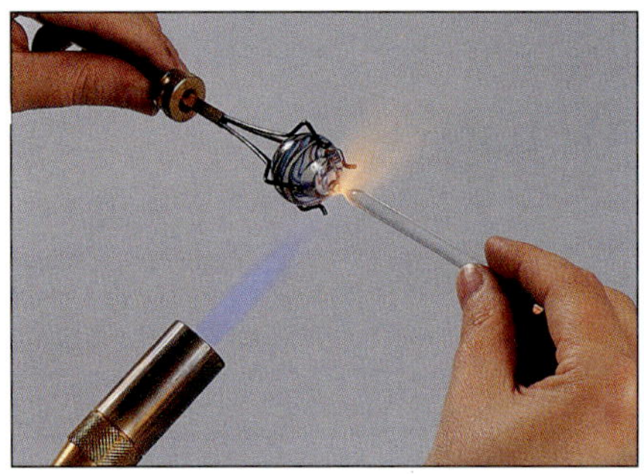

Murmelform fallen. Dort können Sie die Murmel so zurecht legen, dass der Grat in die Flamme zeigt, wo er geglättet werden kann.

Das Design der Murmel kann von der Mitte ausgehend nach aussen aufgebaut werden, auf der Oberfläche platziert oder mit beiden Methoden ausgearbeitet werden. Da diese Murmeln im Grunde nicht für den Gebrauch gedacht, sondern Schaustücke sind, kann die Oberfläche auch strukturiert sein.

Ed Weisbart (links), Hohlperle, 2,1 x 2,1 cm; Cindy Jenkins (Mitte), Murmel, 2,3 cm im Durchmesser; Cindy Jenkins (rechts), Knopf, 1,7 x 1,1 cm

Photo: Evan Bracken

## Um einen Kern gearbeitete Gefässe

Diese Gefässe sind die ältesten Glasbehälter überhaupt und sicherlich die faszinierendsten. Ursprünglich dienten sie für kostbare Öle, Salben, Parfüms und ein bleihaltiges Augenmake-up, das von den Ägypterinnen verwendet wurde. Da die Kunst der Glasbläserei noch nicht entdeckt war, war für die Schaffung eines Hohlraums im Zentrum eines Glasobjekts arbeitsintensives Schleifen nötig. Um dies zu vermeiden, wurde das Glas über einem Kern gearbeitet, der sich relativ leicht herauskratzen liess, wenn das Stück fertig war, so dass ein Gefäss oder Behälter entstand. Es gibt sehr unterschiedliche Ansichten darüber, wie diese Gefässe ursprünglich hergestellt wurden.

Auch heute gibt es verschiedene Möglichkeiten, solche Gefässe zu arbeiten, wobei man mit dem Kernmaterial beginnt. Man nimmt an, dass der Kern ursprünglich aus Stroh, Ton und Dung bestand. Viele Perlenhersteller bevorzugen Stahlwolle als Kernmaterial; und ich habe festgestellt, dass sehr feine Stahlwolle (Nr. 3/0 oder 4/0) am besten geeignet ist. Entrollen Sie einen

Topfreiniger aus Stahlwolle zu einem langen Streifen, den Sie eng um das Ende eines Dorns wickeln.

Wenn Sie genug Stahlwolle für den Kern Ihres Gefässes aufgewickelt haben, drücken und formen Sie sie mit den Fingern. Wenn Sie einige dünnere Streifen Stahlwolle um die Mitte oder den oberen Bereich wickeln müssen, um ihn zu erweitern, tun Sie es jetzt. Die Form des Kerns legt letztendlich die Form Ihres Gefässes fest.

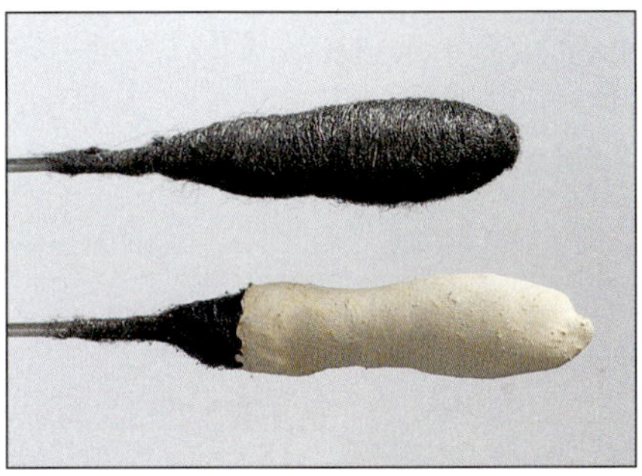

Wenn Sie mit der Gesamtform zufrieden sind, tauchen Sie das Ganze in etwas verdünntes Perlentrennmittel, das Sie trocknen lassen. Wenn Sie ein Trennmittel verwenden, das in der Flamme trocknet, können Sie es in die Flamme halten. Jetzt verwenden Sie ein Trennmittel von derselben Stärke, wie Sie es im allgemeinen zur Perlenherstellung verwenden, und tauchen den Kern hinein. Mit den Fingern glätten Sie es über dem Kern. Lassen Sie es erneut trocknen. Wenn der Kern nach dem Trocknen gut abgedeckt scheint, können Sie anfangen. Wickeln Sie eine

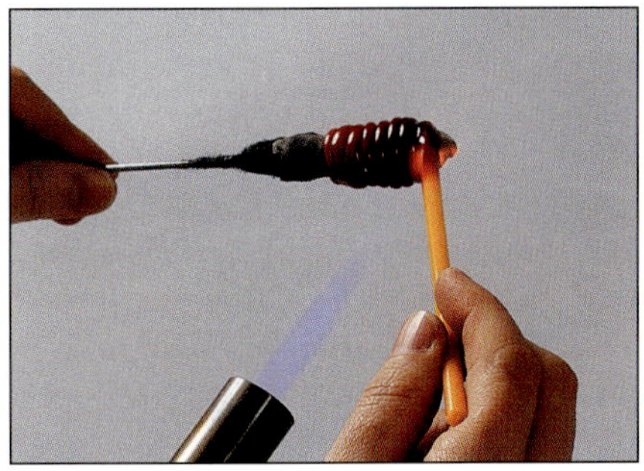

Grundschicht Glas um den Kern, bis er ganz abgedeckt ist. Wenn Ihr Brenner eine schmale Flamme hat, begrenzen Sie die Gesamtlänge des Gefässes bei Ihren ersten Versuchen. Überschreiten Sie die Länge von 5 cm nicht, bis Sie sich ein wenig an diese Technik gewöhnt haben. Achten Sie darauf, dass Sie das untere Ende des Kerns völlig abdecken, was besonders dann wichtig

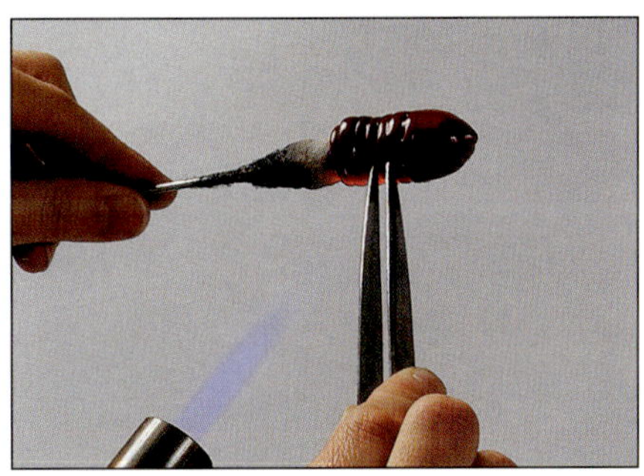

ist, wenn Sie etwas in das Gefäss hineintun wollen. Nachdem Sie das Glas um

den Kern gewickelt haben, drücken Sie vorhandene Lücken mit der Pinzette zusammen. Bevor Sie einen Fuss, eine Tülle oder Griffe anbringen, betonen Sie mit Ihren Werkzeugen die gewünschte Form des Gefässes. Bei diesem Beispiel

**GUTER TIPP**

DURCH ANRAUHEN DES DORNS BLEIBT DIE STAHLWOLLE BEIM ANFÄNGLICHEN WICKELPROZESS ZUR HERSTELLUNG DES KERNS FÜR EIN GEFÄSS AN ORT UND STELLE. WENN SIE DEN DORN IM SPANNFUTTER EINES ELEKTROBOHRERS BEFESTIGEN, LÄSST SICH DIE STAHLWOLLE ENGER UM DEN DORN WICKELN.

Oben: Jessica Bohuš, Vasenanhänger, 3,5 cm hoch
Photo: Evan Bracken

Unten: Stevi Belle, *Göttinnengefäss*, 7,9 cm hoch
Photo: Jerry Anthony

wird ein Metallstab eingesetzt, um die nach innen gerichtete Krümmung im oberen Bereich zu vertiefen.

Dann werden Fuss und Tülle hinzugefügt, indem Sie einfach etwas zusätzliches Glas um den oberen und unteren Bereich des Gefässes wickeln. Mit der Abflachzange können Sie die Tülle, falls

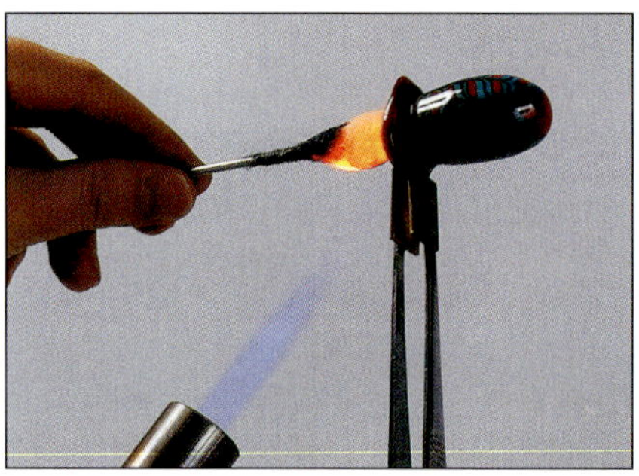

gewünscht, abflachen oder stärker herausarbeiten. Die letzte Umwicklung

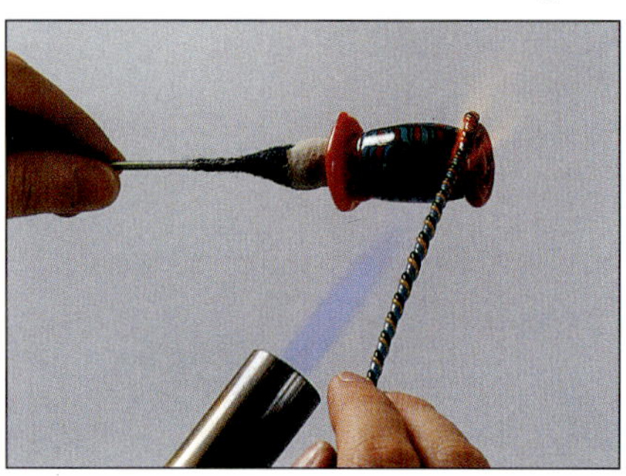

kann in einer anderen Farbe ausgeführt werden – eine Filigrana-Stange oder ein gezwirnter Glasfaden ergibt eine hübsche Verzierung. Nachdem Sie das zusätzliche Glas unten hinzugefügt haben, stellen Sie das Gefäss auf Ihre Marbelplatte, um sicherzugehen, dass es nicht schief ist. Griffe sind schwieriger zu arbeiten, vor allem, wenn Sie ein gleich aussehendes Paar wünschen. Ein Griff lässt sich am leichtesten arbeiten, indem Sie das geschmolzene Ende einer Glasstange auf die Seite des Gefässes drücken, die Stange ein wenig lang ziehen und sie durchschmelzen. So entsteht ein einfacher pfostenförmiger Griff.

Bei einer weiteren einfachen Technik werden an beiden Seiten des Gefässes etwas längere Pfosten befestigt und gleichmässig erhitzt. Bringen Sie quer über das Ende des Pfostens einen relativ dicken, kalten Glasfaden an und rollen Sie ihn in Richtung Gefäss, so dass eine flache Spirale entsteht. Das Ergebnis ist ein hübscher Griff in Ohrenform.

Ein traditioneller Griff ist sehr elegant, aber etwas schwieriger. Zuerst bringen Sie eine lange Stange an einer Seite des Gefässes an, wo das obere Ende des Griffs positioniert sein soll. Drehen Sie den Dorn so herum, dass die Stange vom Gefäss gerade herab hängt. Jetzt erhitzen Sie an einer Stelle schnell das Ende der Stange sowie die Seite des Gefässes, wo der untere Teil des Griffs

**GUTER TIPP**

Denken Sie daran, alle Teile eines um einen Kern gearbeiteten Gefässes beim Zusammensetzen immer wieder in die Flamme zu halten und herauszunehmen. Schliesslich soll der Fuss nicht abbrechen, während Sie sich auf die Tülle oder auf die Griffe konzentrieren! Manchmal baue ich zwei Brenner nebeneinander auf, um eine breitere Flamme zu erhalten. Ich kenne einen Perlenhersteller, der fünf Brenner nebeneinander aufbaut, so dass eine sehr breite Flamme entsteht.

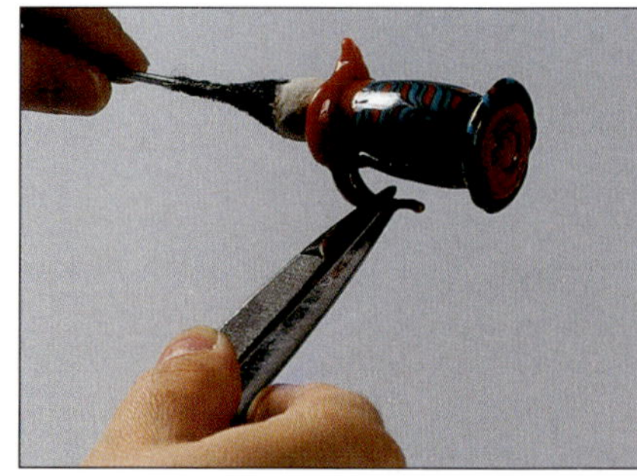

befestigt werden soll. Mit der Zange umfassen Sie die Stange und biegen sie zurecht. Erhitzen Sie den Griff unten an einer Stelle und achten Sie darauf, dass er gut befestigt ist. Jetzt formen Sie den Griff mit der Kratze oder dem

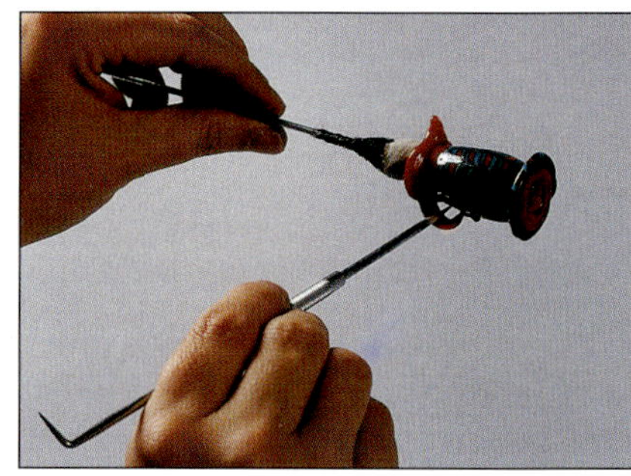

Wolframhaken, indem Sie damit über die Innenkante fahren, um die Krümmung zu glätten. Erhitzen Sie den Griff, so dass Sie nicht die Kontrolle verlieren. Fügen Sie, falls gewünscht, an der gegenüber liegenden Seite einen zweiten Griff hinzu. Wenn Sie fertig sind, können Sie mehr Glas hinzufügen, um die beiden Griffe auszugleichen. Nach dem Abkühlen tauchen Sie das Gefäss in Wasser und entfernen den Kern aus Stahlwolle.

Cindy Jenkins, um einen Kern gearbeitetes Gefäss, 4,4 cm hoch

Photo: Evan Bracken

ANHANG A

# Grundlagen der Schmuckherstellung

Obwohl handgearbeitete Glasperlen für sich allein wunderschön sind und die Herstellung viel Spass macht, reicht dies den meisten nicht aus. Das Aufziehen der Perlen zu einer Kette oder die Zusammenstellung für ein Paar Ohrringe ist wie die Rahmung eines Bildes – Ihre Perlen werden auf diese Weise attraktiv zur Schau gestellt.

Es gibt viele gute Bücher über das Aufziehen von Perlen und ihre Zusammenstellung zu verschiedenen Schmuckstücken in unterschiedlichem Stil, aber wenn Sie gleich beginnen wollen, finden Sie hier einige Grundmaterialien, Werkzeuge und Techniken, die Sie brauchen.

## Materialien zum Aufziehen

### Leder und dekorative Kordeln

Da ich meine Lieblingsperlen gerne zu verschiedenen Gelegenheiten trage, statt sie auf ein kunstvoll aufgezogenes Stück zu beschränken, trage ich gerne eine oder mehrere Perlen an einer verknoteten Lederkordel. Lederkordeln gibt es in allen möglichen Farben und Grössen – in glatter, runder Form bis hin zu gröberen Riemen. Für solche Ketten ist kein Verschluss nötig und Sie können Ihre Perlen jeden Tag ganz nach Lust und Laune mischen und neu zusammenstellen. Wenn Sie etwas mehr Vielseitigkeit wünschen, können Sie einen verschiebbaren Knoten verwenden, so dass Sie die Länge der Kette nach Wunsch verändern können. Wenn Sie gerne Lederkordeln für Ihre Entwürfe verwenden, aber eine Schliesse bevorzugen, befestigen Sie einfach ein paar Hülsen mit Schliessen an den Enden der Schnur.

Andere Arten von Schnur sind gewachste Leinen- und Satinschnüre. Sie sind eleganter als Leder und beide sind in einem grossen Farbsortiment erhältlich. Gewachste Leinenschnur ist recht dünn, flexibel und lässt sich leicht verknoten; Satinschnur ist schwerer und steifer.

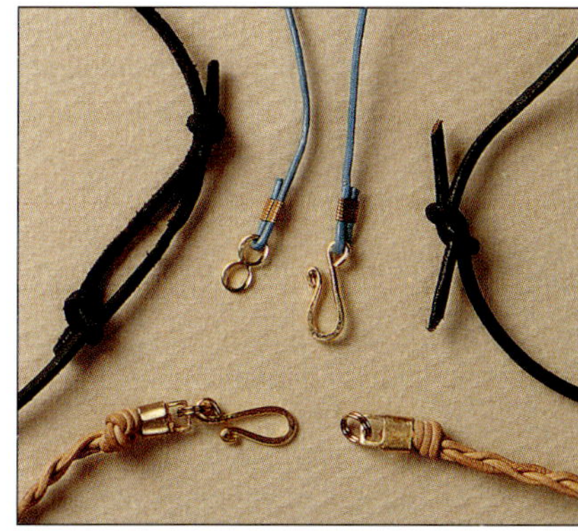

Vier Möglichkeiten, eine Kette aus Lederkordel abzuschliessen (im Uhrzeigersinn von oben): Umbiegen der Enden, die mit Falzringen versehen werden, ein Schifferknoten, Aufkleben und Zusammendrücken von Schliessen an den Enden und ein verschiebbarer Doppelknoten.

### Perlenschnur

Eine weitere Alternative ist Perlenschnur. Wenn Sie Perlenschnur kaufen, werden Sie auch auf Perlengarn stossen, ein leichteres (dünneres) Material, das für das Aufziehen von Rocailleperlen und anderen kleinen Perlen beliebt ist. Perlengarn ist geeignet, wenn Ihre Perlen klein sind, aber es ist wahrscheinlich nicht dick genug für die meisten in Lampenarbeit hergestellten Perlen, da diese meist ziemlich schwer sind. Da mehrfädige, synthetische Perlenschnur so stark ist und nicht ausfranst oder abgenutzt wird, ist sie am beliebtesten. Perlenschnur gibt es in mehreren Farben, aber wenn Sie nicht in der Lage sind, eine passende Farbe für Ihre Perlen zu finden, wählen Sie eine Farbe, die heller und nicht dunkler als die Perlen ist.

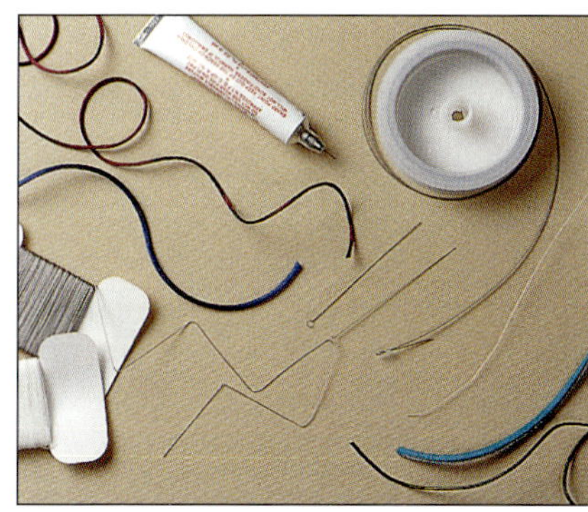

Materialien zum Aufreihen: (erste Reihe) Satinschnur in zwei Grössen, Spezialkleber, Tigerschwanz aus 49 Litzen (mit Hülse an einem Ende), Tigerschwanz aus 7 Litzen, (zweite Reihe) Perlenschnur in zwei Farben, Aufziehnadel, zwei Arten Lederkordel.

Akzentuierende Perlen und Kette von Cindy Jenkins mit grosser Perle von Inara Knight

Photo: Evan Bracken

### Tigerschwanz

Dabei handelt es sich um einen starken, flexiblen, mit Nylon beschichteten Edelstahldraht. Konventioneller Tigerschwanz besteht aus sieben miteinander verzwirnten Litzen und ist ziemlich steif. Dies kann ein Vorteil sein, wenn Ihre Perlen gross und schwer sind, aber eine mit Tigerschwanz gearbeitete Kette mit kleineren Perlen kann oft eine unnatürliche Elastizität aufweisen. Mit einem verfeinerten Produkt, das aus 49 Litzen besteht, wurde dieses Problem gelöst; und das Ergebnis ist ein glatter, flexibler, umhüllter Draht, der sehr leicht ist und gut hängt. Im Gegensatz zu Lederkordeln oder Perlenschnüren kann Tigerschwanz nicht verknotet werden. An den Enden müssen daher Metallhülsen befestigt werden.

### Draht und Ketten

Wenn Sie im Umgang mit der Zange geschickt sind, können Sie eigene Ösen herstellen, um mehrere Perlen zu einer Kette oder zu Armbändern zusammenzustellen. Am beliebtesten ist Draht aus Sterlingsilber, aber es gibt auch Gold-doublé- und goldgefüllten Draht. Falls Sie nicht so wagemutig sind, können Sie viele Arten fertiger Metallketten kaufen, mit denen Sie ein paar schöne Perlen zu einem hübschen Schmuckstück verbinden können.

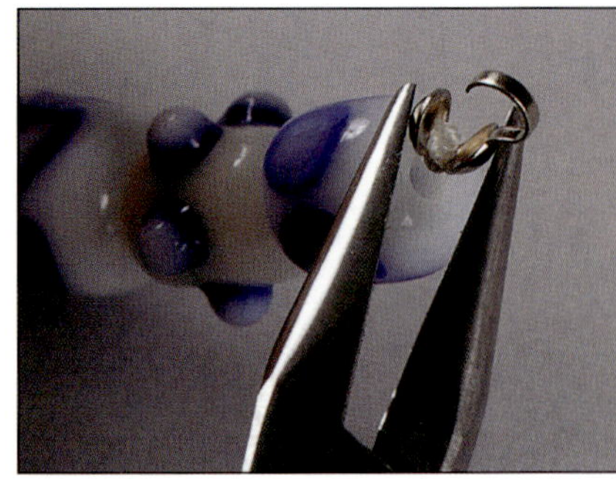

Befestigen einer Muschelkappe an einem fertigen Perlenstrang

## Werkzeug

Zur Schmuckherstellung sind nur wenige Werkzeuge erforderlich. Neben einer kleinen, spitzen Schere brauchen Sie eine Drahtschneidezange, eine Ringzange und eine Radiozange. Kaufen Sie eine gute Drahtschneidezange zum Schneiden von Draht und Tigerschwanz. Da Tigerschwanz aus Edelstahl besteht, brauchen Sie eine Drahtschneidezange aus gehärtetem Stahl, weil die Klingen sonst durch wiederholten Gebrauch stumpf werden. Die Ringzange dient dazu, Draht zu Ösen und anderen gerundeten Formen zu biegen, ohne die Oberfläche zu beschädigen. Die Radiozange hat Backen, die aussen abgerundet und innen flach sind, so dass sich damit Dinge gut falzen lassen. Die Innenflächen sind glatt, so dass auf Draht oder Rohlingen keine Spuren zurückbleiben.

Wenn Sie Perlenschnur anstelle von Tigerschwanz oder Kordel zur Schmuckherstellung verwenden, brauchen Sie auch eine Aufziehnadel. Eine Nadel aus miteinander verdrehtem Draht mit grosser Öse ist für die meisten Projekte am besten geeignet. Die Schnur lässt sich leicht durch die Öse fädeln und sie schliesst gut, wenn sie durch Perlen mit kleinen Löchern geführt wird.

Wenn Sie sich für Tigerschwanz entschieden haben, könnten Sie in eine Crimpzange investieren. Sie können eine Hülse mit Hilfe einer Radiozange am Tigerschwanz schliessen, aber mit einer Crimpzange lässt sich sauberer arbeiten.

## Rohlinge

Es gibt unzählige Rohlinge, mit deren Hilfe sich alle vorstellbaren Schmuckstücke arbeiten lassen. Sie sollten das Gewünschte im örtlichen Geschäft für Bastelbedarf finden, aber wenn sich keines in Ihrer Nähe befindet, können Sie das Material über den Postversand bei einer der vielen Firmen für Schmuckbedarf bestellen.

### Schliessen

Damit sich eine Kette oder ein Armband öffnen und schliessen lässt, brauchen Sie eine Schliesse. Wählen Sie eine Schliesse, die praktisch ist und stark genug, um Ihre Perlen zusammenzuhalten. Bei einer Schliesse, die besonders schön anzusehen ist, brauchen Sie evtl. einen Helfer, der sie beim Anlegen der Kette öffnet und schliesst. Eine Schliesse mit Haken und Öse ist wahrscheinlich am einfachsten und ein Ringverschluss ist sehr sicher.

### Stifte mit Kopf und Stifte mit Ring

Ein Stift mit Kopf ist ein kurzes, gerades Stück Draht mit einem flachen, runden Kopf an einem Ende. Er dient oft zur Befestigung einer grossen Perle als Anhänger eines Ohrrings oder einer Kette. Der flache Kopf ruht unauffällig an der Unterseite der Perle, wo er verhindert, dass die Perle abfällt. Ein Stift mit Ring hat an einem Ende eine Öse. Versehen Sie den Stift mit der gewünschten Zahl von Perlen, schneiden Sie den Draht in der gewünschten Länge ab und bilden Sie mit dem offenen Ende eine Öse.

### Spaltringe

Mit einfachen Drahtkreisen, die als »Spaltringe« bezeichnet werden, lassen sich alle Segmente Ihrer Schmuckstücke

Werkzeug für die Schmuckherstellung (von links nach rechts): Crimpzange, Radiozange, Drahtschneidezange, Ringzange

Einige typische Rohlinge: (erste Reihe) Stifte mit Ösen, Schliesse mit Haken und Öse, Torpedoschliesse, speziell gefertigte Schliesse aus Sterlingsilber, (zweite Reihe) Hülse mit Schliesse, Muschelkappen, Stifte mit Kopf, (dritte Reihe) Tulpen, Hülsen, (vierte Reihe) Falzringe in zwei Grössen, Spaltringe

verbinden. Sie können eigene Spaltringe aus Draht zuschneiden und formen oder sie in verschiedenen Grössen in Gold und Silber kaufen. Öffnen Sie einen Spaltring, indem Sie ein Ende nach vorn und das andere Ende nach hinten drücken und nicht, indem Sie den Kreis vergrössern; dann schliessen Sie den Ring, indem Sie die Enden in die entgegengesetzte Richtung drücken.

### Hülsen, Falzringe & Schliessen

Hülsen sind kurze Stücke Metallröhrchen, die hauptsächlich bei Tigerschwanz als Abschluss dienen. Fädeln Sie den Tigerschwanz durch eine Hülse, dann durch eine Schliesse. Nun führen Sie den Tigerschwanz wieder durch die Hülse zurück. Ziehen Sie die Hülse mit Hilfe einer Crimpzange oder Radiozange an, und schneiden Sie den überschüssigen Tigerschwanz ab. Falls die Hülse locker wird, lassen Sie zur Sicherheit 2 cm Tigerschwanz überstehen, die Sie durch die Perlen am Ende führen.

Falzringe und Schliessen sind Metallrohlinge, mit denen die Enden von Leder- und Satinschnur versehen werden können. Sie sind in verschiedenen Grössen für einzelne oder Mehrfachschnüre erhältlich. Es ist ratsam, vor Anziehen der Falzringe einen Tropfen flexiblen Weissleim auf die Schnurenden aufzutragen.

### Becher und Kappen

Becher und Kappen, mit denen Schmuckstücke, die mit Perlenschnur oder -garn hergestellt wurden, abgeschlossen werden, gibt es in einfacher oder muschelförmiger Ausführung. Einfache Becher bestehen aus einem runden Metallbecher mit einem kleinen Loch in der Mitte und einem Metallhaken, der an einem Rand befestigt ist. Muschelkappen haben zwei Metallbecher, die über dem Knoten geschlossen werden.

Fädeln Sie einen Becher am Ende Ihres fertigen Perlenstrangs auf, wobei der Haken nach aussen zeigt. Dann verknoten Sie das Ende des Strangs, so dass der Knoten gut in den Becher passt. Tragen Sie einen Tropfen Spezialkleber auf den Knoten auf, um ihn zu sichern. Wenn Sie eine Muschelkappe verwenden, schliessen Sie beide Kappen mit der Radiozange. Dann führen Sie den Haken durch die Schliesse und schliessen ihn zu einer Öse.

### Ohrringe, Anstecknadeln & andere Rohlinge

Wenn Ihre Ohren durchstochen sind, bieten Ohrhaken, Ohrfedern und Ohrstecker alle gute Möglichkeiten, Ihre Lieblingsperlen zur Schau zu stellen. Schraubohrringe und Clips gibt es auch.

Wenn Sie eine Anstecknadel arbeiten wollen, haben Sie die Wahl unter vielen vorgeformten Anstecknadeln aus Draht, an denen Sie Ihre Perlen befestigen können. Silber ist wohl am beliebtesten, aber es gibt auch Entwürfe in faszinierenden Farben. Vorgeformte Drahtarmbänder, die mit Perlen versehen werden können, sind ebenfalls erhältlich.

## Kleber

Ein kleiner Tropfen Kleber kann dazu beitragen, dass Sie Ihren Schmuck jahrelang mit viel Freude tragen können, statt Ihre Perlen vom Boden auflesen zu müssen. Wenn Sie Perlenschnur nehmen, tragen Sie auf jeden Knoten etwas Spezialkleber auf, bevor Sie ihn in einem Becher verbergen, denn sonst könnte sich der Knoten mit der Zeit auflösen. Für Ketten aus Leder oder Schnur verwenden Sie Weissleim, der nach dem Trocknen flexibel bleibt.

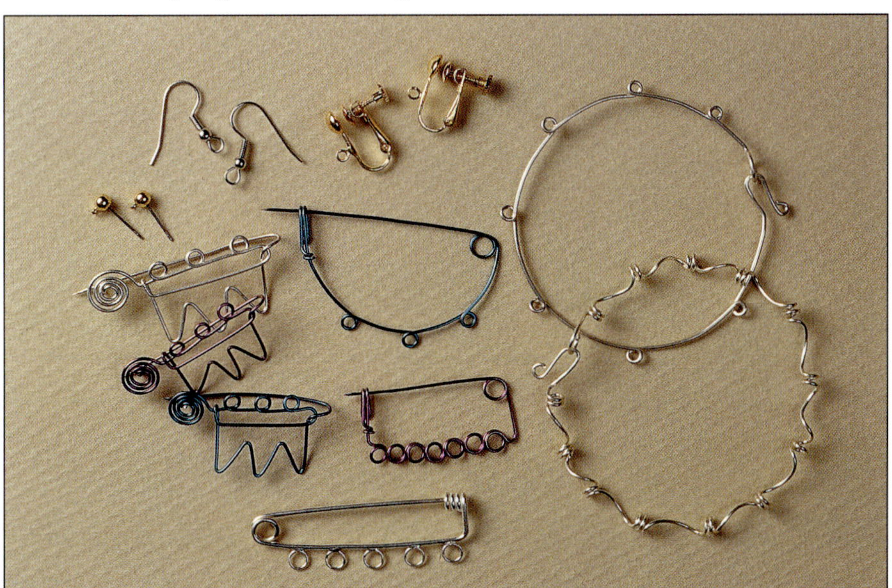

Ohrstecker, Ohrhaken, Schraubohrringe und ein Sortiment an vorgeformten Armbändern und Anstecknadeln

# DAS WESEN VON GLAS

Es ist wichtig, die Grundeigenschaften von Glas zu verstehen, damit Sie wissen, was auf Sie zukommt. Wenn Sie wissen, wie Glas richtig behandelt wird, werden Sie sich über bemerkenswert schöne Ergebnisse freuen können. Behandeln Sie es falsch, wird das Glas eine Möglichkeit finden, es Ihnen heimzuzahlen.

## GLASSORTEN

Am häufigsten werden Sie zur Perlenherstellung Weichglas verwenden, das »Sodaglas«. Sein Hauptbestandteil ist Silika, aber die Mischung enthält auch Kalzium und Natrium. Kalzium fungiert als Stabilisator und macht das Glas dauerhaft; Natrium ist ein Flussmittel, das die Schmelztemperatur von Silika senkt. Fast 90 Prozent des hergestellten Glases ist Sodaglas. Wegen seiner hohen Ausdehnung lässt es sich im heissen Zustand leicht manipulieren.

Borsilikatglas wurde von den Corning Glass Works für die Ausstattung von wissenschaftlichen Labors entwickelt. Dieses härtere Glas widersteht dem Wärmestoss und chemischen Angriffen besser als Sodaglas und ist zudem stärker. Das unter dem Namen »Pyrex« im Handel erhältliche Borsilikatglas ist starrer als Sodaglas und lässt sich im heissen Zustand nicht so leicht manipulieren. Es dehnt sich nicht stark aus und ist etwas teurer als Weichglas.

## ARBEITSBEREICH

Glas hat keinen bestimmten Schmelz- oder Gefrierpunkt. Statt dessen wird Glas durch Erhitzen weicher, bis es flüssig wird. Beim Abkühlen wird es immer starrer.

In einem kristallenen Festkörper werden die Atome durch identische Bindungen zusammengehalten und sind in einem spezifischen Wiederholungsmuster angeordnet. Wenn die Schmelztemperatur erreicht wird, werden alle Bindungen auf einmal zerstört und der Festkörper wird zu einer Flüssigkeit. Die Atome in Glas sind zufällig angeordnet und die Bindungen, die sie zusammenhalten, sind nicht identisch. Da die Bindungen bei verschiedenen Temperaturen zerstört werden, wird nur ein kleiner Prozentsatz bei niedriger Temperatur zerstört. Wenn die Temperatur erhöht wird, werden immer mehr Bindungen zerstört und das Glas wird immer flüssiger.

Die Tabelle unten beschreibt die relative Starrheit von Glas bei verschiedenen Temperaturen.

## KOMPATIBILITÄT

Wie die meisten Materialien dehnt sich Glas durch Erhitzen aus und zieht sich beim Abkühlen zusammen. Die Ausdehnungsrate lässt sich messen und mit einer Zahl versehen. Diese Zahl wird als »linearer Ausdehnungskoeffizient« bezeichnet. Der Koeffizient ist eine Längeneinheit pro Temperaturgrad. Diese Zahlen sind äusserst klein (viele Nullen hinter dem Dezimalkomma) und zur leichteren Verständlichkeit wird der lineare Ausdehnungskoeffizient meist mit ganzen Zahlen angegeben. Der lineare Ausdehnungskoeffizient von Effetre etwa ist 104 (tatsächlich variiert er von 104 bis 108), Bullseye- und Uroboros-Glas, das auf Kompatibilität getestet wurde, hat einen Koeffizienten von 90, normales Fensterglas hat etwa 86 und Borsilikatglas (Pyrex) etwa 32.

Im allgemeinen sollten die Koeffizienten von zwei Glassorten, die Sie miteinander mischen wollen, möglichst nah beieinander liegen. Da Perlen normalerweise ziemlich klein sind, haben Sie hier etwas mehr Spielraum als bei anderen Anwendungsbereichen von heissem Glas. Normalerweise muss sich Glas inner-

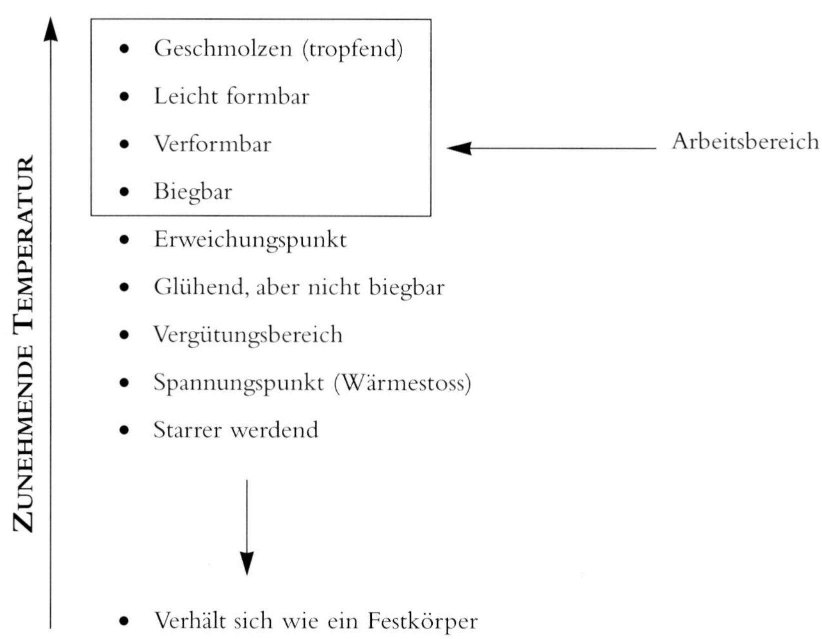

halb eines einzelnen Ausdehnungspunktes befinden, um kompatibel zu sein, aber Glas innerhalb von zwei oder drei Ausdehnungspunkten sollte für die Perlenherstellung ebenfalls geeignet sein. Für grosse Projekte kann eine Differenz von mehr als einem Punkt unannehmbar sein.

Inkompatibles Glas mischt sich während des Erhitzungsprozesses gut und lässt sich gut miteinander verarbeiten, weil alles flüssig ist. Erst wenn Sie versuchen, das Glas wieder auf Raumtemperatur zu bringen, setzen die Probleme ein. Wenn ein Teil der Perle stärker schrumpft als der andere, entstehen Spannungen. Wenn diese Spannung die Stärke des Glases übersteigt, zerbricht die Perle. Abhängigkeit von der Schwere der Spannung könnte das Stück mehrere Jahre lang zusammenhalten, bevor es bricht, oder es zerspringt sofort. Eine plötzliche Temperaturveränderung oder ein Zusammenstoss mit einem anderen Gegenstand kann das Fass zum Überlaufen bringen. Wegen des Unterschieds von 14 Punkten im linearen Ausdehnungskoeffizienten sollten Sie niemals Effetre-Millefiori zu kompatiblem Glas von Bullseye- oder Uroboros hinzufügen und keine Bullseye-Glasfäden auf Effetre-Perlen auftragen. Mischen Sie niemals Pyrex mit Bullseye oder Effetre – Sie würden kleine »Bomben« herstellen!

## Wärmestoss

Eine andere Art von Spannung wird als »Wärmestoss« bezeichnet. Brüche aufgrund des Wärmestosses treten ein, wenn Sie eine Perle zu schnell erhitzen oder abkühlen lassen. (Denken Sie daran, was passiert, wenn Sie einen Eiswürfel in heisses Wasser fallen lassen – er zerbricht, bevor er schmilzt!) Ist Ihnen schon einmal das Ende der Glasstange abgebrochen, weil Sie es zu schnell erhitzt haben? Dabei handelt es sich um den Wärmestoss. Wenn Sie eine gerade fertiggestellte Perle an der Luft trocknen lassen, wird sie wahrscheinlich zerspringen, bevor die Aussenfläche kalt genug ist, um berührt werden zu können.

## Vergüten

Gut – Sie haben dafür gesorgt, dass alles Glas, das Sie verwenden, denselben linearen Ausdehnungskoeffizienten hat, und das Glas war während der Erhitzungs- und Abkühlungsphasen keinem Wärmestoss ausgesetzt, aber dennoch ist Ihre Perle am nächsten Tag in zwei Teile zerbrochen. Was geht hier vor?

Wir müssen uns mit dem Vergüten befassen. Vergüten ist ein Wort, auf das man bei der Arbeit mit heissem Glas oft stösst. Doch was ist gemeint? Ich habe in meinem Lexikon nachgeschlagen und dort folgende Definition gefunden: »etwas zuvor Brüchiges durch Erhitzen fester machen und dann langsam abkühlen lassen« oder »dauerhaft machen«. Wir alle wollen, dass unsere Stücke von Dauer sind. Egal, ob Sie Perlen verkaufen oder verschenken – in beiden Fällen wollen Sie nicht, dass sie zerbrechen.

Wichtig sind die beiden Wörter »langsam abkühlen«. Was passiert, wenn Glas schnell abgekühlt wird? Wie Sie wissen, schrumpft Glas beim Abkühlen und wird starr. Wenn es schnell abgekühlt wird, schrumpft die Aussenseite des Glasobjekts zuerst und wird fest. Unterdessen schrumpft das Zentrum des Glases, das noch heiss ist, weiter und zieht an der harten Aussenseite. Dies führt zu Spannung zwischen den beiden Bereichen und wenn diese Spannung stark genug ist, wird das Glas brechen.

Sie können den Abkühlungsprozess verlangsamen, indem Sie Ihre Perlen in einen Ofen geben. Dieser Spezialofen ist mit Schamottsteinen ausgestattet oder mit Glasfaser isoliert, so dass er hohe Temperaturen produzieren und beibehalten kann. Damit ein solcher Ofen effektiv ist, muss er über ein Pyrometer (ein Thermometer für hohe Temperaturen zum Ablesen der Temperaturen im Ofeninnern) und eine Vorrichtung zur Kontrolle des Leistungspegels verfügen. Das einfachste Kontrollmittel ist ein Endlos-Kontrollschalter, mit dem sich die Temperatur »wärmer« oder »kälter« schalten lässt, aber keine bestimmte Temperatur eingestellt werden kann. Bei einem solchen Schalter müssen Sie die Wahlscheibe so zwischen der hohen und niedrigen Einstellung einstellen, dass die Temperatur zunimmt, gleich bleibt oder mit der richtigen Geschwindigkeit geringer wird. Es gibt computerisierte Kontrollvorrichtungen, die programmiert werden können, so dass sie die ganze Arbeit für

**Guter Tipp**

Glas kann nicht zu stark vergütet werden und Sie können Ihre Perlen ruhig den ganzen Tag über im Ofen liegen lassen, während Sie arbeiten. Nur wenn der Ofen zu hoch eingestellt ist und sich das Glas deformiert, kommt es zu Problemen.

Sie übernehmen. Sie sind teuer, aber die Ausgabe lohnt sich. Den Ofen eine Stunde lang auf Vergütungstemperatur (520° C für Effetre-Glas) zu halten, sollte zum Vergüten Ihrer Perlen ausreichen. Im allgemeinen sind 30 Minuten durchaus genug. Ein Bereich von 510° bis 538° C ist zum Vergüten der meisten Weichglasperlen akzeptabel.

Wenn die zur Vergütung der Perlen benötigte Zeit abgelaufen ist, können Sie die Temperatur senken. Bei der Arbeit mit einem glasfaserisolierten Ofen, sollten Sie die Temperatur in 1 1/2 Stunden auf 315° C reduzieren. Dann schalten Sie den Ofen aus. Nehmen Sie die Perlen erst heraus, wenn der Ofen wieder auf Raumtemperatur ist. Wenn Sie den Ofen zu früh öffnen, könnten die vergüteten Perlen zerspringen.

Heisse Perlen (die sich noch auf ihren Dornen befinden) direkt nach der Herstellung in einen vorgeheizten Ofen zu geben ist die beste Möglichkeit, um sicherzustellen, dass sie ganz bleiben.

## ANHANG C
# PROBLEMBESEITIGUNG

**• Das Trennungsmittel löst sich sofort ab, wenn Sie den Dorn mit dem heissen Glas berühren.**
Entweder war die Spitze des heissen Glases oder der Dorn (oder beides) nicht heiss genug, um aneinander haften zu bleiben. Wenn das Glas nur teilweise haftet, löst sich das Perlentrennmittel, wenn Sie beginnen, den Dorn zu drehen. Wenn am Ende der Glasstange Trennmittel haftet, brechen Sie diesen Teil ab, denn es soll kein Perlentrennmittel in die nächste Perle gewickelt werden.

**• Das heisse Glas bleibt überhaupt nicht am Dorn haften.**
Entweder haben Sie vergessen, den Dorn zu erhitzen, oder Sie haben ihn zu kurz erhitzt. Möglicherweise war auch die Spitze der Glasstange nicht heiss genug.

**• An der Perlenoberfläche haftet Trennmittel.**
Wenn Sie den Dorn weiter drehen, nachdem Sie das gesamte heisse Glas aufgebraucht haben, zwingen Sie das kalte Glas dazu, sich zu biegen. Durch dieses Ziehen kann das Trennmittel vom Dorn gezogen werden, so dass es sich schliesslich auf der Perlenoberfläche befindet.

Zu starkes Marbeln kann dieselbe Wirkung haben. Wenn die Perle mit zu viel Druck auf die Marbelplatte gedrückt wird, löst sich gelegentlich das Perlentrennmittel. Dies passiert meist, wenn Sie mit Glas arbeiten, das zu kalt ist. Wenn Sie nur die Enden der Perle marbeln, um sie auszugleichen, achten Sie darauf, dass das Trennmittel nicht in die Perle gedrückt wird.

Wenn Sie feststellen, dass sich Trennmittel auf der Perle befindet, können Sie sie retten, indem Sie die Perle in ein Glas mit Ätzlösung legen. Dies kann mehrere Minuten lang oder Stunden dauern. Das Ätzen verleiht der Perle eine satinierte oder matte Oberfläche.

**• Sie haben nicht genug heisses Glas, um es einmal um den Dorn zu wickeln.**
Die zwei häufigsten Fehler von Anfängern bestehen darin, dass die Glasspitze nicht heiss genug gehalten wird und dass der Dorn nicht mit der heissen Glasspitze berührt wird. Wenn die Glasstange den Dorn zu weit hinter der heissen Spitze berührt, werden Sie mit Sicherheit nicht genug Glas haben, um es ganz um den Dorn herum zu wickeln.

**• Trübe oder graue Perlen.**
Wenn Sie einen Brenner mit einem Brenngas verwenden, versuchen Sie, höher in der Flamme zu arbeiten. Wenn dies das Problem nicht löst, stellen Sie die Flamme herunter und versuchen es erneut. Bei einem Sauerstoff-Propangas-System reduzieren Sie entweder das Brenngas oder erhöhen den Sauerstoffgehalt der Flamme.

**• Die Perle ist strukturiert oder Teile der Faserdecke kleben daran.**
Sie haben die Perle weggelegt, als sie noch zu heiss war. Die Fasern können entfernt werden, aber die Strukturierung ist permanent.

**• Scharfe, spitze Enden an den Perlen**
Glas neigt zum Zusammenklumpen, wenn es erhitzt wird. Wenn die gesamte Perle zu dünn oder an den Enden zu unregelmässig ist, wird das Zentrum der Perle beim Erhitzen dicker, indem das Glas von den Enden weggezogen wird. Um dies zu verhindern, marbeln Sie die Perle, um das Zentrum wieder zu den Enden hin zu drücken und das Loch zu vertiefen. Oder Sie wickeln das Zentrum etwas dicker.

**• Wirklich hartnäckige Perlen, die sich nicht vom Dorn entfernen lassen**
Hier lautet das Schlüsselwort Vorbeugung: Ist die Beschichtung mit Trennmittel zu dünn, zu dick, zerkratzt oder abgeblättert? Wenn Sie kein in der Flamme trocknendes Trennmittel verwenden, sind Ihre Dorne trocken genug, bevor Sie mit der Arbeit beginnen? Stellen Sie fest, dass Sie versuchen, kaltes Glas um den Dorn zu wickeln? Haben Sie den Dorn überhitzt? (Der Dorn muss nicht so stark erwärmt werden, dass er stark glüht; dadurch wird das Trennmittel strapaziert und kann seine Funktion nicht erfüllen). Haben Sie die Perle zu stark mit Ihren Werkzeugen manipuliert ? Haben Sie sie zu fest zusammengedrückt, als Sie versucht haben, sie abzuflachen ? Dies alles sind mögliche Erklärungen, warum sich Ihre Perle nicht vom Dorn lösen lässt.

**• Die Perle zerspringt oder wird nach dem Abkühlen rissig**
Entweder wurde die Perle zu kalt weggelegt oder sie wurde so geformt, dass die Seiten zu dünn waren. Die Perle sollte im gesamten Bereich mindestens so dick wie der Dorn sein.

Wenn Sie Perlen herstellen, die einen grösseren Durchmesser als 1,3 cm haben, sollten sie bei etwa 510° bis 540° C in den Ofen gelegt und langsam abgekühlt werden. Wenn Sie grössere Perlen herstellen, lassen Sie die heisse Perle noch am Dorn und legen sie direkt in den Ofen, der eine Temperatur von 510° bis 540° C hat. Sie können die Perle auch nach dem Abkühlen in der Decke und dem Entfernen vom Dorn in den kalten Ofen geben, der dann zum Vergüten (langsamen Abkühlen) langsam auf 510° bis 540° C gebracht wird.

# Beitragende Künstler

**Kimberley Adams**
Kimberley Adams Handmade
Glass Bead Jewelry
Fletcher, North Carolina

**Michael Barley**
Hori Designs
Sequim, Washington

**Stevi Belle**
Winged Woman Creations
Taylorville, Illinois

**Jessica Bohuš**
Glenn, Michigan

**Tom Boylan**
Mendocino, Kalifornien

**Ellie Burke**
Milwaukee, Wisconsin

**Linda Burnette**
Fantasy Beads
Mesa, Arizona

**Jana Burnham**
Springfield, Illinois

**Phyllis Clarke**
Glimmerglass
Spring Valley, Kalifornien

**Cay Dickey**
Cay of CA
Oceanside, Kalifornien

**Pam Dugger**
Hollywood, Florida

**Char Eagleton**
Eagleton Glass
Mt. Carroll, Illinois

**Sue Richers Elgar**
Hot Beads
Joliet, Illinois

**Leah Fairbanks**
Gardens of Glass
San Rafael, Kalifornien

**Jacob Fishman**
Lightwriters
Winnetka, Illinois

**Kate Fowle**
Kate Fowle Lampworked Beads
Washington, D.C.

**Patricia Frantz**
Frantz Bead Company
Shelton, Washington

**Bernadette Fuentes**
Arlington, Texas

**Angela Green·**
La Petite Fleur Glass Studio
Oakland, Kalifornien

**G.G. Havens**
Stained Glass Haven
Grand Haven, Michigan

**Patricia Sage Holland**
Beadmakers Holland & Sage
Mountain View, Arkansas

**Tom Holland**
Beadmakers Holland & Sage
Mountain View, Arkansas

**Dinah Hulet**
Hulet Glass
McKinleyville, Kalifornien

**Al Janelle**
Ambeadextrous
Austin, Texas

**Brian Kerkvliet**
Gossamer Glass
Bellingham, Washington

**Mary Klotz**
Forestheart Studio
Woodsboro, Maryland

**Inara Knight**
Twilight Fire
Lutherville, Maryland

**Gina Lambert**
Queen Beads
Chicago, Illinois

**Kristina Logan**
Portsmouth, New Hampshire

**Bernadette Mahfood**
Hot Flash Designs
St. Charles, Minnesota

**Michael Max**
Modern Alchemy
Seattle, Washington

**Jacqueline Mixon**
JM Design
Saugus, Kalifornien

**Kelly Niemann**
Planets Jewelry
Kalamazoo, Michigan

**Carolyn Noga**
That's the Bead
Fox Lake, Illinois

**Liz Ormes**
Liz Ormes Designs in Glass
Monroe, Louisiana

**Kristen Frantzen Orr**
Mesa, Arizona

**Kimberley Osibin**
Gaea Glass Works
San Rafael, Kalifornien

**Karen Ovington**
Ovington Glass Studio
Evanston, Illinois

**Nancy Pilgrim**
Fantasy Beads
Mesa, Arizona

**Peggy Prielozny**
Glass Gardens
Morton Grove, Illinois

**Isis Pearl Ray**
Raven's Dream
Carnation, Washington

**René Roberts**
Sebastopol, Kalifornien

**Donna Sauers**
Western Springs, Illinois

**Don Schneider**
Don Schneider Handcrafted
Glass
Plymouth, Michigan

**Lavana Shurtcliff**
Lavana Shurtcliff Jewelry Design
Mt. Pleasant, Michigan

**Susan Simonds**
Lakewood, Colorado

**James Smircich**
San Francisco, Kalifornien

**Loren Stump**
Adventure in Glass
Elk Grove, Kalifornien

**Scott Turnbull**
Zebra Glass
New Russia, New York

**David Vogt**
Desert Fire Art Glass
Chandler, Arizona

**Pati Walton**
Pati Walton Lampworked Beads
Highlands Ranch, Colorado

**Audrie Wiesenfelder**
Skokie, Illinois

**Lorraine Yamaguchi**
Fusion Products International
Laguna Niguel, Kalifornien

**Barbara Thomas-Yerace**
Creative Glasswear
Saline, Michigan

**Alice Foster-Zimmerman**
ASG Studio
Glendale, Arizona

# Danksagung

Ich möchte den vielen Menschen danken, die Ihre Ideen, Techniken, Ratschläge und/oder einen grossen Teil ihrer Zeit für dieses Projekt zur Verfügung gestellt haben.

**Ed Weisbart,** der die meiste Arbeit geleistet und die schwierigsten Aufträge erhalten hat.

**Laura C. Anderson,** die die verschiedenen Fassungen gelesen, ihre Ideen zur Rohfassung beigetragen hat und immer gewillt war, auszuhelfen, wenn die Zeit knapp war.

**Kate Fowle,** die eine wahre Informationsquelle und ständige Inspiration ist.

**Tom Holland und Patricia Sage,** die beide wunderbare Lehrer sind und ihr umfangreiches Wissen grosszügig weitergeben.

**Dinah und Patty Hulet** – ich bin so froh, dass ich an ihrem ersten (und letzten) Kurs teilnehmen durfte. Ich hoffe, es lag nicht an mir.

**Liz Ormes** – eine herausragende Lampenarbeiterin, technische Beraterin und Freundin, mit der ich am Telefon quatschen kann und die einen wunderbaren Sinn für Humor hat.

**Tom und Barb Deibel,** die dafür sorgten, dass die gezeigten Werke professionell photographiert wurden.

Und meine Muse, **Barb Duro**. (Nur wegen ihr habe ich dieses Buch geschrieben.)

Der Herausgeber dankt **Kim Adams**, die ihr Atelier grosszügig für unsere Aufnahmen zur Verfügung gestellt hat; **Barry Olen**, der Besitzer von Beads and Beyond in Asheville, North Carolina, für die Leihgaben von Werkzeugen und Rohlingen und seine Kenntnisse; Gary Newlin, der Besitzer von A Touch of Glass in Asheville, North Carolina, der uns den perfekten Hintergrund für Werkzeuge zur Perlenherstellung zur Verfügung gestellt hat, und **Evan Bracken**, der mit geschickter Hand und wachem Auge Hunderte von schönen Photos für dieses Buch produziert hat.

# Stichwortverzeichnis

Jerry Goldberg

# *Autogenes Training*

JERRY GOLDBERG

# Autogenes Training

## Entspannt und gelassen den Alltag meistern

blv

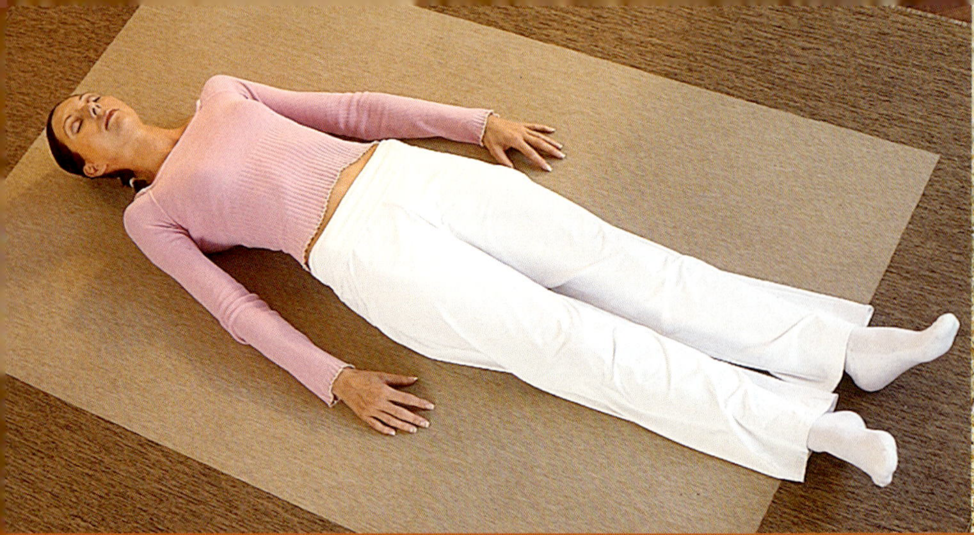

# Inhalt

Autogenes Training:

# entspannt und glücklich

Geben Sie Ihrem Körper
und Ihrer Seele Zeit
zum Entspannen.

# Raus aus der Tempogesellschaft

Zeit ist knapp wie Geld! Unser Leben unterliegt ständig Bedingungen wie: »Du musst, du sollst.« Die Folge ist, dass unsere Seele das Leben wie auf einer Formel-1-Rennstrecke empfindet. Kurze Stopps an den Boxen zum Auftanken und Minutenschlaf und schon geht es weiter. Das macht auf Dauer krank - seelisch und körperlich. Dann wird es höchste Zeit abzubremsen: Geben Sie Ihrer Seele Zeit. Die braucht sie, um sich mit allen fünf Sinnen - hören, riechen, schmecken, sehen und fühlen - neu zu orientieren. Dann kann sie wieder Kraft tanken.

## Schlechte Aussichten: Wie Stress Ihr Leben verkürzt

Sie fahren in letzter Zeit immer öfter aus der Haut und wissen nicht weshalb? Sie sind ständig gereizt, schon aus geringstem Anlass explodieren Sie? Wut, Ärger und Gereiztheit sind Ausdrucksformen von Stress. Denn Stress macht ungeduldig und das erzeugt Druck. Nichts kann schnell genug gehen. Kein Wunder, wenn irgendwann der Körper nicht mehr mitmacht. Das macht nicht nur krank, sondern auch alt. Dann folgt meist die typische Frage: »Und, was habe ich jetzt davon? Hätte ich nicht besser kürzer treten sollen?«.

### Überreizt: Wenn die Seele überkocht

Wir sind keine Steinzeitmenschen, die einfach alles aus dem Wege räumen können, was uns einengt oder bedroht - notfalls auch mit Gewalt. Wie also Dampf ablassen, bevor uns Herzinfarkt und Schlaganfall dahinraffen? Sie meinen: »Auf den Tisch hauen und seinen Ärger sofort rauslassen?« Irrtum! Psychologen sind sich heute einig. Es gibt weitaus bessere Mittel und Wege, um den angestammten Urzeit-Reaktionen zu entkommen: mit dem Autogenen Training!

## Ruhe und Energie durch Autogenes Training

Mit Autogenem Training bringen Sie Ruhe in Ihr Seelenleben. Sie erschließen Ihre inneren Kraftquellen. Dann sprudeln bald wieder neue Ideen und frische Energien, aus denen neue Ziele wachsen können. Aber alles braucht seine Zeit. Geben Sie sich Zeit und mehr Geduld: Das sind wesentliche Voraussetzungen, um das Autogene Training zu lernen. Sie allein entscheiden in jeder Sekunde Ihres Lebens, wie glücklich Sie sind und wie gut Sie sich fühlen. Tun Sie deshalb etwas! Ebnen Sie mit dem Autogenen Training Ihrer Seele den Weg zu mehr Zufriedenheit und Glück. Dann kommt das Glück auch zu Ihnen. Denn solange Sie es nur draußen suchen, werden Sie es garantiert nicht finden.

### Momente endlich genießen können

Wenn Sie feststellen, dass Sie mit Ihren Kräften am Ende und vielleicht sogar schon völlig ausgebrannt sind, liegt das wahrscheinlich daran, dass die Dinge nicht ganz so laufen, wie Sie es

**INFO**

**Auf die Dosis kommt es an: Dass Stress in Maßen auch positiv sein kann, erkennen Sie daran, dass er Sie zu Höchstleistungen antreibt. Müdigkeit bläst er weg wie Staub. Doch wenn Sie ständig aus dem Vollen schöpfen, ist das Fass bald leer. Dann wird es Zeit, es wieder aufzufüllen.**

sich gewünscht hatten. Und dann wird es unangenehm. Für Sie, weil Sie ständig Ärger in sich »hineinfressen«. Und für Ihre Mitmenschen, weil Sie »ungenießbar« geworden sind. Das sind schlechte Lösungen, um den Alltag durchzustehen. Deshalb ist das Autogene Training (AT) in solchen Augenblicken der weitaus bessere Weg, Ressourcen neu aufzutanken.

### Entscheidungsfreudig: auf zu neuen Zielen

Schenken Sie sich Momente der Kraft, der Ruhe, Momente von Glück und Zufriedenheit. Dann finden Sie zu Ihrem geistig-seelischen Gleichgewicht zurück. Sie spüren, wie Selbstbewusstsein und Entscheidungsfähigkeit wieder in Ihnen aufblühen. Das gibt Ihnen die Kraft, Herausforderungen und Belastungen leichter standzuhalten. Auf Frustrationen und Ärger können Sie gelassener reagieren als zuvor. Darüber hinaus werden Sie sich zu neuen Zielen motivieren. Dann wachsen Ihrer Seele wieder Flügel.

### Abwehr: immun durch Autogenes Training

Wird die Seele krank durch Stress, ist auch Ihre körperliche Abwehr geschwächt. Die Folgen reichen von Beschwerden wie Erkältungskrankheiten bis hin zu Magen-Darm-Geschwüren. Psyche und Abwehrsystem stehen in einem direkten Zusammenhang. Mit dem Autogenen Training stärken Sie nicht nur Ihre Seele, sondern indirekt auch Ihr Immunsystem. Dann gewinnen Ihre Abwehrzellen wieder an Kraft. Sogar im akuten Stadium wie bei Hauterkrankungen oder Allergien (siehe Seite 58 f.) können Sie mit autosuggestiven Vorsatzformeln erstaunliche Ergebnisse erzielen.

## Was passiert beim Autogenen Training?

Tiefenentspannung und innere Konzentration üben einen harmonisierenden Effekt auf Nerven und Seele aus. Mit dem Autogenen Training können Sie sich mit positiven Erinnerungen aus Ihrem Leben autosuggestiv so weit beeinflussen, dass auch Ihre inneren Fähigkeiten reaktiviert werden: Sie stärken Ihr Selbstvertrauen, Ihre Durchsetzungsfähigkeit und Ihren Mut.

### Tiefenentspannung: Zugang zur Innenwelt

Mit dem Autogenen Training versetzen Sie sich in einen auto (= selbst)-beeinflussbaren Zustand, ähnlich wie bei einer Selbsthypnose. Voraussetzung ist die Konzentration auf Vorgänge wie innere Ruhe sowie das Gefühl von Schwere, Wärme und Gleichmäßigkeit. Dabei gelangen Sie in eine angenehme Tiefenentspannung. Mit anderen Worten: Sie fallen von einem bestimmten Moment an in Trance. Immer mehr lässt Ihr Geist von der Außenwelt und den Alltagsproblemen los. Dafür richtet er seine ganze Aufmerksamkeit umso stärker auf Ihre Innenwelt. Gedanken gehorchen keinem geordneten logischen Ablauf mehr. Sie tauchen einfach nur auf und verschwinden wieder wie Wolken am Himmel.

Meine Seminarteilnehmer beschrieben dieses Phänomen der inneren Umschaltung als ein Gefühl wunderbarer Harmonie mit sich selbst: »Alles andere ist irgendwie unwichtig geworden.«

### Kraftquelle Erinnerung: Re-Aktivieren Sie Fähigkeiten

Bei sozialem Stress wie Arbeitslosigkeit, Einsamkeit oder Versagensängsten können die Quellen innerer Sicherheit versiegen.

Häufig führt dies zur Resignation. Es fehlt die Kraft, sich am eigenen Schopf aus dem Sumpf zu ziehen. Gerade dann wird das Autogene Training zu einem unverzichtbaren Helfer in der Not. Denn mit ihm können Sie Ihre inneren Fähigkeiten reaktivieren, Mut zur eigenen Courage, Selbstvertrauen, Motivationskraft und Durchsetzungswillen werden gestärkt. Dass nicht automatisch alle Probleme gelöst werden, indem Sie sich ständig einreden: »Ich bin zufrieden und glücklich«, ist klar. Dennoch können Sie mit Autogenem Training neue Energien entfachen. Voller Elan lösen Sie dann Ihre Probleme, statt vor ihnen davonzulaufen. Das Beste daran ist, dass Sie sich nicht zu einer Psychotherapie entschließen müssen und Sie sich nicht großartig verändern sollen, Sie brauchen sich nur zu erinnern - an Ihre besten Zeiten.

**Erfolgsvideos: »Moments of Excellence«**

Das in diesem Buch dargestellte Autogene Training ist um einen außerordentlich wichtigen Baustein erweitert, den so genannten »Moment of Excellence«. Das bedeutet, dass Sie sich während der Tiefenentspannung an die besten, die »exzellenten« Augenblicke Ihres Lebens erinnern. Es sind die erfolgreichsten Filme aller Zeiten: Ihre persönlichen Power-Erfolgsvideos, die in Ihrer Gehirn-Videothek gespeichert sind. All Ihre Fähigkeiten, positiven Erlebnisse, schöpferischen Kräfte, die damit verbunden sind, erwachen zu neuem Leben, sobald Sie sich an sie erinnern. Wie Sie das erreichen? Dazu lassen Sie im Zustand konzentrativer Tiefenentspannung Ihre »Erfolgsfilme« mental vorüberziehen und auf sich wirken. Besinnen Sie sich in solchen Augenblicken auf Ihre inneren Fähigkeiten und Stärken, auf bestimmte Momente. Aber auch Glück dauert nur Minuten, manchmal nur Sekunden.

Dennoch: Sie sind außerordentlich wichtige Kraftquellen. Haben Sie sie erst einmal reaktiviert, können Sie sie für Ihre Zukunft nutzen. Denken Sie zum Beispiel an jemanden, der mit leuchtenden Augen aus seinem Leben und von seinen Abenteuern berichtet. Dann sprudeln seine inneren »Energiequellen« wie zu alten Zeiten. Das ist es, was einem Leben Sinn gibt!

### Unterbewusstsein: spürbare Erinnerungen

Üblich sind im Autogenen Training so genannte Vorsatzformeln wie »Ich bin selbstbewusst und innerlich stark«. Mit ihrer Hilfe können Sie Ihr Unterbewusstsein aktivieren, Ihnen bestimmte Fähigkeiten, die Sie sich wünschen, bereitzustellen. Doch es reicht nicht, sie einfach nur herunterzubeten wie etwa: »Ich bin selbstbewusst« oder »Ich bin voller Zuversicht«. Das wäre, als würden Sie sich ständig einreden: »Ich bin verliebt, ich bin verliebt!!«, obwohl Sie keinen Partner haben. Damit können Sie kaum etwas bewirken, weil Sie kein Gefühl dafür haben. Erst wenn Sie sich an eine persönlich erlebte Situation erinnern, in der Sie eine bestimmte Fähigkeit wie Mut besaßen, können Sie Mut auch fühlen. Dann reagiert Ihr Unterbewusstsein, weil es auf Gefühle anspricht. Sie sind der Katalysator, der Schlüssel zu Ihrem Unterbewusstsein. Die persönlichen Erinnerungen intensivieren die Wirkung Ihrer Vorsatzformeln.

### Glück: keine Sache der Gene

Sie meinen, Ihr Verhalten ist von Anfang an genetisch festgelegt? Sie müssen bis an Ihr Lebensende unzufrieden und voller Zweifel sein? Irrtum! Ein gewisser Spielraum sich zu verändern, bleibt immer. Wissenschaftler gehen von mehr als 50 Prozent aus.

Genau das ist Ihre Chance! Bieten Sie Ihrem Unterbewusstsein ein neues, stressfreies Verhalten an. Transportmittel dazu ist das Autogene Training. Und Sie können sicher sein, Ihr Unterbewusstsein reagiert darauf. Denn es wählt immer den besten aller Wege, den Sie ihm anbieten. Wenn Sie Ihrem Unterbewusstsein suggerieren, wie Sie aus einem Sportwettkampf siegreich hervorgehen, dann haben Sie beste Chancen auf Verwirklichung. Das nutzen Spitzensportler schon ganz selbstverständlich, um ihren Sieg in der Realität zu manifestieren. Erfolg, Glück und Zufriedenheit sind nicht allein eine Frage des Zufalls, der Gene oder der Geburtsstunde. Es liegt bei Ihnen. Es kommt auch auf die Umstände an, meinen Sie? Richtig, aber Widerstände und Rückschläge sind normal. Gerade deshalb ist es so wichtig, sich dagegen zu rüsten. Einen Sieger erkennt man manchmal schon am Start.

**TIPP**

**Ein kleiner Selbstversuch: Erinnern Sie sich an ein schönes Erlebnis. Lassen Sie Freude oder Glück in dieser Sekunde neu aufleben. Sie spüren, wie Ihre Seele zu lächeln beginnt? Dann denken Sie daran, was Sie heute vorhaben. Nehmen Sie die Erfahrung von Glück mit und gestalten Sie Ihren Tag danach. Sie erledigen Ihre Aufgaben leichter und motivierter als zuvor – garantiert!**

### Stark in die Zukunft: persönliche Erfahrungen

Manifestieren Sie Ihre neu aktivierten Fähigkeiten in Ihrem Unterbewusstsein! Verankern Sie sie dort. Dann haben Sie sie zur Verfügung, sobald Sie gebraucht werden: wenn es wieder brenzlig wird und Ihre Nerven blank liegen oder beim nächsten Vorstellungsgespräch, damit Sie überzeugen können. Was Sie dann nämlich brauchen, ist Selbstbewusstsein, einen überzeugenden Auftritt und Durchsetzungskraft! So wie damals, als Sie vor vielen Jahren Ihren Eltern klar und deutlich zu verstehen gaben, dass Sie ausziehen wollen. Auch damals hatten Sie sich durchgesetzt. Und genau diese Fähigkeiten brauchen Sie jetzt wieder. Visualisieren Sie, wie Sie sich beim Vorstellungsgespräch selbstbewusst erleben. Dann kommen auch Selbstvertrauen und Power zurück, neuen Herausforderungen erfolgreich zu begegnen.

## Das Programm: Was Sie erwartet

Sind Sie manchmal ausgebrannt, müde, gestresst? Wenn Sie nur über eine dieser Beschwerden klagen, sollten Sie etwas dagegen tun. In nur vier Wochen können Sie spürbare Erfolge erzielen. Dann sind Sie bereits dabei, sich auf der ganzen Linie körperlich und seelisch zu regenerieren.

### Starkes Ego: innere Stärke durch Ruhe

In der ersten Woche lernen Sie erst einmal ruhig und gelassen zu werden. Das ist eine wohltuende Erfahrung, die Sie vielleicht schon lange nicht mehr genießen durften.

In der zweiten Woche trainieren Sie Ihr Ego: Erleben Sie sich selbstbewusst und wie Sie kraftvoll und kompetent auftreten. In der dritten Woche erfahren Sie, wie wichtig es ist, konzentriert zu sein und Wichtiges von Unwichtigem zu unterscheiden. Sie lernen die Übersicht zu behalten und Prioritäten zu schaffen. In der vierten Woche erleben Sie den krönenden Abschluss: Denn jetzt werden Sie innerlich ausgeglichen, glücklich und zufrieden sein.

### Wohlfühlformel: Ihr persönlicher Zauberstab

Zum Abschluss des 4-Wochen-Trainings werden Sie Ihre ganz persönliche Wohlfühlformel kreieren. Sie ist der Zauberstab, mit dem Sie in Zukunft Ihre Ressourcen schnell aktivieren können. Prüfung, Geschäftsgespräch, Termindruck? Ihnen geht es nicht gut? Aktivieren Sie Ihre Wohlfühlformel! Die anderen merken es nicht einmal. Die Formel wirkt wie ein Sekundenschlaf: Eine kurze Besinnung auf Ruhe und Konzentration und Ihre Seele kommt wieder in Schwung. Damit können Sie Unlust und Unsicherheit in Selbstvertrauen und Souveränität umwandeln.

### Auf Erfolgskurs: Ziele erreichen

Nach dem 4-Wochen-Training steht es Ihnen offen, wie Sie weiterhin das AT nutzen werden: um Ihre psychischen Kräfte zu stabilisieren, die richtigen Entscheidungen zu treffen oder um kreative Pausen für neue Ideen einzulegen. Eine Anleitung dazu finden Sie im zweiten Kapitel. Mit dem AT-Powertraining haben Sie außerdem die Möglichkeit, sich mental zu motivieren und Ihren Kampfgeist zu aktivieren. Das sind wesentliche Voraussetzungen, um erfolgreich zu sein und durchsetzungsfähig zu werden.

**Endlich abschalten! Finden Sie Ihr Refugium!**
Wo können Sie das Autogene Training am besten ausführen? Suchen Sie zum Üben Ihren Lieblingsraum auf, Ihr Refugium für den äußeren und inneren Rückzug: Ihr eigenes Zimmer, Ihr eigenes Bett oder Ihren Lieblingsstuhl mit dem Lieblingskissen. Doch im Prinzip können Sie das AT überall durchführen. Und wenn es auf dem stillen Örtchen sein muss. Denn der Vorteil dieser Entspannungsmethode ist, dass Sie sie nach einiger Übung jederzeit und überall anwenden können. Eine spezielle Kleidung müssen Sie nicht tragen. Die Hauptsache ist, Sie fühlen sich wohl. Lockern Sie alles, was einengt. Das betrifft auch die Haltung, die Sie beim Üben einnehmen. Wie Sie die Übungen durchführen, entscheiden Sie: entweder im Sitzen oder im Liegen.

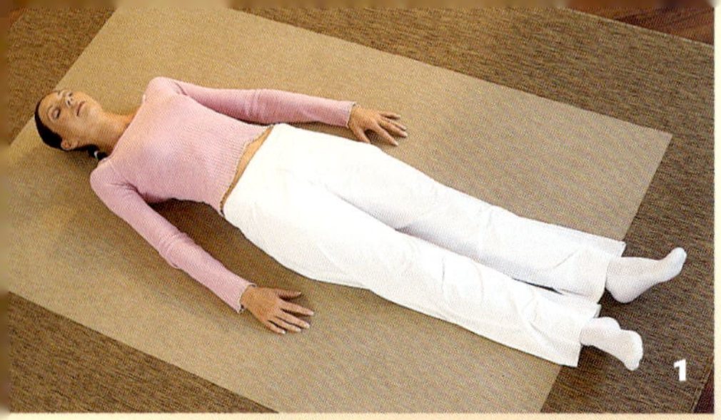

1

2

3

*1. Die Liegehaltung*

*2. Die Lehnstuhlhaltung*

*3. Die Kutscherhaltung*

**Die Liegehaltung**

Sie liegen ganz entspannt auf dem Rücken. Dabei sind auch die Arme und Beine völlig entspannt. Ihre Füße fallen mit den Fußspitzen leicht nach außen, die Handflächen berühren den Boden. Kopf und Knie können Sie je nach Bedarf mit einem flachen Kissen abstützen. Bei Behinderung der Atemwege legen Sie den Oberkörper leicht erhöht auf ein dickes Kissen.

**Die Kutscherhaltung**

Haben Sie schon einmal im Sitzen ein Nickerchen gemacht? Dann haben Sie bestimmt die Kutscherhaltung eingenommen. Diese Position bevorzugten schon die Berliner Pferdekutscher

vor 100 Jahren, wenn sie auf dem Kutschbock saßen. Natürlich brauchen Sie weder Pferd noch Wagen, ein Hocker, ein Stuhl und eine Sitzbank eignen sich auch. Deshalb können Sie das Autogene Training so hervorragend unterwegs ausführen, zum Beispiel in der U-Bahn.
Sie sitzen locker auf der vorderen Sitzfläche des Stuhls und beugen Kopf und Schultern leicht nach vorn. Bei der Kutscherhaltung sollte sich der Kopf allein ohne Mühe und Muskelanspannung tragen. Hände und Unterarme sind völlig entspannt, sie liegen auf den leicht gespreizten Oberschenkeln. Die Knie sind gebeugt und beide Füße stehen flach auf dem Boden.

### Die Lehnstuhlhaltung

Auch einen Sessel oder einen Stuhl mit Armlehnen können Sie für das Autogene Training verwenden. Lehnen Sie sich gemütlich zurück, der Rücken befindet sich an der hinteren Lehne. Bei dieser Haltung beugen Sie die Kniegelenke etwa im rechten Winkel. Die Füße haben festen Bodenkontakt. Vorsicht: Wenn die Lehnen zu hoch sind, kann sich ein leichter Blutstau in den Armen sammeln. Legen Sie dann lieber die Arme auf die Oberschenkel.

### Wann und wie oft?

Wir empfehlen zweimal täglich zu üben: am besten morgens und abends. Führen Sie das Autogene Training gleich nach dem Aufwachen aus, wenn Sie noch im Bett liegen, oder vor dem Einschlafen. Am Morgen können Sie sich am besten auf den folgenden Tag mit Hilfe der Visualisierungen und Vorsätze »programmieren«. Außerdem können Sie am Abend auf die Rücknahme verzichten und gleich nach dem Training einschlafen.

**INFO**

**Sie sind eingeschlafen während des Trainings? Sofern Sie Ihrem Unterbewusstsein bereits Ihr Ziel und Ihren Vorsatz suggeriert haben und Sie genügend Zeit haben, lassen Sie sich ruhig in den Schlaf gleiten. Eine Rücknahme wäre überflüssig.**

# Die vier Grundsäulen des Autogenen Trainings

Fundament des Autogenen Trainings sind die vier Grundsäulen, auf denen alle Anwendungen beruhen. Sie sind gleichzeitig der Ablaufplan, nach dem Sie vorgehen. Das Beste daran ist, dass sie leicht zu erlernen sind. Zunächst bestimmen Sie Ihre kleinen und großen Ziele: Was will ich erreichen? Das reicht vom kleinen Glück bis hin zum Entwickeln neuer Strategien. Sobald Sie Ihre Fähigkeiten auf der Entdeckungsfahrt durch die Vergangenheit wiederentdeckt haben, bestimmen Sie Ihre Zukunft. Sie können sich ein starkes, zufriedenes Zuhause bauen.

## Ihr Ziel

Beginnen Sie Ihr Training damit, dass Sie sich ein Ziel setzen! Es sollte klar, deutlich und positiv formuliert sein. Vermeiden Sie Sätze wie: »Ich will nicht mehr gestresst sein«, denn er ist nicht positiv formuliert. Ihr Unterbewusstsein weiß dann nicht, was Sie stattdessen wollen. Außerdem sollte das Ziel für Ihr Unterbewusstsein nachvollziehbar sein. »Stress« ist ein weitläufiger Begriff. Er kann für alles Mögliche stehen.
Beziehen Sie Ihr Ziel immer ganz konkret auf eine bestimmte Situation: »Morgen, beim Vorstellungsgespräch, bin ich ruhig und entspannt«. Jetzt wissen Sie konkret, was Sie wollen. Formulieren Sie daraus Ihre Vorsatzformel.

### Vorsatzformel: Slogan fürs Unterbewusstsein

Einen Vorsatz kennen Sie von der Jahreswende: wenn Sie mit dem Rauchen aufhören wollen oder sich vornehmen, Ihr Zimmer regelmäßig aufzuräumen. Auch beim AT fassen Sie jedes Mal zu Beginn des Trainings einen Vorsatz. Formulieren Sie ihn immer so, als wäre er bereits Realität, zum Beispiel: »Ich **bin** voller Selbstvertrauen.«
Ein Vorsatz durchzieht den gesamten Trainingsverlauf wie eine Formel. Je häufiger Sie diese Vorsatzformel wiederholen, desto intensiver prägt sie sich in Ihr Unterbewusstsein ein.
Für die ersten vier Trainingswochen geben wir Ihnen Vorsatzformeln. Die Basis besteht aus den Grundbausteinen: Ruhe, Selbstbewusstsein, Konzentration und Zufriedenheit. In der ersten Woche heißt Ihre Vorsatzformel:
*Ich bin ganz ruhig und gelassen.*

Säule 2

## Powerreisen oder wie Sie Ressourcen sammeln

Die zweite Säule des AT sind mentale Powerreisen, die Sie während der Trancephase unternehmen. Erst wenn Sie total entspannt sind, haben Sie Zugang zu Ihren Kraftquellen. Diese können Sie später auch für sich nutzen, um den Alltag kraftvoll zu meistern.

### Werfen Sie den Erinnerungsanker!

Holen Sie sich Kompetenz und seelische Power aus Ihrer Erinnerungsschublade! Aktivieren Sie Ihre Kraftquellen und Energien aufs Neue, indem Sie sich auf Ihre Erfolgserlebnisse, Fähigkeiten und Stärken besinnen. Dann verankern Sie sie in Ihrem Unterbewusstsein. Ideal dafür ist die Technik des Ankerns: Berühren Sie während der Powerreise mit leichtem Druck Ihre Herzgegend wie auf dem Foto dargestellt. Damit vereinigen Sie alle Gefühle

und Eindrücke Ihrer Erlebnisreise symbolisch an dieser Stelle. Das ist der Anker, der Sie in schwierigen Situationen an Ihre Fähigkeiten erinnern soll. Um Ihre Kraftquellen dann zu reaktivieren, berühren Sie wieder dieselbe Stelle mit derselben Hand und einem leichten Druck. So verwandeln Sie Nervosität oder Unsicherheit in Ruhe und Selbstvertrauen.

**Übungsbeispiel: Ankern Sie Ihren Ruhezustand!**
Sie nehmen eine bequeme Haltung ein und suchen einen besonders intensiven Augenblick der Ruhe in Ihrem Leben, vielleicht das schönste Ruheerlebnis, das Sie je hatten. Lassen Sie Ihre Erinnerung vorüberziehen, bis Sie ein solches Erlebnis gefunden haben. Intensiv erleben, heißt sinnlich erleben: Spüren Sie mit Ihren Sinnen nach. Was sehen Sie? Was hören Sie? Was fühlen Sie? Je stärker Sie Ihre Sinne für diese Eindrücke »schärfen«, desto eher werden Sie von Ruhe und Gelassenheit durchströmt. Dann »ankern« Sie dieses Ruheerlebnis: Legen Sie Ihre linke Hand in die Herzgegend, kurz unterhalb des Herzens, während Ihre Fingerspitzen auf das untere Ende des Brustbeins zeigen. Das ist jetzt Ihr »Herzanker«, den Sie fortan während jeder Trainingssitzung verwenden.

In der ersten Trainingswoche sammeln Sie am Herzpunkt Ihre Wahrnehmungen für Ruhe und Gelassenheit. In der 2. Woche verankern Sie dort Ihre Empfindungen von Selbstbewusstsein und innerer Kraft. In der 3. Woche von Konzentration und Klarheit und in der 4. Woche von Glück und Zufriedenheit. Genießen Sie den Augenblick. Danach legen Sie den Arm wieder an Ihre Körperseite.

**INFO**

**Nicht jede schöne Erinnerung muss unbedingt positive Gefühle auslösen. Wenn Sie ein wunderbares Erlebnis mit einer inzwischen verstorbenen Person hatten, kann Sie das eventuell sehr traurig stimmen. Dann ist es besser, Sie erinnnern sich an ein Erlebnis, das Sie ganz für sich alleine genießen konnten.**

Säule 3

## Basistraining

Sie haben inzwischen Ihre Kraftquellen für Ruhe und Gelassenheit gefunden, indem Sie entsprechende Ressourcen in Ihrer Vergangenheit gesammelt haben. Jetzt geht es mit dem Autogenen Training in gekürzter Fassung weiter: dem Basistraining. Damit werden Sie sanft in einen erholsamen Entspannungszustand gleiten.

### Innere Umschaltung

Ziel des Basistrainings ist ein angenehmer, entspannter Trancezustand. Sie werden merken, dass Ihr Bewusstsein während der Sitzung von der Außenwelt auf die Innenwelt »umschaltet«. Auch Ihre Atmung vertieft sich. Nach dieser »inneren Umschaltung« (Schultz) stellt sich ein angenehmes Körperbewusstsein ein. Alles was »draußen« ist, wie zum Beispiel Alltagsprobleme, verliert an Bedeutung. Sie sind erfüllt von innerer Ruhe. Ihre Gedanken ziehen nur schablonenhaft vorüber. Jetzt ist Ihr Unterbewusstsein für autosuggestive Beeinflussungen wie Vorsätze oder Visualisierungen besonders empfänglich.

Die folgenden Konzentrationsübungen des Basistrainings gliedern sich in:

- Schwere-Wärme-Konzentration
- Gesichtskonzentration
- Atemkonzentration
- Bauchraumkonzentration

Am Ende des Basistrainings finden Sie auf Seite 29 f. eine Übersicht.

### Schwere-Wärme-Konzentration

Entspannte Muskulatur fühlt sich schwer an. Gut durchblutete Gefäße fühlen sich warm an. Schwere und Wärme wirken sich entspannend auf Körper und Psyche aus.

### Vorsatz: Ruhe

Beginnen Sie zunächst mit dem Vorsatz (siehe Seite 21, Säule 1). Wiederholen Sie diesen Vorsatz deshalb während des Basistrainings nach jedem Übungsabschnitt. Denken Sie für sich:
*Ich bin ganz ruhig und gelassen.*

### Beide Arme schwer

Sie bleiben in einer für Sie bequemen Position. Richten Sie nun Ihre ganze Aufmerksamkeit auf Ihre Arme. Heben Sie beide Arme einen oder zwei Atemzüge lang wenige Zentimeter hoch, so dass Sie einen Eindruck davon bekommen, was »Schwere« für Sie bedeutet. Legen Sie beide Arme auf den Boden, wenn Sie liegen, und auf die Oberschenkel oder Armlehne des Stuhls, wenn Sie sitzen. Die Schwereformel lautet:
*Beide Arme sind angenehm schwer - Schwere.*

### Beide Arme warm

Sprechen Sie jetzt für sich die Wärmeformel aus:
*Beide Arme sind angenehm warm - Wärme.*

### Beide Beine schwer

Sprechen Sie die Schwereformel aus und spüren Sie, wie Ihre Beine schwer auf der Unterlage liegen:
*Beide Beine sind angenehm schwer - Schwere.*

**TIPP**

**Die ausführliche Form des Basistrainings, das Grundtraining, ist die Übung 1 auf der CD.**

**Übung 1 auf der CD**

**Beide Beine warm**

Übertragen Sie die Wärmekonzentration auf beide Beine, sprechen Sie die Wärmeformel aus:

*Beide Beine sind angenehm warm - Wärme.*

**Ganzkörperkonzentration**

Zum Schluss lassen Sie alle Empfindungen in einem angenehmen ganzheitlichen Körpergefühl von Schwere und Wärme zusammenfließen.

*Der ganze Körper ist angenehm schwer und warm.*

Wiederholen Sie Ihren Vorsatz und beenden Sie mit ihm diesen Übungsabschnitt:
*Ich bin ganz ruhig und gelassen.*

### Gesichtskonzentration

Aufregung, Ärger oder stundenlange PC-Arbeit sind Gift für Aufmerksamkeit und Konzentration. Dann ist Ihnen die Nervosität buchstäblich ins Gesicht geschrieben. Die Folgen sind Mikroanspannungen in der Gesichtsmuskulatur. Bei Menschen, die ständig unter Druck stehen und häufig die »Zähne zusammenbeißen«, wird die Kaumuskulatur hart wie Beton. Das ist eine häufige Ursache für Spannungskopfschmerzen. Richten Sie Ihre Aufmerksamkeit auf die Augen- und Kaumuskulatur. Anschließend konzentrieren Sie sich auf die Stirn. Denken Sie für sich:
*Augen und Mund ganz locker und entspannt - Stirn kühl.*

### Atemkonzentration

Ein- und Ausatmen symbolisieren die Gegensätze von bewusstem »Anspannen« und passivem »Loslassen«. Während des Atmens beobachten Sie innerlich, wie sich Brustkorb oder Bauch heben und senken. Denken Sie für sich:
*Atmung kommt und geht. Es atmet mich.*

### Bauchraumkonzentration

Im Bauchraum befindet sich ein dichtes Nervengeflecht. Esoteriker nennen es Zentrum der Lebensenergie, Mediziner bezeichnen es mit Solarplexus. In diesem Bereich befinden sich fast ebenso viele Nervenstränge wie im Gehirn. Von hier aus steigen Gefühle wie Ärger oder Freude auf. Lassen Sie diesem Bereich

**TIPP**

**Um Ihre Empfindung für Schwere zu vertiefen, synchronisieren Sie die Atmung mit der Schwereformel: Beim Einatmen konzentrieren Sie sich auf *»(Meine) beide(n) Arme«* und beim Ausatmen auf *»sind angenehm schwer.«* Lassen Sie anschließend die Empfindungen kurze Zeit nachklingen. Verfahren Sie ebenso mit allen anderen Formeln.**

mit der Kraft Ihrer Gedanken Wärme und Energie zukommen. Denken Sie für sich:
*Bauchraum weich und strömend warm - Wärme.*

**Ganzkörperkonzentration**
Zum Schluss lassen Sie alle Empfindungen in einem angenehmen ganzheitlichen Körpergefühl von Schwere und Wärme zusammenfließen.
*Der ganze Körper angenehm schwer und warm.*

**Tiefenentspannung: positive Gedanken – positive Gefühle**
Sie haben »abgeschaltet« und befinden sich jetzt in einer wohltuenden Tiefenentspannung: Das Tor zu Ihrem Unterbewusstsein ist weit geöffnet. Jetzt besinnen Sie sich noch einmal auf Ihre Ruhesituation. Ankern Sie sie nochmals mit Ihrer Hand wie zu Beginn des Trainings. Das hilft Ihnen Ihr Ruheerlebnis sofort wieder zur Verfügung zu haben. Während der Trance können Sie jetzt Ihre Eindrücke, Bilder, Farben, Stimmen, Geräusche und Düfte besonders intensiv erleben, viel stärker als zu Beginn der Sitzung. Jetzt öffnen sich Ihre Gefühle. Wie ein Fluss tragen sie Ihre Wahrnehmungen in Ihr Unterbewusstsein. Damit prägen Sie Ihr Unterbewusstsein mit neuen Energien und Fähigkeiten. Jetzt können Sie mit der Gestaltung Ihrer Zukunft beginnen. (siehe Seite 31 f. Zukunfts-Check).

**Rücknahme: So beenden Sie das Basistraining**
Wenn Sie das Training hier abbrechen wollen, weil Ihnen das Ruheerlebnis allein schon sehr viel Kraft und Energie gibt, sollten Sie dies mit der so genannten »Rücknahme« tun. In der Tiefen-

entspannung sind alle Körperfunktionen verlangsamt. Deshalb ist die Rücknahme so außerordentlich wichtig, um wieder für den Alltag körperlich und geistig fit zu werden. Ansonsten würden Sie den Tag weiterhin im Trancezustand verbringen. Das könnte Ihre Reaktionsfähigkeit negativ beeinflussen.
Ballen Sie Ihre Hände zu Fäusten und winkeln Sie die Unterarme an, dabei tief einatmen. Dann strecken Sie Ihre Arme wieder aus, dabei ausatmen! Öffnen Sie Ihre Augen und freuen Sie sich auf die kommenden Aufgaben!

**Basistraining: Zusammenfassung**

Mit dem Basistraining gelangen Sie in die Tiefenentspannung. Sie befinden sich in einem leichten Trancezustand. Bis dahin vergehen etwa 5 bis 10 Minuten, je nach Ihrer Ausgangslage und

**INFO**

**Jeder Mensch entwickelt auf seine Art Vorlieben und Gewohnheiten. Wenn Sie im Laufe der Zeit den Ablauf der Konzentrationsübungen Ihren eigenen Bedürfnisssen anpassen, ist das ideal.**

wie routiniert Sie bereits sind. Voll konzentriert erreicht ein Geübter bereits nach 3 Minuten das Höchstmaß wonniger Ruhe.

**Vorsatzformel:** *Ich bin ganz ruhig und gelassen.*
*Beide Arme sind angenehm schwer - Schwere.*
*Beide Arme sind angenehm warm - Wärme.*
*Beide Beine sind angenehm schwer - Schwere.*
*Beide Beine sind angenehm warm - Wärme.*
*Der ganze Körper angenehm schwer und warm - Wärme.*
(jeweils dreimal)

**Kurzform** der Schwere-Wärme-Konzentration
*Beide Arme angenehm schwer und warm.*
*Beide Beine angenehm schwer und warm.*

**Vorsatzformel:** *Ich bin ganz ruhig und gelassen.*
(einmal)
*Augen und Mund ganz locker und entspannt - Stirn kühl.*
*Atmung kommt und geht. Es atmet mich.*
*Bauchraum weich und strömend warm - Wärme.*
*Der ganze Körper angenehm schwer und warm - Wärme.*
(jeweils dreimal)

**Vorsatzformel:** *Ich bin ganz ruhig und gelassen.*
(einmal)

**Rücknahme:** Ballen Sie Ihre Hände zu Fäusten und winkeln Sie die Unterarme an, dabei tief einatmen. Dann strecken Sie Ihre Arme wieder aus, dabei ausatmen! Öffnen Sie Ihre Augen.

## Zukunfts-Check

Der Abschluss einer Sitzung ist der Zukunfts-Check. Weil Sie in Ihrer Fantasie, also mental, zukünftige Situationen bereits vorwegnehmen können, haben Sie die Möglichkeit, Ihre neuen Fähigkeiten vorweg auszuprobieren, sozusagen als Generalprobe. Erleben Sie sich so, wie Sie es sich wünschen: souverän, erfolgreich, selbstbewusst oder siegesgewiss. Ihr Unterbewusstsein wird Ihr neues Verhalten speichern und mit Sicherheit bei der nächstbesten Gelegenheit »ausprobieren«.

### Regieanweisungen für den Alltag

Sie sind im Trancezustand. Auch Ihren Ressourcen-Anker halten Sie noch. Und Ihr Ruheerlebnis ist Ihnen gegenwärtig. Lassen Sie

jetzt den Film zukünftiger Tagesereignisse auf Ihrer inneren Leinwand ablaufen: speziell solche, bei denen Sie ruhig und gelassen bleiben möchten. Spielen Sie in Ihrer Fantasie Situationen durch, in denen Sie Ihr neues Verhalten zeigen und ruhig und gelassen bleiben.

### Den besten Zustand ankern

Sobald Sie merken, dass Sie in Ihrer Vorstellung ein für Sie zufriedenes Verhalten zeigen und sich dabei ruhig und gelassen erleben, legen Sie Ihre linke Hand mit leichtem Druck an Ihren Herzpunkt. Damit ankern Sie die Situation. Halten Sie Ihren Anker weiterhin und denken Sie an weitere Ereignisse oder Personen, mit denen Sie im Laufe des Tages oder in naher Zukunft konfrontiert werden können. Gestalten Sie die Abläufe so, dass Sie sich total gelassen erleben. Visualisieren Sie Ihr Verhalten in allen Details und lassen Sie den Film nach Ihrer Zufriedenheit ablaufen. Genießen Sie es, sich ruhig und stark zu erleben. Sie projizieren die Situation auf Ihre Herzgegend, weil Sie immer noch den Anker halten.

### Krönender Abschluss

Nun schließen Sie das gesamte Trainingsprogramm mit der Rücknahme ab (siehe Seite 28 f.).

Herzlichen Glückwunsch! Sie haben den Ablauf einer Trainingssitzung kennen gelernt, der für die 1. Trainingswoche gilt. Während der weiteren drei Trainingswochen gilt im Prinzip derselbe Ablauf, nur die Schwerpunktthemen ändern sich. So können Sie jeden Tag immer besser in einen Erfolgstag verwandeln.

## Häufig gestellte Fragen und Probleme

**Ich schweife gedanklich immer wieder ab und habe Probleme mich zu konzentrieren.**

Der Wechsel von Anspannung und Entspannung hilft beim Entspannen. Spannen Sie deshalb die Muskulatur einen Moment lang an: Ballen Sie die Hände zu Fäusten, drücken Sie die Unterarme und Beine gegen die Unterlage. Beißen Sie die Zähne fest aufeinander. Dabei heben Sie den Kopf einige Zentimeter von der Unterlage ab. Tun Sie das nur einmal und nicht länger als 3 bis 5 Atemzüge lang. Halten Sie die Anspannung aufrecht, ohne dabei zu übertreiben.

Diese Einstimmung ist auch zu Beginn des Trainings geeignet, damit Sie den »Kopf frei bekommen«.

**Wie lange soll ich üben?**

Ein bisschen Disziplin muss schon sein. Dabei ist nicht die Dauer einer Sitzung entscheidend, sondern dass Sie das Gefühl haben, sich in einer angenehmen Tiefenentspannung zu befinden. Deshalb üben Sie bitte genauso regelmäßig wie es zur Kräftigung Ihrer Muskeln notwendig ist. Am besten jeden Tag!

**Ich bin völlig konzentriert, trotzdem kann ich nicht abschalten.**

Vielleicht haben Sie vorher zu viel oder zu scharf gegessen. Wenn Ihr Verdauungsapparat in Aufruhr ist, bleibt auch Ihr Kopf nicht ruhig. Brechen Sie das Training besser ab. Es wäre paradox, ein Trainingsziel erzwingen zu wollen, bei dem es um »Ruhe« geht.

**Nach wie vielen Sitzungen tritt der Trancezustand ein?**
Das ist von Mensch zu Mensch unterschiedlich. Selbst bei Ihnen kann der Zustand von Sitzung zu Sitzung anders eintreten. Doch eines ist sicher: Je häufiger Sie das AT durchführen, desto schneller kommen Sie in Trance. Personen, die mit dem AT anfangen, kommen nach 3 bis 5 Sitzungen in den Zustand der Tiefenentspannung.

**Bei mir stellen sich weder »Schwere« noch »Wärme« ein.**
Weder »warm« noch »schwer« sind ein Muss! Entscheidend ist, dass Sie sich auf das körperliche Geschehen konzentrieren. Dadurch ziehen Sie Ihre Aufmerksamkeit von der Außenwelt ab und steuern langsam auf den inneren Umschaltpunkt (siehe Seite 24) zu. »Schwere« und »Wärme« verstärken diesen Effekt.

**Ich habe das Gefühl, mein Bein fühlt sich taub an.**
Manche Menschen berichten von Kribbeln, Taubheitsgefühlen in den Extremitäten bis hin zu unkontrollierbaren Muskelzuckungen. Doch keine Sorge: Beim AT passiert nicht mehr oder weniger als in der Phase kurz vor dem Einschlafen. Da kommt auch schon mal ein Muskelzucken vor. Haben Sie darüber hinaus andere Beschwerden wie Atemprobleme, sollten Sie Ihren Arzt fragen, ob dem Geschehen eine ernsthafte Erkrankung zugrunde liegt.

**Was unterscheidet diese Art des Autogenen Trainings vom klassischen AT nach Schultz?**
Das »klassische Autogene Training« nach Prof. J. H. Schultz (1884 bis 1970) war für meine Seminarteilnehmer oft zu lang-

**INFO**

**Kalte Füße sind unangenehm und können den Entspannungsprozess verhindern. Abhilfe schaffen ein Fußbad, ein Saunagang oder leichte Sportübungen.**

atmig. Die Grundübungen werden häufig zur Routine. Dann besteht die Gefahr, mit den Gedanken abzuschweifen. Die Folge ist, dass der Teilnehmer das Training frustriert abbricht. Das in diesem Buch vorgestellte Basistraining ist eine komprimierte Form des klassischen Autogenen Trainings. Der Vorteil ist: Es fordert Ihre ganze Aufmerksamkeit und Sie kommen leicht in den Trancezustand.

**Selbstbewusstsein? Das habe ich nie gehabt! Wie soll ich da in meiner Erinnerung an Ressourcen kommen?**
Wenn Sie kein Erlebnis in Ihrem Leben finden, das eine bestimmte Fähigkeit wie Selbstbewusstsein repräsentiert, kopieren Sie diese Fähigkeit von jemandem, den Sie gut kennen. Stellen Sie sich diese Person in allen Einzelheiten genau vor. Anschließend stellen Sie sich vor, wie Sie anstelle dieses Menschen diese Fähigkeit besitzen. Diese Methode erfordert jedoch permanentes Wiederholen.

**Kann AT als Anti-Depressivum eingesetzt werden?**
Nicht jede Depression ist eine echte Depression, sondern oft nur eine depressive Verstimmung. Häufig stecken dahinter nervliche Überbelastungen oder chronische Erschöpfungszustände. Hierbei hilft das AT sehr gut. Eine echte Depression dagegen kann durch das AT verstärkt werden. Andererseits sind in meiner Praxis auch Fälle aufgetreten, bei denen das AT eine weitaus bessere Wirkung hatte als jedes Medikament. Suchen Sie deshalb einen guten Facharzt oder Heilpraktiker auf, der nicht gleich zum Rezeptblock greift, sondern Sie ernsthaft berät und behandelt.

# Das 4-Wochen-Trainingsprogramm

Manchmal ist das Einfache zugleich das Wertvollste und bedeutet mehr als alle Reichtümer dieser Welt. Dazu gehören Ruhe, Glück und Zufriedenheit. Deshalb tanken Sie in der 1. Woche nichts anderes als Ruhe. Während der 2. Woche stärken Sie Ihr Selbstbewusstsein. In der 3. Woche bauen Sie ein Schutzschild gegen Reizüberflutung auf. In der 4. Woche belohnen Sie sich mit Glück und Zufriedenheit, damit Sie wieder wissen, wie schön das Leben sein kann.

1. Woche

## So werden Sie ruhig und gelassen

Bauen Sie sich in der 1. Trainingswoche Ihre inneren Ruhenester. Sie sollen zu einem festen Bestandteil Ihres Alltags werden. Dann können Sie sich, sobald Sie das Bedürfnis haben, in sie zurückziehen.

### Geduld aufbringen

Was Sie mit mehr Ruhe erreichen können:

- freundlich und gelassen reagieren
- neue Energien schöpfen und gut gelaunt bleiben
- standfest Ihre eigene Meinung vertreten
- heftige Gefühlsreaktionen wie Gereiztheit kontrollieren
- gut durchschlafen und stressunempfindlicher werden

### So erschließen Sie Ihre Ruhequellen

Erinnern Sie sich während Ihrer Mentalreise an Augenblicke der Ruhe und Gelassenheit als Sie zuletzt:

- einfach nichts taten und nur den Augenblick genießen konnten
- einen schönen Spaziergang unternommen hatten
- bei der Begegnung mit Menschen ruhig und selbstsicher blieben
- Ruhe bewahrten und eine Sache entspannt erledigten

### Erinnerungsreise: Wege zur inneren Ruhe

- Bestimmen Sie Ihr Ziel: ruhig und gelassen zu reagieren.
- Vorsatzformel: *Ich bin ganz ruhig und gelassen*.
- Momente finden: Reisen Sie mental in Ihre Vergangenheit und finden Sie Ihr stärkstes Ruheerlebnis, an das Sie sich

**Übung 2 auf der CD**

besonders gern erinnern. Lassen Sie diesen Moment vor Ihrem geistigen Auge neu aufleben.

- Ankern: Wenn Ruhe und Gelassenheit auf Sie übergehen, ankern Sie diesen Augenblick, indem Sie Ihre Herzgegend mit leichtem Druck berühren.
- Denken Sie: *Ich bin ganz ruhig und gelassen.* (dreimal)
- Basistraining: Legen Sie Ihre Hand wieder neben sich und führen Sie jetzt das Basistraining (siehe Seite 24 ff.) durch.
- Trancezustand: Gehen Sie nochmals in Ihr Ruheerlebnis und ankern Sie wieder die Herzgegend. Verstärken Sie Ihre Vorstellungen: Nehmen Sie Geräusche, Farben, Stimmen oder ein Lächeln wahr, alles, was Sie emotional berührt.
- Zukunfts-Check: Verhalten Sie sich in zukünftigen Situationen so, wie Sie es sich von sich erwarten: ausgeglichen und gelassen. Denken Sie: *Ich bin ganz ruhig und gelassen.* (dreimal)
- Rücknahme: Kommen Sie kraftvoll in Ihren Alltag zurück.

**Zwei Beispiele**

- Iris L. (39), Angestellte, hatte mit ihrem Mann ständig Probleme wegen der Verteilung der Hausarbeiten. Er polterte gleich los. Dann wurde auch sie wütend. Mit dem AT gelang es Iris, gelassen zu bleiben. Bei einem Glas Wein klärten beide ihre Positionen. Seitdem ist Frieden im Haus.

- Bernd K. (58), seit 6 Monaten arbeitslos, reagierte ständig gereizt. Er hatte sein inneres Gleichgewicht verloren. Als er sich mit dem AT nach und nach auf sein früheres Hobby, den Modellschiffbau, besonnen hatte, fing er wieder damit an. Dann kam er auf die Idee, die Schiffe per Internet zu verkaufen.

## So werden Sie selbstbewusst und stark

Selbstbewusstsein ist eine treibende Kraft, die uns in unserem Verhalten anspornt und beflügelt. Stärken Sie in der 2. Trainingswoche Ihr Selbstbewusstsein, damit Sie Ärger und Frust in Zukunft vermeiden können.

### Entschlossen: Mut zur eigenen Courage

Was Sie mit Selbstbewusstsein erreichen können:

- Anerkennung, Kompetenz und ein sinnerfülltes Leben
- Probleme zu lösen, statt gleich aufzugeben
- neugierig sein und Freude an der eigenen Leistung
- Ziele verwirklichen und Herausforderungen annehmen
- leichter auf andere Menschen zugehen
- zufrieden sein und sich selber achten

### So erschließen Sie Ihre Quellen für ein stärkeres Selbstbewusstsein

Erinnern Sie sich an jene Momente, als Sie:

- sich von jemandem verstanden fühlten
- mit Respekt und Fairness behandelt wurden
- Erfolge erzielt hatten wie eine bestandene Prüfung, den Sieg über eine Krankheit, Ihren liebsten Partner »eroberten« oder Ihre Ideen erfolgreich durchsetzen konnten
- beruflich Erfolg hatten oder Zivilcourage zeigten

### Erinnerungsreise: Wege zu mehr Selbstbewusstsein

- Bestimmen Sie Ihr Ziel: ab jetzt selbstbewusst zu sein.
- Vorsatzformel: *Ich bin selbstbewusst und innerlich stark.*

- Momente finden: Reisen Sie mental in Ihre Vergangenheit und erinnern Sie sich an eine Situation, in der Sie sehr selbstbewusst aufgetreten sind.
- Ankern: Sobald Sie diese Situation gefunden haben, ankern Sie sie, indem Sie Ihre Herzgegend mit leichtem Druck berühren.
- Denken Sie: *Ich bin selbstbewusst und innerlich stark.* (dreimal)
- Basistraining: Legen Sie Ihre Hand wieder neben sich und führen Sie jetzt das Basistraining (siehe Seite 24 ff.) durch.
- Trancezustand: Denken Sie nochmals an Ihr Erlebnis und ankern Sie es erneut in der Herzgegend. Verstärken Sie Ihre Eindrücke. Achten Sie dabei auf alles, was Ihnen ein positives Selbstwertgefühl vermittelt.
- Zukunfts-Check: Gestalten Sie selbstbewusst Ihre nahe Zukunft. Denken Sie: *Ich selbstbewusst und innerlich stark.* (dreimal)
- Rücknahme: Kommen Sie kraftvoll in Ihren Alltag zurück.

**Zwei Beispiele:**

- Werner K. (59), Frührentner, sah keinen Sinn mehr in seinem Leben. Während des AT erinnerte er sich daran, weshalb er früher beruflich »gefragt war«: Kompetenz und Zuverlässigkeit waren seine Stärken. Daraufhin begann er eine ehrenamtliche Tätigkeit in der Kirchengemeinde. Das stärkte sein Selbstbewusstsein und gab ihm neuen Lebensmut.

- Juan M. (28) hatte ständig Angstgefühle, die er auf seine soziale Unsicherheit zurückführte. Mit dem AT gab er sich klare Ziele und Anweisungen vor, als wäre er sein eigener Chef. Das stärkte sein Selbstvertrauen. Seine Ängste wurden weniger.

## So werden Sie klar und konzentriert

Pausenlose Reizüberflutung und Überforderung rauben Ihnen die Übersicht? Dabei ist es meist das Konstante, das uns innere Sicherheit und Halt gibt: Ein regelmäßiger Urlaub auf dem Land, am Abend in einem dicken Buch zu schmökern oder Ähnliches. Stellen Sie jetzt Ihre innere Uhr neu. Werden Sie zum Meister der Langsamkeit und Konzentration.

### Schluss mit der Gedankenraserei!

Was Sie mit Konzentration erreichen können:

- Energien bündeln und Prioritäten schaffen
- sich von »ganzem Herzen« in einer Sache vertiefen
- wohlüberlegte Entscheidungen treffen
- Ihre Gedächtnisleistung verbessern
- in schwierigen Situationen einen klaren Kopf bewahren

### So erschließen Sie Ihre Quellen zu mehr Konzentration

Erinnern Sie sich an jene Momente, in denen Sie sich zuletzt voll konzentrieren konnten, als:

- Sie in Ihrer Arbeit oder Ihrem Hobby völlig vertieft waren
- Ihre ganze Aufmerksamkeit lange Zeit auf etwas gerichtet blieb, was Sie interessierte: der ruhige Blick aufs Meer, ein Blatt im Wind
- Sie eine kniffelige Aufgabe lösten, die Ihnen Spaß bereitete

### Erinnerungsreise: Wege zur Konzentration

- Bestimmen Sie Ihr Ziel: ganz und gar konzentriert zu sein.
- Vorsatzformel: *Ich bin klar und konzentriert.*

**TIPP**

**Es fällt Ihnen schwer, sich an einen Augenblick vollkommener Konzentration zu erinnern? Dann konzentrieren Sie sich auf einen imaginären Regentropfen an der Fensterscheibe: Wie er im Sonnenlicht schillert, seine Farben, wie er ein Stückchen weiter rinnt.**

- Momente finden: Reisen Sie mental in Ihre Vergangenheit und finden Sie einen Augenblick höchster Konzentration, an den Sie sich besonders gern erinnern.
- Ankern: Genießen Sie diesen Augenblick in all seinen Facetten und ankern Sie ihn mit Ihrer Hand mit leichtem Druck an Ihrem Herzpunkt.
- Denken Sie: *Ich bin klar und konzentriert*. (dreimal)
- Basistraining: Legen Sie Ihre Hand wieder neben sich und führen Sie jetzt das Basistraining (siehe Seite 24 f.) durch.
- Trancezustand: Rufen Sie nochmals den Augenblick höchster Konzentration ab, den Sie anfangs gefunden hatten. Ankern Sie ihn wieder. Genießen Sie Ihr konzentriertes Dasein.
- Zukunfts-Check: Suchen Sie in naher Zukunft eine Situation, auf die Sie sich vollkommen konzentrieren. Denken Sie: *Ich bin klar und konzentriert*. (dreimal)
- Rücknahme: Kommen Sie kraftvoll in den Alltag zurück.

### Zwei Beispiele

- Petra M. (39), Hausfrau, 3 Kinder, wusste nicht mehr, wo ihr der Kopf stand. Ihr Leben bestand nur aus Pflichten und Erledigungen. Beim AT konzentrierte sie sich auf eine Schnecke, die den Berg hochkriecht. Wenn sie sich daran erinnert, sobald sie hektisch wird, kommt sie schnell wieder zur Ruhe und kann sich konzentrieren.

- Jürgen P. (23), Student, konnte nicht still sitzen und war bei Vorlesungen an der Universität häufig unkonzentriert. Mit dem AT lernte er sich auf die Stimme des Professors zu konzentrieren und seinen Ausführungen zu folgen.

## So werden Sie glücklich und zufrieden

Ein Leben lang glücklich sein? Das gibt es nicht. Glück und Zufriedenheit bestehen immer nur aus Glücksmomenten. Wenn Sie sie festhalten wollen, haben sie sich bereits verflüchtigt. Trotzdem können Sie sagen, ein glückliches und erfülltes Leben zu führen. Deshalb ist es wichtig, die einfachen Dinge wieder schätzen zu lernen.

### Glücksmomente

Mit mehr Zufriedenheit und Glück erreichen Sie, dass:

- Ihnen die Dinge leichter von der Hand gehen
- Sie Ihr Dasein genießen können
- Sie schaffen, was Sie sich vorgenommen haben
- Sie kreativ sind und Ihre Ziele verfolgen können

### So erschließen Sie Ihre Glücksquellen

Erinnern Sie sich an jene Momente, als Sie zuletzt:

- die Natur auf besondere Weise wahrgenommen haben
- Dankbarkeit für etwas empfunden haben
- mit Ihrem Partner ein vertrautes Gespräch führten
- von der Arbeit oder dem Hobby zutiefst erfüllt waren
- mit Freunden ein schönen Tag erlebten
- etwas für sich taten wie Musik hören bei Kerzenschein

### Erinnerungsreise: Wege zu mehr Zufriedenheit

- Bestimmen Sie Ihr Ziel: ab jetzt auf Momente von Glück und Zufriedenheit zu achten.
- Vorsatzformel: *Ich bin glücklich und zufrieden.*

- Momente finden: Finden Sie in Ihrer Vergangenheit das stärkste Glücksgefühl oder ein Erlebnis, bei dem Sie mit sich und der Welt zufrieden waren.
- Ankern: Wenn Glück und Zufriedenheit auf Sie übergehen, ankern Sie diesen Augenblick, indem Sie Ihre Herzgegend mit leichtem Druck berühren.
- Denken Sie: *Ich bin glücklich und zufrieden.* (dreimal)
- Basistraining: Legen Sie Ihre Hand wieder neben sich und führen Sie das Basistraining (siehe Seite 24 ff.) durch.
- Trancezustand: Erinnern Sie sich nochmals an Ihr stärkstes Glückserlebnis und ankern Sie es an Ihrem Herzpunkt. Achten Sie dabei auf jedes Detail und werden Sie sich bewusst, was Sie besonders glücklich machte.
- Zukunfts-Check: Betrachten Sie Ihren Tag von der Glückswarte aus. Halten Sie kleine Dinge fest, die Sie zuvor kaum beachtet hatten, die Sie aber jetzt mit Glück erfüllen. Denken Sie: *Ich bin glücklich und zufrieden*. (dreimal)
- Rücknahme: Kommen Sie kraftvoll in dem Alltag zurück.

**Ein Beispiel**

- Peter T. (59), empfand sein Eheleben als Routine. Er ließ sich gehen und war ungerecht. Während des AT erinnerte er sich an eine frühere Situation, in der er sich mit seiner Frau durch eine glitzernde Winterlandschaft im Park gehen sah: Die Sonne schien zwischen den tief verschneiten Baumwipfeln hindurch. Er war glücklich mit ihr. Im Zukunfts-Check übertrug er diese Gefühle auf seine Frau. Er sah sie von nun an mit anderen Augen und empfand ihre Anwesenheit als etwas ganz Wertvolles und Besonderes in seinem Leben.

## Ihre persönliche Wohlfühlformel

Nach dem 4-Wochen-Training verfügen Sie bereits über ein gut ausgebildetes »Stresspolster«. Aber ob das reicht? Oft geraten wir blitzartig in Situationen, in denen nur noch unkontrollierte Abläufe wie Wut oder Ärger regieren. Setzen Sie die Wohlfühlformel ein, um bei Stressalarm noch rechtzeitig die Notbremse zu ziehen. Sie ist die reine Essenz dessen, was Sie bis jetzt an Ressourcen in den letzten 4 Wochen gesammelt und an Ihrem Herzpunkt verankert haben.

### Paradox: ruhige Hektiker

Ein wichtiges Geschäftsgespräch, eine nervenaufreibende Belastung im Autoverkehr haben das Letzte Ihrer Substanz verbraucht? Paradox, aber ausgerechnet dann, wenn Sie am stärksten auf das Autogene Training angewiesen sind, können Sie sich nicht dazu überwinden. Werfen Sie Ihren Rettungsanker: Aktivieren Sie Ihre Wohlfühlformel, noch bevor Ärger oder Gereiztheit zu stark werden! Wo auch immer Sie sich gerade befinden: Die Wohlfühlformel ist ideal, rechtzeitig auf akute Stressbelastungen zu reagieren.

### Die Wohlfühlbatterie aufladen

Batterien müssen immer wieder zwischendurch aufgeladen werden. Dasselbe sollten Sie tun, denn nur dann haben Sie in Notsituationen Energien zur Verfügung. Laden Sie Ihre Batterein immer wieder auf – zwischendurch, am Morgen, am Abend, auch dann, wenn Sie meinen, Sie bräuchten es nicht, weil Sie psychisch stabil und voller Energie sind. Daraus leiten Sie dann

**Übung 3 auf der CD**

Ihre Wohlfühlformel ab. Später, wenn es darauf ankommt, sprechen Sie die Wohlfühlformel aus wie ein Mantra. Das ist Ihre Geheimbotschaft an das Unterbewusstsein: »Energien aktivieren!«. Sie werden merken, wie neue Kräfte fließen. Doch zunächst einmal laden Sie Ihre Wohlfühlbatterie am Herzpunkt auf.

**Stapeln Sie Ihre Wohlfühlerlebnisse**

- Bestimmen Sie Ihr Ziel: Wohlfühlbatterie aufladen! Dazu lassen Sie sich zunächst mit dem Basistraining in angenehme Trance gleiten.
  Berühren Sie Ihren Herzanker mit leichtem Druck Ihrer linken Hand. Erinnern Sie sich an die Wohlfühlerlebnisse, die Sie während der 4 Trainingswochen gesammelt haben. Sie waren ruhig, selbstbewusst, konzentriert und zufrieden. Lassen Sie diese Erlebnisse nochmals kurz in allen Details vor Ihrem geistigen Auge passieren.
  Denken Sie jeweils dreimal hintereinander den folgenden Ablauf:

*Ich bin ganz ruhig und gelassen.*

*Ich bin ganz ruhig und gelassen*

Erleben Sie sich ruhig und gelassen in Ihrem Ruheerlebnis wie in der 1. Trainingswoche visualisiert.

*Ich bin selbstbewusst und innerlich stark.*

*Ich bin selbstbewusst und innerlich stark*

Erleben Sie sich selbstsicher in Ihrem Erlebnis des Selbstvertrauens wie in der 2. Trainingswoche visualisiert.

*Ich bin völlig klar und konzentriert.*
Erleben Sie sich konzentriert in einer Situation höchster Aufmerksamkeit wie in der 3. Trainingswoche visualisiert.

**Ich bin völlig klar und konzentriert**

*Ich bin glücklich und zufrieden.*
Erleben Sie sich zufrieden und glücklich in Ihrem glücklichsten Moment wie in der 4. Trainingswoche visualisiert.

**Ich bin glücklich und zufrieden**

### Zauberstab: Formel gegen Stressgewitter

Herzlichen Glückwunsch! Nachdem Sie jetzt alle Fähigkeiten an Ihrem Herzpunkt verankert haben, haben Sie damit Ihre persönliche Wohlfühlformel geschaffen! Sollten Sie demnächst unverhofft in ein aufziehendes Stressgewitter geraten, berühren Sie einfach mit Ihrer linken Hand den Herzpunkt. Ihre Wohlfühlformel steht Ihnen jederzeit und an jedem Ort dieser Welt zur Verfügung. Sie brauchen Sie nur aufzurufen.

### Ein Beispiel

- Achim M. (28), Geschäftsmann. Geschäftsreisen mit dem Auto sind ihm ein Grauen. Er will möglichst alle Aufgaben erledigen, um bald wieder zu Hause zu sein. Dabei gerät er so in Rage, dass er bald mit den Nerven am Ende ist. Doch seit er seine Wohlfühlformel parat hat, bremst er sich damit wieder auf Normalgeschwindigkeit ab. Sogar wenn er mit Geschäftspartnern am Mittagstisch sitzt, berührt er unbemerkt seinen Herzanker. Abends, im Hotelzimmer, lädt er dann seine Wohlfühlbatterie neu auf.

Autogenes Training:

# mehr Lebens-qualität

Den richtigen Weg finden, Wünsche und Ziele verwirklichen, die Zukunft gestalten

# Die Zukunft, das sind Sie!

Sie haben inzwischen zu mehr Gelassenheit und innerer Kraft gefunden? Vielleicht möchten Sie jetzt etwas in Ihrem Leben verändern oder etwas ganz Neues wagen? Andererseits sind Sie sich noch nicht klar darüber, was Sie wollen? Mit dem Autogenen Training wird es Ihnen leicht fallen, nicht nur die richtige Entscheidung zu treffen, sondern sie auch zu verwirklichen.

## Entscheidungen: Welche ist die beste?

Welche berufliche Tätigkeit oder welcher Partner passt zu mir? Soll ich oder soll ich nicht? Je länger Sie Entscheidungen aufschieben, desto eher landen Sie in der Stressfalle. Nichts ist lähmender, als das eine zu wollen und das andere zu müssen. Sagen Sie laut und deutlich: »Ich will!«. Sonst bleiben Sie ein ewiger Träumer!

### Dumpfe Empfindungen

Sie kennen das? Irgendetwas beschäftigt Sie innerlich. Sie sind irritiert. Sie kennen nicht den Grund dafür. Dann ist garantiert Ihr Unterbewusstsein aktiv. Es stimmt Sie froh oder missgelaunt, je nachdem, womit es sich gerade beschäftigt. Es kann aber auch Lösungen erarbeiten oder Entscheidungen treffen. Studien an der Tafts University, USA, beweisen: Die Testkandidaten, die vor dem Einschlafen ihr Problem so weit aufbereitet haben, dass es ihr Unterbewusstsein verstanden hat, konnten am nächsten Tag mathematische Aufgaben viel besser lösen als die Kontrollgruppe.

### Kleine und große Entscheidungen

Machen Sie's wie die Erfolgsmenschen. Kleine Entscheidungen treffen Sie am besten sofort. Oder legen Sie fest, bis wann Sie die Entscheidung treffen wollen. Große Entscheidungen bedürfen einiger Vorüberlegungen. Danach übergeben Sie sie Ihrem perfekten Ratgeber, dem Unterbewusstsein. Das Beste daran ist: Es wird Ihnen zuverlässig antworten, manchmal mit einem Tag Verspätung, dafür aber umso entscheidungssicherer.

### INFO

**Was soll ich tun? Der größte Feind einer Entscheidung ist der Selbstzweifel. Je stärker Sie vom Sinn Ihres Vorhabens überzeugt sind und je optimistischer Sie eine Sache beurteilen, desto leichter fällt Ihnen Ihre Entscheidung.**

## WERTESKALA

**Legen Sie anhand der Werteskala die Prioritäten für Ihre Entscheidungen fest: Sicherheit, Gesundheit, Erfolg, Freiheit, Macht, Liebe, Ruhe, Verdienst, Kommunikation, Bequemlichkeit, Ruhm. Zugleich suchen Sie in der Abneigungsskala heraus, was Sie unbedingt vermeiden wollen: Frust, Einsamkeit, Ärger, Zurückweisung, Wut, Schuldgefühle, Langeweile, Versagen, Angst.**

### Entscheidend: Was Sie wirklich wollen

Halten Sie Ihre Entscheidungsmöglichkeiten schriftlich fest. Das verschafft Übersicht und ermöglicht Kontrolle. Wägen Sie alle Pros und Kontras ab. Und setzen Sie Prioritäten! Dazu benutzen Sie am besten die Werteskala. Genauso verfahren Sie mit der Abneigungsskala. Anschließend stellen Sie die Zusammenhänge zwischen beiden Tabellen her.

Beispiel: Bei manchen Großstädtern, die sich für ein eigenes Häuschen im Grünen entscheiden, stehen Erholung und Gesundheit ganz oben auf ihrer Werteskala. Nur berücksichtigen sie häufig nicht, dass die Einsamkeit für sie zu einem Problem werden kann. Vielleicht wären sie doch in einer Großstadtwohnung mit Gartenterrasse besser aufgehoben.

### So treffen Sie Ihre Entscheidung

- Legen Sie vor dem Schlafengehen Ihre Prioritätenliste unter Ihr Kopfkissen oder auf Ihr Nachtschränkchen. Damit signalisieren Sie: höchste Dringlichkeitsstufe!!
- Bestimmen Sie zunächst Ihr Ziel: Mein Unterbewusstsein trifft für mich die beste aller Entscheidungen.
- Formulieren Sie Ihren Vorsatz: *Ich treffe meine Entscheidung jetzt!*
- Führen Sie das Basistraining (siehe Seite 24 ff.) durch.
- Überdenken Sie alle Entscheidungsmöglichkeiten: Was ist konkret machbar? Beachten Sie alle Details.
- Wiederholen Sie diesen Ablauf mehrere Nächte lang. Nach einigen Nächten werden Sie erwachen und Ihre Entscheidung steht fest.

## Macht der Nacht: Wünsche verwirklichen

Nutzen Sie den Schlaf als Quelle der Inspiration. Auf dieselbe Weise wie Sie Entscheidungen mit Hilfe Ihres Unterbewusstseins treffen, können Sie ihm auch Ihre Wünsche anvertrauen. Halten Sie auch in diesem Fall Ihren Wunsch vorher schriftlich fest. Die Werteskala brauchen Sie hierfür nicht. Ihr Wunsch sollte allerdings realistisch bleiben. Kurz vor dem Einschlafen übergeben Sie Ihren Wunsch an Ihr Unterbewusstsein mit der Bitte um Erfüllung.
Ebenso können Sie Ihrem Unterbewusstsein Probleme anvertrauen. Es wird Ihnen stets die beste aller Lösungen anbieten.

### Ein Beispiel

- Sabine M. (18), will sich bei der Filmhochschule bewerben. Sie hat sich gewissenhaft vorbereitet. Jetzt geht es nur noch um ein Quantum Glück. Deshalb wünscht sie sich intensiv, jedes Mal vor dem Einschlafen: »Ich wünsche mir, dass ich angenommen werde.«

## Verwirklichen Sie Ihre Ziele

Die meisten Lebensziele werden erst durch das Feuer der Begeisterung und der inneren Überzeugung verwirklicht. Umgekehrt setzt ein Ziel auch Kraft und Energie frei. Doch auf dem Weg gilt es oft Hindernisse zu überwinden. Damit Ihnen unterwegs nicht die Flamme der Begeisterung ausgeht, sollten Sie Ihr Ziel konkret bestimmen und sich stets neu motivieren.

### Zielvorstellungen: exakte Angaben

Formulieren Sie Ihr Ziel positiv und konkret. Sollten Sie sich zum Beispiel entschieden haben, irgendwann demnächst eine Pension zu eröffnen, ist das zu vage formuliert. Ihrem Unterbewusstsein fehlen konkrete Daten. Formulieren Sie Ihr Ziel so detailliert wie möglich, sodass Sie während des Autogenen Trainings eine exakte Zielvorstellung vor Augen haben: »Ich eröffne meine Pension in 3 Monaten.« Ist der Zeitraum zu groß, unterteilen Sie ihn in kurze Intervalle. Mein Ziel ist es, in zwei Monaten drei Zimmer neu einzurichten. Stellen Sie sich dabei die Einrichtung Ihrer Pension genau vor.

### Keine Entschuldigung: Sie sind der Boss!

Ihr Ziel muss allein durch Ihre Fähigkeiten und Ihre Kompetenz erreichbar sein. Wenn Sie sagen: »Ich will, dass mein Mann aufmerksamer zu mir ist«, liegt das nicht in Ihrer Kompetenz, sondern allein bei Ihrem Mann. Erwarten Sie nicht, dass die Umwelt so reagiert, wie Sie es erwarten! Die Kontrolle über die Verwirklichung Ihrer Ziele sollte ausschließlich bei Ihnen liegen. Bleiben Sie realistisch! Wenn Sie nebenbei als Kellner bis spät in die Nacht arbeiten wollen, sollten Sie Ihre physischen Kräfte realistisch einschätzen. Herausforderungen, die Ihnen über den Kopf wachsen, frustrieren nur. Dann geben Sie bald wieder auf.

### Verankern Sie Ihr Ziel!

- Bestimmen Sie Ihre Zielvorstellung
- Basistraining (siehe Seite 24 ff.)
- Trance: Intensivieren Sie Ihre Zielvorstellung und erleben Sie sich begeistert von Ihrem Ziel – übertreiben Sie ruhig!

**INFO**

**Die entscheidende Frage auf dem Weg zu Ihrem Ziel lautet: Woran erkenne ich, dass ich mein Ziel erreicht habe? Was genau tun Sie dann? Wie verändert es Ihr Leben? Welche Gefühle bewegen Sie?**

- Zukunfts-Check: Stellen Sie sich vor, wie ab jetzt Ihr neues Ziel zu einem festen Bestandteil in Ihrem normalen Alltag, bei der Arbeit oder im Leben zu Hause geworden ist.

## Mutig und entschlossen in die Zukunft

Aufkommende Angst soll uns rechtzeitig vor Gefahren warnen. Ohne Angst ist ein sicheres Überleben nicht möglich. Was aber, wenn Ihre Ängste überhand nehmen und Sie auf dem Weg zu Ihrem Ziel beeinträchtigen. Dann wird es Zeit, dass Sie dagegen entschlossen vorgehen.

**Übung 4 auf der CD**

### Angstmacher Stress

Eine Folge von Stress, Sorgen um die Zukunft und Angespanntheit ist das Entstehen von chronischen Angstgefühlen. Psychologen nennen das flottierende Ängste. In diesem Fall ist es umso wichtiger, dass Sie Ihr tägliches Autogenes Training absolvieren. Führen Sie Ihr Ruhe- und Selbstbewusstseinstraining mindestens vier Wochen lang zweimal täglich durch. Werden Sie aktiv! Unternehmen Sie Dinge, die Ihre Seele positiv beeinflussen und die Sie geistig ablenken. Mit der Zeit eröffnen sich Ihnen neue Möglichkeiten. Das AT hilft Ihnen dann, Entscheidungen zu treffen. Dann verschwinden die Angstgefühle von ganz allein.

### Übernehmen Sie wieder das Kommando!

Wenn Sie an sich zweifeln oder sich etwas nicht zutrauen, kann das daran liegen, dass Sie nicht entschlossen genug sind, auf Ihr Ziel zuzugehen. Dann verlieren Sie den Glauben an sich selbst. Sie beherrschen nicht mehr die Angst, sondern umgekehrt, die Angst beherrscht Sie! Zeigen Sie deshalb Ihren Ängsten im Bauch, dass Sie der Chef im Haus sind. So, als würden Sie Ihrer Mannschaft unmissverständlich klar machen, wer das Sagen hat und wo es langgeht. Folge: Die Mannschaft beruhigt sich. Warum? Sie weiß, wohin Sie wollen. Das schafft Selbstvertrauen und ein Gefühl von innerer Sicherheit. Dann verschwindet auch Ihre Angst im Bauch!

### Entschlossen: ohne Wenn und Aber

- Legen Sie fest: Ich zeige Mut und Entschlossenheit.
- Vorsatzformel: *Ich bestimme, wo es langgeht. Ich bin mein eigener Herr im Haus! Ich habe hier das Kommando!*
- Erinnern Sie sich, wie Sie mutig und entschlossen in einer Situation gehandelt haben, zum Beispiel bei einem Sportwettkampf.
- Ankern Sie die Situation.
- Basistraining (siehe Seite 24 ff.).
- In Trance verstärken Sie die Situation, vielleicht fallen Ihnen noch ähnliche Momente ein. Sammeln Sie die Ressourcen von Mut, Entschlossenheit, Durchsetzungswillen. Ankern Sie die Situationen.
- Zukunfts-Check: Treten Sie in der bevorstehenden Situation mutig und zielorientiert auf. Erleben Sie sich entschlossen und überzeugend.

**TIPP**

**Haben Sie Angst um den Job? Die Arbeit frisst Sie auf? Wenn die Grenzen Ihrer Belastungsfähigkeit erreicht sind, ist es höchste Zeit, dass Sie einen festen Plan fassen: Führen Sie Rituale ein, die Sie strikt einhalten – regelmäßiges Essen, rechtzeitig Schlafengehen, Spaziergänge und Autogenes Training.**

# Schluss mit typischen Stresskrankheiten

Stress ist häufig Ursache für Beschwerden wie Schlafstörungen, Magen-Darm-Probleme, Kopfschmerzen oder Allergien. Stressoren wie Rauchen und Trinken verschlimmern zudem die innere Anspannung. Mit fortschreitendem Trainingserfolg können Sie erleben wie die stressbedingten Beschwerden wie von selbst verschwinden. Sogar ein erhöhter Blutdruck kann sich mit der Zeit wieder normalisieren.

**TIPP**

**Führen Sie das Autogene Training in allergenfreien Zonen durch, zum Beispiel im Flugzeug oder am Meer, und ankern Sie den Zustand. Später, wenn die Pollen fliegen, rufen Sie den Anker während des Autogenen Trainings wieder ab. So können Sie sich nach und nach desensibilisieren.**

## Heuschnupfen und allergisches Asthma

Eine Studie an der Uniklinik Basel beweist: Heuschnupfensymptome können durch Autosuggestion deutlich abgeschwächt werden. 79 Testkandidaten sollten sich während der Trance glitzernde Skihänge und sonnige Strände mit reinem Klima vorstellen. Nach fünf Sitzungen gingen die Symptome zurück, die Schleimhäute der Atemwege schwollen ab und die Probanden konnten wieder durchatmen.

### Keine Macht den Pollen und Gräsern

- Vorsatzformel: *Es atmet mich klar und rein.*
- Basistraining (siehe Seite 24 ff.).

- In Trance stellen Sie sich Berggipfel, weites Meer und weiße Strände vor. Atmen Sie tief durch.
- Gehen Sie in Ihren Gedanken in die nahe Zukunft und erleben Sie sich frei von allergischen Anfällen.

**Desensibilisieren Sie sich im Voraus**

So brauchen Sie keine Medikamente mehr: Führen Sie das Autogene Training vier Wochen lang, bevor die Heuschnupfenzeit beginnt, durch. Stellen Sie sich Gräser und Pollen als kleine Ungeheuer vor, die massenweise umherschwirren, Ihnen aber überhaupt nichts anhaben können. Schreiten Sie über eine blühende Wiese und erleben Sie sich dabei anfallsfrei.

## Schlafprobleme

Sie können nicht einschlafen oder nicht durchschlafen? Ewige Grübeleien lassen Sie nicht mehr los? Probleme und Aufgaben müssen Sie sogar nachts bewältigen? So paradox es klingt, aber arbeiten Sie ruhig weiter. Lassen Sie Ihren Kopf nicht zur Ruhe kommen. Nur stellen Sie es so an, dass Sie davon müde werden.

**Konzentriert weiterdenken**

- Das Prinzip lautet: Überfrachten Sie Ihr Gehirn mit Aufgaben, aber solchen, die nicht aufregen, sondern müde machen. Zunächst nehmen Sie die Rückenlage ein.
- Basistraining (siehe Seite 24 ff.).
- Während der Trance registrieren Sie jedes Detail an Ihrer Körperhaltung. Nehmen Sie wahr, wie Sie liegen und getragen

**Übung 5 auf der CD**

werden. Fangen Sie bei Ihren Füßen an und gehen Sie ganz langsam aufwärts bis zu den Haarspitzen. Beobachten Sie: wie Ihre Füße leicht zur Seite fallen, wie Ihre Beine gestreckt oder angewinkelt liegen, wie sich die Unterlage anfühlt, wie sich Ihr Brustkorb beim Atmen hebt und senkt, wie Ihr Kopf vom Kissen getragen wird. Lassen Sie nicht die geringste Kleinigkeit bei Ihrer Beobachtung aus.

### Schlussstrich: Gedankenstrom abdrehen

- Die nächste Aufgabe besteht darin, keinen einzigen Gedanken mehr zuzulassen.
- Leitsatz: *Alle Gedanken total abgestellt – gedankenfrei.*
- Zählen Sie von eins aufwärts und zwar so lange, wie Ihr Kopf gedankenfrei bleibt. Sobald sich ein neuer Gedanke einschleicht, fangen Sie wieder bei eins an. Die meisten Menschen schaffen es nicht einmal bis zehn, weil sie vorher schon einschlafen.

## Migräne und Kopfschmerzen

Gehen Sie hinaus in die Natur und sammeln Sie ein Füllhorn an schönen Momenten, zum Beispiel erholsame Augenblicke von Weite, in denen Sie sich frei und ruhig fühlen. Schaffen Sie sich damit eine Oase der Stille gegen Druck und Reizüberflutung.

### Ressourcen aus der Natur

- Begeben Sie sich bei einem Ausflug oder im Urlaub an einen Ort in der Natur, an dem Ihre Sinne in die Ferne schweifen können – am Meer, auf Anhöhen, an einem See.

- Leitsatz: *Weit und klar - vollkommen gelöst im Kopf.*
- Basistraining (siehe Seite 24 ff.).
- Nehmen Sie die unmittelbaren Eindrücke aus der Umgebung wahr, nehmen Sie Gerüche auf und genießen Sie Ihre Gefühle. Spüren Sie, wie wunderbar tief Sie durchatmen können.
- Ankern Sie diese Eindrücke an einer Stelle des Oberkörpers, an der Sie zuvor schon andere Orte der Ruhe geankert haben.

**Schmerzfrei: Alles fließt**

- Später, zu Hause oder im Beruf entspannen Sie sich zwischendurch: Besinnen Sie sich auf Ihre Wahrnehmungen in der Natur, indem Sie Ihren Anker berühren.
- Wiederholen Sie den Leitsatz. Spüren Sie, wie das Blut aus Ihrem Kopf in den Körper strömt - wie der Fluss, den Sie noch vor einigen Tagen beobachtet hatten. Spüren Sie, wie der Druck aus Ihrem Kopf abfließt und der Schmerz nachlässt.

## Kleine und große Süchte: Rauchen, Naschen & Co.

Sie haben sich zum Ziel gesetzt mit dem Rauchen aufzuhören, keinen oder wenig Alkohol zu trinken oder kaum Süßigkeiten zu naschen? Auch Stress kann zur Sucht werden, denken Sie nur an die Workaholics. Doch Sie können auch damit Schluss machen. Sie brauchen sich nur eine einzige Frage zu stellen.

**Darauf kommt es an: die alles entscheidende Frage**

Wenn Sie von Ihrem Laster nicht loskommen, dann offenbar deshalb, weil es nichts Besseres gibt, das Sie als Ersatz erhalten

**INFO**

**Das Grundprinzip dieser Vorgehensweise, die für alle Süchte gilt (auch für den Workaholic), lautet: Anstelle des alten Verhaltens wird ein adäquates neues Verhalten gesetzt, das sogar von größerem Vorteil ist als das alte. Wer das Autogene Training täglich ausführt, wird schon bald wieder ein freier Mensch sein.**

können. Ihr Unterbewusstsein befürchtet nämlich, dass man ihm etwas wegnimmt, aber nichts Gleichwertiges als Ersatz anbietet. Überzeugen Sie Ihr Unterbewusstsein: Selbstdisziplin steigert das Selbstwertgefühl und fördert die Selbstachtung!

Führen Sie folgendes Training durch – am besten vor dem Schlafengehen und ohne Rücknahme.

- Basistraining (siehe Seite 24 ff.).
- in Trance stellen Sie sich dann die entscheidende Frage: *Welche Vorteile hat das Rauchen für mich? Was könnte ich statt zu rauchen tun, was genau so viel bringt, nur viel besser wäre und zudem sogar noch mehr Vorteile für mich hat?*

**Endlich frei!**

Sie haben eine weitaus bessere und vorteilhafte Alternative zu Ihrer Sucht gefunden, eine die Sie überall durchführen können. Absolvieren Sie jetzt Tag für Tag folgendes Training:

- Zielsetzung: Ich bin mein eigener Herr im Haus und bestimme ab jetzt mit aller Entschiedenheit, dass ich gesund lebe. Deshalb ist jetzt Schluss mit dem Rauchen.
- Ein Leitsatz kann zum Beispiel sein: *Ich bin von nun an ein cooler Wassertrinker* oder … *ein frischer Karottenesser* oder … *ein Ruhe-Süchtling.*
- Basistraining (siehe Seite 24 ff.).
- Trance: Gehen Sie in die nahe Zukunft. Sie befinden sich zum Beispiel im Büro oder zu Hause. Stellen Sie sich als begeisterten »Karottenesser« etc. vor. Stellen Sie sich außerdem in allen Details vor, wie Sie auf Stresssituationen reagieren: zum Beispiel tief durchatmen oder ein Glas Wasser trinken.

## Register



---

### Der Autor

Jerry Goldberg führte eine eigene psychologische Praxis in München. Zudem war er Leiter des H.E.T Instituts (Human Excellence Training) für Managementcoaching. Er arbeitet jetzt als freier Journalist für die Ressorts Medizin, Ernährung und Psychologie, zu denen er bereits mehrere Bücher veröffentlichte.

### Inhalt der CD

**Übung 1:** Grundtraining: Ruhe, Schwere, Wärme, Atmung
**Übung 2:** 4-Wochen-Training für Ruhe, Selbstvertrauen, Konzentration und Zufriedenheit
**Übung 3:** Ihre persönliche Wohlfühlformel
**Übung 4:** Mutig und entschlossen in die Zukunft
**Übung 5:** Zum Ein- und Durchschlafen

### Verwendung der CD

Nutzen Sie die Möglichkeit, die Übungen auf der CD durch entsprechende Programmierung Ihres Abspielgerätes (Einzeltitelschaltung) nach Ihren Wünschen gesondert abzuspielen. Wenn Sie zum Beispiel die Übung 2 ausführen wollen, das 4-Wochen-Training für Ruhe, Selbstbewusstsein, Konzentration und Zufriedenheit, programmieren Sie nur diese Übung und Sie können danach in der vorgestellten Situation verweilen. Anschließend führen Sie die Rücknahme durch oder schlafen ein. Halten Sie bitte den Ablaufplan der Übung 2 genau ein. Das bedeutet, dass Sie immer nur ein Wochenziel trainieren. Nur dann hat das Autogene Training eine Wirkung auf das Unterbewusstsein.

Bibliographische Information der Deutschen Bibliothek

Die Deutsche Bibliothek verzeichnet diese Publikation in der Deutschen Nationalbibliographie; detaillierte bibliographische Daten sind im Internet über http://dnb.ddb.de abrufbar.

BLV Buchverlag GmbH & Co. KG
80797 München



**Bildnachweis:**
Anders, Antje: S. 16
Besendorfer, Eva: S. 2, 4 re., 7 re., 8, 11, 12, 15, 20, 26, 28, 29, 31, 32, 35, 38, 44, 45, 49 re., 50, 56, 59, 60, 62
Hart, Sammy: S. 1, 4 li., 5, 7 li., 17, 18, 22, 36, 40, 49 li., 53, 55

Umschlaggestaltung: Sabine Fuchs, fuchs_design, Ottobrunn
Umschlagfotos:
Vorderseite: Jump, Marco Grundt
Rückseite: Sammy Hart

Lektorat: Manuela Stern
Herstellung: Angelika Tröger
Layoutkonzept Innenteil: Sabine Fuchs, fuchs_design, Ottobrunn
DTP: Satz+Layout Peter Fruth GmbH, München

Gedruckt auf chlorfrei gebleichtem Papier

Printed in Germany
ISBN-10: 3-8354-0046-0
ISBN-13: 978-3-8354-0046-7

Hinweis
Das vorliegende Buch wurde sorgfältig erarbeitet. Dennoch erfolgen alle Angaben ohne Gewähr. Weder Autor noch Verlag können für eventuelle Nachteile oder Schäden, die aus den im Buch vorgestellten Informationen resultieren, eine Haftung übernehmen.

---